关于美国“长臂管辖”，因工作关系，笔者进行了十余年的跟踪、观察和研究。现将研究心得整理成书，付梓出版，冀望有助于读者认识美国“长臂管辖”的本质和运作机制。

谨以此书献给党的百年华诞，献给中国统筹发展和安全的伟大事业！

——作者题记

美国“长臂管辖”

U. S. LONG-ARM JURISDICTION

高 伟 著

中国财经出版传媒集团
中国财政经济出版社

图书在版编目（CIP）数据

美国“长臂管辖”／高伟著. --北京：中国财政经济出版社，2021.6

ISBN 978-7-5223-0521-9

Ⅰ.①美… Ⅱ.①高… Ⅲ.①对外经济关系-国际制裁-研究-美国 Ⅳ.①F171.25

中国版本图书馆CIP数据核字（2021）第084794号

责任编辑：孙 琛 付克华　　责任校对：张 凡
封面设计：华乐功　　责任印制：党 辉

中国财政经济出版社 出版

URL：http：//www.cfeph.cn
E-mail：cfeph@cfeph.cn

社址：北京市海淀区阜成路甲28号 邮政编码：100142
营销中心电话：010-88191522
天猫网店：中国财政经济出版社旗舰店
网址：https：//zgczjjcbs.tmall.com
北京时捷印刷有限公司印刷 各地新华书店经销
成品尺寸：170mm×240mm 16开 20.5印张 254 000字
2021年6月第1版 2021年6月北京第1次印刷
定价：76.00元
ISBN 978-7-5223-0521-9
（图书出现印装问题，本社负责调换，电话：010-88190548）
本社质量投诉电话：010-88190744
打击盗版举报热线：010-88191661 QQ：2242791300

前　言

“长臂管辖”是一种特殊的域外管辖，根植于霸权，是维护霸权的重要手段，需要以雄厚的综合国力做支撑。如果脱离霸权，“长臂管辖”只能回归普通的域外管辖，甚至只能是欲望、冲动、设计或空想。

美国“长臂管辖”的产生与美国政治和法律等制度有着很大关系，一般认为起源于1945年的“国际鞋业公司诉华盛顿州案”。美国“长臂管辖”在产生时，仅适用于国内各州间，旨在弥补跨州司法管辖的漏洞，本土特色明显。由于“长臂管辖”自产生起就没有准确的定义，再加上“最低限度联系”原则的模糊性和灵活性，实践中可以不断扩大“长臂管辖”的内涵和外延，应用领域逐渐从国内向国外延伸。

美国在世界军事、科技、经贸、金融等领域占据优势地位，并拥有利用这种优势维护其国家利益和世界霸主地位的实现能力。而美国恰恰利用了这一时代特征、综合国力和实现能力，根据其国内法理逻辑，不断升级和扩展“长臂管辖”，将手臂伸向全球。经过各种立法、修正、重述和解释等，美国“长臂管辖”及其法理依据不断升级、扩展和泛化，国际上任何企业、人员、组织、事物和行为等，只要与美国沾边或可能沾边，美国均有管辖权。这是极度宽泛的“最低限度联系”原则，给予美国“将手臂伸出国界”的无限自由裁量权，也为美国干预他国，充当“世界警察、法官和陪审团”，提供了所谓的“法理基础”。

美国经常把自己装扮成“受害者”，以反腐败、违反制裁规定、反洗钱、反垄断和违反上市公司内部控制要求等各种事由行使“长臂管辖”，大搞单边制裁，其中反腐败和违反制裁规定是管辖实体企业的常用事由，反洗钱和违反制裁规定是管辖金融机构的常用事由，而过去常用的反垄断现在使用得较少。这些事由看似冠冕堂皇，但是其规则的制定绝大多数没有经过各国商议，也没有凭借国际法规制定，而是由美国自己的法律延伸而来，有的公约还是在美国游说和推动下出台的，制定程序基本不符合国际法的要求，严重干扰了国际经济和政治秩序。

美国“长臂管辖”是一个庞大的系统工程，需要国内立法、司法、执法等机构密切协作，默契配合，同时寻求海外联盟的支持，建立覆盖全球的管辖网络，投入巨大。联邦层面是“长臂管辖”的积极推动者，与美国政治制度紧密关联。美国大部分行政权集中在州层面，联邦层面掌握的公共权力和资源有限。而联邦层面作为一个利益集团，则会利用各种机会，扩大自己的行为边界和组织机构，当它们向下伸手受到州层面的强烈抵制后，便向国外伸手，利用美国综合国力和优势，从国外谋取利益，并根据各机构行使“长臂管辖”的“贡献”分配收益。另外，“旋转门”政治机制导致联邦政客和雇员对企业当期的帮助越大，那么其离职后从企业获取的远期回报就越丰厚。而联邦层面滥用“长臂管辖”获取的利益越多，在国际上受到的阻力和反制越小，那么其行使“长臂管辖”的动力和欲望就越大，进而陷入路径依赖。即便“长臂管辖”损害到美国的州、地方、企业和国民的利益，他们也在所不惜，因为“吸血”已成瘾。

从发展历程来看，美国“长臂管辖”与美国霸权、综合实力呈正相关，但演变不同步。第二次世界大战后美国综合实力超级雄厚，但也面对强大苏联的对抗，在冷战初期，美国“长臂管辖”刚起步，向境外伸手比较收敛，需要打“出口管制”等旗号，重点管辖西方盟友，但也并不顺利。20 世纪 60 年代，美国陷入越南战争泥潭后，综合国力受损，美国“长臂管辖”基本处于停滞状态。70 年代初，布雷顿森林体系崩溃，美国又遭遇中东石油危机，经济陷入“滞胀”，美国“长臂管辖”受到西方盟友抵制，有所收缩，主打“反腐败”等旗号，维护自身形象。苏联解体后的十年，美国超强独霸，司法和行政部门对长臂管辖这个“幌子”用得不多，但立法方面的扩展仍在继续。“9·11”事件后，美国“长臂管辖”的重点是打击恐怖主义，并以此为契机，大肆扩展长臂管辖范围，建立长臂管辖网络，表现出极强的攻击性。但在发动阿富汗战争和伊拉克战争两场战争后，美国背上了沉重的债务包袱。2008 年国际金融危机爆发后，美国经济实力相对下降，再加上多年脱实向虚，一些老牌跨国企业的国际竞争力开始下滑，美国“长臂管辖”反过来成为维护美国霸权的工具，重点打击美国跨国企业的国际竞争对手，比如法国、德国、英国、日本、中国等国家的核心企业，美国公共权力和国家暴力直接或间接地为美国跨国企业在全球扩张开路。

美国在恣意挥舞“长臂管辖”大棒的同时，也在消耗其综合国力，一些美国企业甚至对“长臂管辖”形成依赖，内生动力和创新能力不断衰退，真是害人又害己。在经历新冠疫情危机后，美国各种社会弊端再次暴露，软实力明显下降。而各国在与美国“长臂管辖”斗争中不断积累经验，增强承受能力，钝化着美国“长臂管辖”的“剑刃”。美国滥用“长臂管辖”与其霸权和综合实力已经不匹配，边际效用开始减弱，呈现出色厉内荏的疲态。

美国即便无法支撑庞大的“长臂管辖”体系，也不会轻易收缩，因为它已经锁定在这条路径上，获得了巨大收益，形成了与之共生的利益集团。即便美国霸权和综合实力有所衰落，美国“长臂管辖”在某些领域可能会出现短暂的收缩，甚至可能联合盟友共同行使，但美国单边行使“长臂管辖”的欲望和动力不会自行消灭，只要条件允许，它便会利用各种机会向外扩展，这是由其制度基因决定的。对于普通国家来讲，不要对美国收缩“长臂管辖”抱有幻想，做好自己的事、加强防备、增强反制实力才是避免挨打的硬道理。

美国“长臂管辖”严重侵蚀了他国主权和司法管辖权，是美国霸权主义、单边主义和强权政治的体现，天下苦美久矣，国际上反抗美国“长臂管辖”的力量正在积聚。最有效的反制措施就是增强自身综合实力，降低对美国依赖度，其他国际经验有：（1）针锋相对，在立法和司法上进行反击。欧盟理事会通过的《阻断法令》规定，基于制裁的任何外国法院判决或行政决定在欧盟境内无效。2016 年法国通过“萨潘Ⅱ”法案，当空客集团遭美国制裁时，法国司法部运用该法案使空客集团免于刑事诉讼。俄罗斯通过《关于影响（反制）美国和其他国家不友好行为的措施的法律》，以回应美国对俄罗斯公民和组织的不法侵害。（2）构建专门机制和机构。委内瑞拉发售“石油币”；伊朗建立易货贸易机制，启用“哈瓦拉”汇款系统；俄罗斯成立“进口替代委员会”，建立金融信息传输系统，在财政部设立反制裁司；欧盟建立贸易互换支持工具等。有的国家在离岸天堂设立“幌子”公司，以第三方公司名义与被制裁国交易。被制裁国通过离岸金融中心、代理账户、代理公司等与外国金融机构单线联系，通过比特币等加密货币进行购物或转账，尽力绕开美国对国际贸易和金融的控制。（3）政治上反制。冷战时期，各国政治层面的反制是应对美国“长臂管辖”的重要手段，冷战结束后，单个国家的反制作用在下降，一般采取联合抵制美国“长臂管辖”的做法。（4）利用多边机制。尼加拉瓜在联合国和国际法院上起诉美国，导致美国退出国际法院。欧共体向 WTO 提交文件起诉《赫尔姆斯—伯顿法》，是导致美国与欧洲妥协的重要原因之一。（5）在模仿中反制。欧盟大部分国家和日本等认识到域外管辖保护本国利益的积极作用，并开始模仿。近年来欧盟及法国出台的经济、法律等措施不断冲击着美国企业。日本公平贸易委员会以反垄断、滥用市场主导地位等事由，对美欧企业展开调查。（6）利用限制条件，例如，国际礼让原则、不方便法院原则和“反域外适用推定”原则等，与美国司法霸权周旋。

美国对中国制裁的数量和程度，总体上与中美两国关系的好坏呈负相关。随着中国的崛起，美国针对中国的“长臂管辖”不断翻新升级，例如，用巨额罚金重创企业、限制企业海外业务发展、封锁技术、用反腐败抹黑形象、用人权施压等，严重侵害中国利益和主权，并有变本加厉之势。

面对美国“长臂管辖”，一个站起来的民族，可能会口吐鲜血；但一个跪着的民族，早晚会口吐白沫。在新中国成立之初，美国真枪实弹热战下的“武斗”都没能打垮我们，那么时至今日，美国“长臂管辖”这种冷战思维下的“文斗”更不可能打垮我们。中国肯定能扛住美国“长臂管辖”，现在要考虑的是如何聪明、高效、精准地应对和反制美国“长臂管辖”，不意气用事，不做无谓牺牲，努力降低反制成本，提高反制效率，要通过反制使自己尽快完善起来、成熟起来、强大起来。中国宜坚定反制决心，敢于发声和亮剑，丰富域外管辖工具，反制与模仿相结合，不断增强反制能力，并团结国际力量，共同应对美国“长臂管辖”。

作者

2021 年 1 月

目　　录

概　论

中美贸易摩擦以来，美方对中兴、华为等多家中国企业实施出口管制，还要求诸多非美企业撤销与华为等中国企业的合作，“长臂管辖（long - arm jurisdiction）”愈来愈超越传统法律范畴，影响和冲击着经济社会生活的方方面面，引起广泛关注。

知识链接

美国出口管制

出口管制（Export Control）是国家出于政治、经济、军事和对外政策的需要，制定商品出口的法律和规章，以对出口国别和出口商品实行控制。通过出口管制，美国控制向海外或外国人转移具有重要战略意义的信息、技术和商品。根据美国出口管制制度，美国人及美国公司被禁止与古巴、伊朗、朝鲜、叙利亚以及克里米亚占领区直接或间接从事任何交易。此外，美国人及美国公司还被禁止与美国的各种制裁名单上的众多制裁对象有业务往来，这里面就包括许多中国境内企业，比如华为等。

笔者长期跟踪和研究美国“长臂管辖”，在充分尊重、借鉴和吸收前人研究成果的基础上，系统梳理、分析了美国“长臂管辖”及相关问题，包括起源、形成、扩展历程、扩展依据、管辖事由、实现机制、国际经验以及应对建议等，并重点从经济学的角度做些分析。

一、引　子

2018 年 12 月 1 日，华为公司副董事长、首席财务官孟晚舟在温哥华被美国授意的加拿大警方拘捕，理由是“华为涉嫌违反美国对伊朗的贸易制裁规定”[1]。2019 年 1 月 28 日，美国司法部以违反美国《国际紧急经济权力法案》（IEEPA）下对伊朗的交易和出口管制禁令为由，起诉孟晚舟，并向加拿大提出引渡请求。2019 年 5 月，美国商务部将华为列入实体清单。2020 年 5 月，美国商务部工业与安全局（BIS）[2] 宣布，将严格限制华为使用美国的技术、软件设计和制造半导体芯片，升级对华为的芯片管制。2020 年 9 月 15 日，美国对华为芯片管制升级令生效，这意味着此后全球所有公司在向华为供应采用美国技术的产品前，都必须先向美方申请许可证。台积电[3]已停止为华为代工生产麒麟芯片，高通、三星及 SK 海力士、美光等将不再给华为供应芯片。

知识链接

国际紧急经济权力法案（International Emergency Economic Powers Act，IEEPA）

IEEPA 被编入《美国法典》第 50 编第 35 章第 1701—1708 节，是一项美国联邦法律，1977 年 12 月 28 日由美国第 95 届国会会议通过，卡特总统签署生效。

IEEPA 是美国出口管制的指挥棒，专门由总统使用，授予美国总统非战时更大的权力。根据 IEEPA，美国总统可以在国家处于“不寻常且有极其严重威胁”的情况时，宣告国家进入紧急状态，无须先得到国会批准。美国总统还可以实施一系列的投资限制，例如限制外币交易、银行机构的款项进出，甚至可以冻结或没收资产等。

在 1979 年的伊朗人质事件中，卡特总统宣布冻结相关伊朗人员的资产，这是 IEEPA 的首次使用。截至 2019 年年底，美国总统一共援引

① 美国曾要求十多个与美国签署引渡条约的国家政府逮捕孟晚舟，只有加拿大照做了。

② The Bureau of Industry and Security，BIS.

③ 即台湾积体电路制造股份有限公司（tsmc）。

IEEPA 宣布进入紧急状态 58 次，平均每年有 14 次，到现在仍有 31 个依据 IEEPA 宣布的国家紧急状态在存续。使用事由包括：应对化学和生物武器扩散（老布什总统）、应对恐怖组织（小布什总统）、应对跨国组织犯罪（奥巴马总统）、应对恶意网络活动（奥巴马总统）、应对制造和利用信息、通信技术、服务漏洞的外国对手（特朗普总统）。IEEPA 最初是针对特定政府的，但近年来越来越泛化，包括针对特定行业、企业、机构和个人等。

也许有人会问，美国作为一个大国，为什么咬住华为这样一家全球领先的信息与通信技术公司不放、持续打压，意欲何为？美国为什么能依据自己的法律去制裁他国企业或公民？美国司法部为什么能向加拿大提出引渡孟晚舟的请求？美国商务部为什么能强迫别国企业向华为断供？那些外国企业为什么要遵守美国商务部的管制令？什么是实体清单？美国到底有多少制裁清单？除了司法部和商务部，美国还有哪些机构参与制裁？如何应对美国制裁？……

以上事件和问题都与本书讨论的主题——美国“长臂管辖”有关。华为事件不是特例，很多大型跨国集团、高科技企业、科研院所、普通贸易公司、企业高管、政府官员乃至整个国家，都曾遭受美国制裁，美国“长臂管辖”带来的损失更是罄竹难书。有人估计，全球 50% 以上的人口受到美国“长臂管辖”的冲击或影响，而美国则获得了很大收益[①]。美国“长臂管辖”已成为十分棘手的国际问题，就像悬在大家头上的一把“达摩克利斯之剑”，随时、随地可能遭受其伤害。天下苦美久矣！

① 陈文玲．长臂管辖：美国攫取他国经济利益的“收割机”［N］．文摘报，2020－7－4．

二、初步认识

什么是“长臂管辖”？它是一个专业术语吗？怎么听起来既含糊又不严谨？如果你有这样的感觉，那就对了，这是大部分读者最初的印象。“长臂管辖”确实是一个宽泛而又模糊的概念，整个学术界（包括美国）尚未形成统一、明确、权威的认识和定义。“长臂管辖”的内涵和外延尚处于动态演变中，对它的理解更是千差万别、莫衷一是。

生动的案例分析胜过枯燥的学术推演。为了便于读者理解，笔者选择从“何志平受贿案”入手，通过解析这一普通案例，让读者对美国“长臂管辖”有个大致的了解。

1. 何志平受贿案

何志平是中国香港民政事务局前局长，还是香港首位眼外科教授，曾在美国留学十多年并获得医学博士学位。

2017 年 11 月 18 日，何志平因涉嫌代表中国华信能源公司（简称中国华信）[①] 向非洲国家官员行贿[②]，被美国司法部逮捕。美国司法部认为，何志平的转账都是通过纽约银行汇款，因此，美国具有管辖权。按照美国司法部公开的起诉书，何志平涉及两个案件：一是乍得案。何志平涉嫌通过塞内加尔前外长加迪奥，向乍得总统贿赂 200 万美元，以换取独家石油开采权。检方称，何志平曾将 200 万美元放在礼品盒中，送给乍得总统伊德里斯·代比。二是乌干达案。何志平涉嫌贿赂前联合国大会主席、乌干达外长库泰萨 50 万美元，以换取商业利益。何志平被指控 1 项串谋违反《反

---

① 中国华信（CEFC）是一家集体制民营企业，主营能源和金融。

② 2010 年，何志平帮助中国华信建立了一个致力于国际公共外交和能源安全的智库——中华能源基金委员会，何志平任该基金的常务副主席兼秘书长。

海外腐败法》、4 项违反《反海外腐败法》、1 项串谋洗钱、2 项洗钱罪名，共计 8 项控罪。2018 年 12 月 6 日，在何志平的 8 项控罪中，除了涉及乍得的洗钱罪不成立，其余 7 项被裁定罪成。

何志平抗辩称，他在美国境内并没有行贿行为，且涉嫌洗钱的资金仅仅是通过纽约的代理银行汇款，与美国没有直接联系，也没有美国公司因相关行为而直接受损，因此，不属于在美国境内发生的相关行为。

针对这一抗辩理由，纽约南区联邦地区法院认为，何志平的行为致使资金从起源地中国转移到美国，或通过美国转移到其他国家，助长了非法活动，此外，只要任何交易记录表明源自美国境外的转账通过美国境内的代理行进行，并在美国境外的目的银行终止，都构成进出美国单独交易的充分证据，从而违反洗钱法。美方在调查何志平的邮件时还发现，何志平涉嫌撮合武器交易及其与伊朗之间的商业活动[①]。另外，加迪奥已拥有美国绿卡，这就满足了美国《反海外腐败法》的“最低限度联系”要求。更有意思的是，在乍得案中，同为被告的加迪奥被联邦检察官撤销指控，因为他作为污点证人指证了何志平涉嫌行贿的细节。2019 年 3 月 25 日，纽约南区联邦地区法院判处何志平 3 年监禁及罚金 40 万美元。

“何志平受贿案”表明，凡是通过隶属于美国的支付工具进行支付，或使用美国邮件系统进行通信的外国人或外国公司的雇员，只要满足“最低限度联系”原则，无论是电话、邮件，还是银行转账，美国都有管辖权。

美国这只手伸得可真够长的，何志平没有美国国籍，没在美国定居，相关行为没有发生在美国，也没有给美国造成损失，即便如此，美国都能对何志平实施“长臂管辖”，还能在调查中发现新线索。

① 2014 年，何志平向其助手发送电子邮件，他在邮件上说，“伊朗有资金在中国的一家银行，这些资金受到制裁”，而伊朗希望通过香港的一家银行购买贵金属。要做到这一点，“伊朗人员”需要一家中国公司作为中间人；伊朗愿意为这项服务支付佣金。这封电子邮件最后称，“伊朗联系人强烈要求与我们建立石油和产品贸易关系”。

无独有偶，2011 年，美国证券交易委员会①（以下简称证监会）和司法部向匈牙利电信公司 Magyar Telekom② 开出巨额罚单，调查该公司的 3 名高管，控诉该公司在马其顿和黑山市场存在贪腐行为③，以拖延当地开放无线网络市场给其他竞争者。本来这起案件与美国一点关系都没有，但由于 Magyar Telekom 一名高管使用了在美国有服务器的电子邮箱，发送了一封承认贪腐行为的邮件，就构成了“最低限度联系”，纽约联邦法院依此判定美国证监会的调查合法。最后，Magyar Telekom 为了息事宁人，向美国证监会支付 3120 万美元，以缴还涉嫌行贿项目的利润，向美国司法部支付 5960 万美元，以了结刑事指控，并与美国当局达成了所谓的“暂缓起诉协议”。持有 Magyar Telekom 近 60% 股权的德国电信也因为内部控制措施不足，向美方支付 436 万美元以了结相关指控。

美国的手为什么能伸得这么长，还能到处乱抓？有人说，那是因为美国是全球老大，有强壮的身体和超长的手臂，能支撑着两只手伸向世界各地，肆意挥舞搞“长臂管辖”，谁不听话就整谁。这种解释虽然不准确，但是很形象。

2. 法国国营铁路公司案

美国“长臂管辖”不仅向境外伸手很长，而且还具有很强的追溯力，能适用其法律生效前的外国犯罪行为。

1976 年，美国制定了《外国主权豁免法》（FSIA）④，主要目的之一就

---

① U. S. Securities and Exchange Commission，SEC.

② 匈牙利电信公司是匈牙利最大的电信公司之一，由德国电信控股，其前身是匈牙利通讯公司（HungarianTelecommunications Enterprise）。匈牙利电信公司股权构是：Deutsche Telekom Europe B. V 持有 59. 21% 的股份，公开交易股份是 39. 94%，库存股份是 0. 85%。

③ 根据美国证监会的指控，2005 年和 2006 年，Magyar Telekom 高管向马其顿政府官员行贿 488 万欧元；2005 年，为了让黑山政府帮助公司完成一项收购，这些高管安排了另外一项付款方案，以 4 笔虚假合同的名义，向第三方顾问支付 735 万欧元，其中，部分款项流入黑山政府官员手中。

④ United States Foreign Sovereign Immunities Act of 1976，FSIA.

是采用统一和确定的限制豁免主义①立场，同时使美国法院重新取得对外国国家豁免问题的决定权②。该法还试图从立法方面否定“国家行为原则”(act of state doctrine)③。1983 年，通过“威灵顿诉尼日利亚中央银行案”，美国联邦最高法院（以下简称联邦最高法院）在有关外国国家豁免的诉讼方面首次承认：外国公司也可以在美国法院起诉第三国。从此，在美国起诉外国国家和政府的案件急剧增加，《外国主权豁免法》生效后仅 10 年，这方面的案件就达到 2000 多件。④

知识链接

威灵顿诉尼日利亚中央银行案（Verlinden B. V. v. Central Bank of Nigeria）

1975 年，尼日利亚政府与一家英国公司签订购买一批水泥的合同，该合同规定水泥的货款由尼日利亚中央银行开的信用证支付。但签订合同后，尼日利亚中央银行拒绝开具信用证，被起诉至美国法院。1983 年，联邦最高法院在“威灵顿诉尼日利亚中央银行案”中认定，即使外国国家并没有出庭主张豁免抗辩，联邦地区法院仍然必须主动审查是否存在《外国主权豁免法》上的豁免，如果发现原告未能充分证明《外国主权豁免法》上的豁免例外的，法院应以缺乏事项管辖权为由，驳回原告起诉。

2000 年，艾布拉姆斯等 12 名纳粹集中营大屠杀幸存者，将法国国营

---

① 限制豁免主义，也称有限豁免主义或相对豁免主义，是指为维护个人和法人的利益，主张把国家行为根据其性质或目的，划分为主权行为和非主权行为，把国家财产根据其用途，分为用于政府事务的财产和用于商业目的的财产，对前者予以豁免，对后者行使管辖。

② 赵威，等. 美国《外国主权豁免法》中商业豁免例外的适用［J］. 成都大学学报（社科版），2010（5）：25.

③ David P. Stewart," The Foreign Sovereign Immunities Act：A Guide for Judges", Federal Judicial Center，2018：64－70.

④ 2020 年 3 月 13 日，一群美国人以新冠疫情影响为由，将中国地方政府告上了法庭，要求赔偿因新冠肺炎疫情给他们带来的影响和损失。

铁路公司[1]诉至纽约东区联邦地区法院，理由是法国国营铁路公司当年将犹太人运送到纳粹集中营的行为构成战争罪和反人道罪，违反了习惯国际法（customary international law）。经调查，1940 年德国攻占法国后，法国国营铁路公司选择与占领当局合作以维持运营，1942—1944 年，该公司协助纳粹德国和维希政府，将法国境内的 7.6 万犹太人运往德国集中营，维希政府按照三等席价格向铁路公司付费，致使大多数犹太人遇难，只有少数生还。1944 年法国解放后，法国政府通过法令，不对战时维希政府所作所为负责。1995 年，时任法国总统雅克·希拉克承认了这件事情。

2000 年，美国依据《外国主权豁免法》指控法国国营铁路公司，理由就是该公司曾在“二战”期间将纳粹受害者运送到死亡集中营。纽约东区联邦地区法院在审判法国国营铁路公司时，还参考了美国 1789 年颁布的《外国人侵权法》[2]。

2014 年 12 月，法美两国政府达成协议，法国设立了一项由美国政府管理的 6000 万美元的基金，作为纳粹大屠杀的幸存者及其后代的抚恤金，发放给申诉人，并且必须对“从法国驱逐出境的和不受法国相关计划保障的美籍大屠杀受害者”给予全额赔偿[3]。

通过法国国营铁路公司案，我们能够体会到美国“长臂管辖”是多么彪悍和超乎想象，不仅能管天管地管空气，而且还能“穿越”历史翻旧账，不要说罚钱了，将来即便发生掘坟鞭尸的事，大家都不要感到稀奇。

3. 初步理解

客观地讲，国际上关于管辖权的斗争历来十分复杂，为了维护自身的利益，很多国家既努力扩大自己的管辖权，又抵制他国的“过分管辖权”，还力图通过国际协调，来缓和管辖权方面的冲突。目前，不少国家为自己

---

① 1937 年，法国对从 19 世纪中叶起参加建设法国铁路网的一些私营铁路企业进行了国有化，进而成立了法国国营铁路公司。

② The Alien Tort Statute.

③（法）阿里. 拉伊迪. 隐秘战争［M］. 北京：中信出版社，2019：56.

的法院和执法部门规定了不同程度的域外管辖权，以便在域外行使管辖。例如，2014 年 3 月克里米亚事件爆发后，欧盟对“破坏乌克兰主权”负有责任的 21 人实施限制旅游、冻结在欧盟资产等制裁措施。再例如，注册地在荷兰的 Booking. com B. V. 公司提供虚假宣传，将上海、西安 3 家未获得“五星级旅游饭店”资质的酒店宣传为“五星级”，违反了《中华人民共和国反不正当竞争法》，2018 年 12 月，上海工商局机场分局对该公司做出罚款 20 万元的行政处罚决定①。这方面的案例很多，不胜枚举。

图 1　美国“长臂管辖”

但相对而言，绝大多数国家在行使域外管辖时比较谨慎，都不像美国“长臂管辖”那么长，那么有攻击性、伤害性和追溯力，那么随意和任性。普通国家行使域外管辖的主要目标就是保护本国政府、企业和公民的利益，阻断外部的恶意伤害，防守性强，对管辖对象的伤害比较轻，主要是惩戒性的；而美国行使“长臂管辖”除了保护自身利益，还要从国外获取

① 早在 2017 年 3 月，上海工商局机场分局就曾对 Booking. com B. V. 公司的同类行为罚款 10 万元。

利益，损害管辖对象的利益，削弱或剥夺管辖对象的反抗能力，甚至要求管辖对象的行为符合美方意志，侵略性极强，对管辖对象的伤害很重。二者差别为什么如此巨大？笔者认为主要原因是，美国“长臂管辖”是一种特殊的域外管辖，其根植于独一无二的美国霸权，是美国霸权的衍生物，也是维护美国霸权的重要手段；美国“长臂管辖”有雄厚的综合国力作支撑，是美国发动经济战的“重武器”，具有超强的杀伤力和实现能力；如果脱离美国霸权，美国“长臂管辖”就是普通的域外管辖，甚至只能是一种欲望、冲动、设计或空想。

三、几个重要概念

“长臂管辖”是一个极其庞杂的问题，涉及法律、经济、政治、军事等诸多领域，社会关注度极高，它不仅是众多企业的梦魇和行政部门的棘手工作，而且还是大众茶余饭后的谈资和学术研究争论的焦点，我们能够查阅的文献资料和案例分析很多，可谓汗牛充栋。

“横看成岭侧成峰，远近高低各不同。”笔者在查阅众多文献时发现，由于所处位置和视角的不同，各国、各领域的企业、机构、官员、被管辖对象、专家和媒体等，对“长臂管辖”的认识、理解和感受等明显不同。例如，2010 年 6 月 24 日，美国联邦最高法院对“莫里森诉澳大利亚国民银行案”做出判决，维持了联邦第二巡回上诉法院①驳回上诉人起诉的决定，并向全球征求意见，各方反应差异很大：很多外国政府发表了支持该

① United States Court of Appeals for the Second Circuit.

案判决结果的意见；一些外国学者欢呼，称这是美国司法帝国主义的失败[①]；但也有很多外国投资基金、外国机构投资者和私人投资者反对该案的判决结果，认为该判决纵容了上市公司的财务造假和欺骗行为。[②]

知识链接

莫里森诉澳大利亚国民银行案（Morrison v. National Australia Bank）

澳大利亚国民银行（NAB，简称国民银行）的普通股在澳大利亚证交所和其他外国证交所交易，并没有在美国的证交所交易，但国民银行的美国存托凭证在纽交所挂牌。1998 年 2 月，国民银行收购了家畔贷款公司（简称家畔公司）。家畔公司是一家住房抵押贷款服务公司，总部设在美国佛罗里达州，业务是为住房抵押贷款提供服务，并收取费用。1998 年至 2001 年，国民银行的年度报告和其他公开文件吹嘘家畔公司业务很成功。2001 年 7 月 5 日，国民银行突然宣布减记家畔公司的资产，金额达 4.5 亿美元；9 月 3 日，再次减记 17.5 亿美元，导致国民银行的普通股和存托凭证价格暴跌。

本案的上诉人拉塞尔·莱斯利·欧文、布赖恩赫和杰拉尔丁·西尔弗洛克等都是澳大利亚公民。减记之前，他们在 2000 年和 2001 年购买了国民银行的普通股。上诉人在纽约南区联邦地区法院起诉国民银行、家畔公司以及家畔公司的三位高管，指控他们操纵家畔公司的财务模式和欺骗行为等。上诉人试图代表外国投资者进行集团诉讼，这些外国投资者在 9 月减记之前的特定时间段内，购买了国民银行的普通股。被上诉人要求法院驳回起诉，理由是按照《美国联邦民事诉讼

---

① Andrew Rocks," Whoops! The Imminent Reconliciation of U. S. Securities Laws with International Comity after Morrison v. National Australia Bank and the Drafting Error in the Dodd – Frank Act", Villanova Law Review, 2011 (56): 163.

② 美国证监会就“莫里森诉澳大利亚国民银行案”判决结果向全球征求意见时，中国没有政府机关、机构或个人就该案提供意见。

规则》(FRCP)，美国法院没有事务管辖权，而且原告未能按照《联邦民事诉讼规则》相关条款规则提出主张。纽约南区联邦地区法院认定不存在管辖，认为在美国所发生的行为“充其量不过是链条上的一环”。联邦第二巡回上诉法院也以类似理由维持原判，认为在美国发生的行为并不“构成有关欺诈的核心”。联邦最高法院受理了上诉，经审理，联邦最高法院斯卡利亚大法官认为本案并不涉及美国国内证交所挂牌的任何证券，尽管上诉人的主张有效，但其针对股票购买的所有方面都发生在美国境外，因此，上诉人没有可以获得救济的主张。据此，联邦最高法院判决维持了驳回上诉人起诉的决定。

为了减少歧义和方便行文，笔者认为在梳理和剖析美国“长臂管辖”之前，有必要先界定几个重要的概念，明确本书的研究对象和范围，避免不必要的“口水仗”。

1. “长臂管辖”

《布莱克法律词典》[①] 对“长臂管辖”的解释是：对起诉时与管辖区域有联系的非居民被告的管辖权[②]，源于美国各州制定的内容大同小异的“长臂法规”。这种解释很绕口，非法律人士很难看懂。还有一种解释是：“当被告人的住所不在法院地州，但和该州有某种最低联系，而且所提权利要求的产生已和这种联系有关时，就该项权利要求而言，该州对于该被告人具有属人管辖权，可以在州外对被告人发出传票。”第二种解释虽然也很晦涩，但是起码能让大家知道“长臂管辖”是一个司法问题，与法院有关。

其实，以上两种解释都是对“长臂管辖”传统的狭义解释，其最初是

---

① 《布莱克法律词典》由全球知名的词典编辑家 Bryan A. Garner 编辑，是法律领域权威的工具书，也是法律从业者的必备书之一。

② Bryan A. Garner (eds.)," Black's Law Dictionary (West Group, 10th edn. ", 2014), https: //www. next. westlaw. com.

用来处理国内跨州司法管辖权问题的，是将原本不属于管辖范围的案件纳入管辖，强调的是法院管辖谁。

随着美国“长臂管辖”的对外扩展，管辖范围超出美国领土后，“长臂管辖”的外延也不断扩大，对其解释就变成：当被告当事人与法院存在某种可能的联系，法院根据这种联系拥有对该案件的管辖权，即使被告当事人并未在美国生活。这种解释进一步扩展了“长臂管辖”的外延，但强调的还是司法管辖权属性。

美国“长臂管辖”再往外扩展，就超越了司法管辖的范畴，对“长臂管辖”的解释更加五花八门，更加难以界定。笔者发现，从行使主体和表现行为来看，“长臂管辖”发展到现在，大体可以分为三类：国会制定含有“长臂管辖”条款的立法行为；法院实施“长臂管辖”的司法行为；行政机关强制或引导域外实体（包括企业、个人、机构甚至政府等）遵守其国内法的执法行为。

这就是说，对“长臂管辖”的解释是动态的，是根据美方需要而不断演变的，或者说是倒推的，话语权和行动权掌握在美方手中。“长臂管辖”其实是美国自己认定的权力，只要美国认为自己与所管辖的实体存在最低联系，就可以编制理由，行使管辖权，不管在国内还是在国外。

2. 域外管辖

域外管辖（extraterritorial jurisdiction）是一国将其法律的适用范围或其司法和行政管辖范围扩展至该国领土以外，包括域外立法管辖、域外执法管辖和域外司法管辖。域外管辖通常管辖三种行为：一是本国公司或个人在境外从事的不正当行为；二是本国公司或个人联合外国公司或个人从事的不正当行为；三是外国公司在境外从事不正当行为对本国产生不利影响。在以上三种行为中，第三种行为最难判定。

管辖权基于国家主权，一个国家在其领域内的管辖权是排他的、绝对的，所以从理论上来讲，一国要想行使域外管辖，需要经过他国允许[①]。

---

① 周鲠生．国际法［M］．北京：商务印书馆，1981：229.

在全球化时代，国际利益不断向域外扩展，导致涉外纠纷越来越多，经贸大国都很重视海外利益的保护，从而不断扩大各自的域外管辖范围①，这就造成域外管辖方面的纠纷越来越多。联合国国际法委员会②曾想做一个域外管辖的专题，后来发现各国对“域外”和“管辖”的界定分歧太大，没法深入下去。

3. 域外适用

域外适用（extraterritorial application）是司法机关和行政机关将立法机关通过的具有域外效力的立法，适用于境外的人和事，这一行为本质上就是国家主权向域外的扩张和延伸，并以其自身的管理秩序和价值评判规则，来主导国际事务的处置权。域外适用是以国内法为基础的。

通过对比我们可以发现，以上三个概念既有交叉，又有区别，域外管辖是一个统称③，“长臂管辖”是域外管辖的一种特殊形式；域外适用是依据国内法管辖其领土范围之外的人（法人）、财产和行为的过程。

4. 治外法权

除了上面三个概念，大家有时也能看到治外法权（extraterrtoriality）的说法。所谓治外法权，是指一国国民在外国境内不受所在国管辖。在近代帝国主义殖民统治时期，治外法权建立在不平等条约基础上，是那时的一种国际现象。例如，1854 年德川幕府与美国签订《神奈川条约》（又称《日美亲善条约》），给予美国商人治外法权和片面最惠国待遇，随后荷兰、俄罗斯、英国等也取得了这一特权④。第一次世界大战后，治外法权开始衰落。1945 年的《联合国宪章》确立了国家主权和平等原则，许多国家纷

---

① 冉刚．司法实践视角下的跨国商业贿赂域外管辖——兼论我国域外管辖制度完善［J］．国际法研究，2020（6）：44.

② 国际法委员会（International Law Commission）成立于 1947 年，旨在促进国际法的逐步发展及编纂。委员会由大会所选出 34 名委员组成，任期 5 年，每年开会。

③ 李庆明．论美国域外管辖：概念、实践及中国因应［J］．国际法研究，2019（3）：8.

④ 吴文浩．跨国史视野下中国废除治外法权的历程（1919—1931）［J］．近代史研究，2020（2）：117.

纷摆脱殖民统治，治外法权就退出了历史舞台[①]。此后，以国内法为基础的域外适用不断增长。

目前，偶尔提及的治外法权通常是政治谈判的结果。例如，A 国一公民甲在 B 国访问时能享受治外法权，在访问期间，如果甲在 B 国涉嫌犯罪，那么 B 国法院不能对甲进行审判。治外法权通常是指一种特权，根据国际法和国际惯例，这种特权只有国家元首、政府首脑和外交代表等才能享有，不具有普遍意义，不是本书的研究对象。

① 刘萍．白尔丁号事件与法国在华治外法权的废除［J］．近代史研究，2018（2）：116.

第一章

美国“长臂管辖”的起源和形成

传统上来讲，美国民事诉讼分为对人诉讼与对物诉讼①，与之相对应，美国法院的管辖权也分为对人管辖权、对物管辖权和准对物管辖权。在“长臂管辖”产生之前，美国法院行使对人管辖权依据的是普通管辖②规则，也就是以被告在法院地的“实际存在（physical presence）”③为基础。这种管辖权原则的法理逻辑是：首先肯定每个州对其境内人和物拥有排他的管辖权和主权（领土主权原则），然后，根据某被告是否在该州出现（存在），来确立是否对他拥有一般管辖权。

知识链接

美国司法管辖权

广义的对人管辖权又称属人管辖权，以美国为典型。美国的管辖权分为三类，即对人管辖权（in personam jurisdiction）、对物管辖权（in Rem jurisdiction）和准对物管辖权（quasi in Rem jurisdiction）。

对人管辖权是指某法院具有确定当事人之间权利和义务的权限，并且其本身具有约束当事人的权力。法院一般通过在州内送达传票或其他一些与当事人存在充分联系而取得这种权力。有些人称之为“对人诉讼”。这种管辖权的根据并不限于国籍，住所、居所等都可以作为管辖权的依据。

对物管辖权又称属物管辖权，是对人管辖权的对称，是英美法上有关司法管辖权的概念，可以就有争议之物作出对所有人均为有效之判决的管辖权。其中包括对于船舶的海事诉讼管辖权，有关不动产之

---

① 对物诉讼又可分为“纯正的对物诉讼”和“准对物诉讼”。

② 普通管辖又称“一般地域管辖”，是地域管辖的一种，是以被告所在地为标准，来确定案件的管辖法院，即通常所说的“原告就被告”原则，它便于传唤被告和促使被告参加诉讼，可以在一定程度上防止原告滥用起诉权。

③ “实际存在”的意思是：如果被告在法院地有居所或住所、被告出现在法院地，只要该自然人存在于该法院所在州内，并被送达传票，那么法院就能对其主张管辖权。

类有体财产权利的诉讼管辖权，以及有关离婚、别居一类身份（身份在习惯上属于物的范畴）的诉讼管辖权。其要件是，只要成为诉讼对象的物在本国（州）领域内即可，无需向领域内的被告直接送达诉讼传票。在这一点上，它与对人管辖权有明显差异。

准对物管辖权是基于对被告在法院地州财产（包括债务等无形财产）的扣押而取得的管辖权，准对物管辖权介于对人管辖权和对物管辖权之间。对财物或无形财产的扣押并非诉讼的目的，而是作为满足将来对被告判决执行的一种方式。

随着生产力发展、科技进步和经济增长，美国各州的经济联系、相互依赖和人员交流迅速增强，经常出现外州居民（包括自然人和公司）不在本州出现，但其经营活动部分发生在本州或者对本州产生实质影响的情形，这时普通管辖规则的缺点就慢慢显现出来：如果有诉讼纠纷的非居民没有在法院地“出现”，那么法院行使管辖权就会受到各种掣肘，无法采取法律行动，也无法对这些外州居民进行管辖。这就使传统的管辖权理论和规则受到质疑和挑战，无论从法理还是现实，都需要增强美国司法管辖权的灵活性，扩大司法管辖范围，以便于解决各种跨州诉讼纠纷。

第一节　美国“长臂管辖”的起源观点及评述

因为“长臂管辖”没有统一、准确的定义，所以在起源问题上，专家们往往根据自己对“长臂管辖”的理解去追根溯源，形成了很多观点，主要包括以下四种。

一、《外国人侵权法》

《外国人侵权法》原本是美国1789年《司法法》[①]一个条文，后来被编入《美国法典》（USC）[②]第1350条，该法规定：“当侵权行为违反国际法或美国缔结的条约时，（联邦）地方法院对外国人据此提起的民事诉讼享有初审管辖权”[③]。《外国人侵权法》的立法起因是，当时美国法院在审理一些涉及违反外国领事外交特权的民事案件时，找不到法律依据，法官只能说违反普通法。但美国的普通法是否包括国际法的领事外交特权？法官勉强联系，但不能让外国政府满意。为了解决这种尴尬，国会才通过了《外国人侵权法》，使法官审案时有明确的联邦法律依据[④]。

知识链接

当年美国涉及违反外国领事外交特权的民事案件

比较典型的案例有：（1）1784年5月，法国公民Chevalier De Longchamps在法国大使的家里，威胁法国总领事Francis Barbe Marbois。两天后，De Longchamps在费城的街道上袭击了Marbois。（2）1787年，一位纽约治安官（constable）未经许可，闯入荷兰驻美国大使Van Berckel的房间，并逮捕了他的一名仆人，引起了外交抗议。后来，纽约州法院以违反万国法为由判决这位治安官3个月的监禁。

《外国人侵权法》既古老又奇特，因为该法明确规定原告是外国人，美国人反而不能应用该法。基于该法，美国法院可以审理外国人作为原告的违反国际法的侵权案件。因为该法授权美国法院对外国人在欧洲遭受的

① Judiciary Act of 1789.

② United State Code，USC.

③ 英文原文是：" The district courts shall have original jurisdiction of any civil action by an alien for a tort only，committed in violation of the law of nations or a treaty of the United States. "

④ 张申．美国《外国人侵权法》的适用历程［N］．人民法院报，2020－8－28.

侵权做出裁决①，所以有专家将美国“长臂管辖”追溯到《外国人侵权法》。

《外国人侵权法》立法的初衷是对海盗罪行使普遍管辖权，最初涉及的案件主要是侵害国际法中的领事外交特权及海盗行为，但此类案件后来几乎绝迹了，再加上用语含混不清，导致该法在之后的200年基本处于沉睡状态，形同虚设，直到20世纪七八十年代才被复活。在1980年的“费拉提诉皮纳·瑞拉案”中，美国联邦法院根据《外国人侵权法》，对巴拉圭国民发生在巴拉圭国内的酷刑行为提起侵权诉讼，行使管辖权，并判决皮纳·瑞拉警官承担民事赔偿责任。此后，这方面的案例大量出现，《外国人侵权法》也就成为了美方对外国政府官员追责的工具②。《外国人侵权法》就像打开了潘多拉魔盒，美国联邦法院每年都要受理很多针对外国政府官员的基于《外国人侵权法》的诉讼，甚至到了“一有外国官员来美国访问，就会收到起诉状”的地步。

知识链接

费拉提诉皮纳·瑞拉案（Filartiga v. Pena - Irala）

皮纳·瑞拉是一名巴拉圭警官，1976年3月，他在巴拉圭对17岁的巴拉圭公民朱利特·费拉提施加酷刑，并致其死亡。朱利特·费拉提的父亲琼·费拉提起诉皮纳·瑞拉有杀人罪，但案件审理没有任何结果，琼·费拉提聘请的律师也遭到逮捕和拘押。1978年琼·费拉提获得政治避难来到美国，当年皮纳·瑞拉持旅游签证进入美国，琼·费拉提作为原告，依据《外国人侵权法》在纽约东区联邦地区法院对皮纳·瑞拉提起诉讼。

一审法院认为：“一国如何对待自己的国民属于一国内政，美国法

① Isabelle Moulier," Observations surl' Alien Tort Claims Act et ses implications internationales", Annuaire Francais de Droit International, Vol. 49, 2003: 129 - 130.

② 张申．美国《外国人侵权法》的适用历程［N］．人民法院报，2020 - 8 - 28.

院无权干涉",因此就以不具备事项管辖权为由,撤销了诉讼。原告上诉到联邦第二巡回上诉法院,该法院认为:"《外国人侵权法》授权联邦法院对于包括酷刑在内的侵犯公认的国际法所规定的人权的诉讼进行管辖,不管原告或者被告事实上是否与美国具有联系,只要法院对被告具有属人管辖权,该法仍然适用。"二审法院因此推翻了一审判决并将案件发回。一审法院于1984年做出实体判决,要求被告皮纳·瑞拉向原告支付赔偿金。

"费拉提诉皮纳·瑞拉案"彻底打破了《外国人侵权法》的沉寂。

近年来,联邦最高法院意识到《外国人侵权法》适用扩张带来的问题和风险,因此,在2004年的"索萨诉阿尔瓦雷斯—马沁案"①、2013年的"基奥贝尔诉荷兰皇家石油公司案"和2018年的"杰斯纳诉阿拉伯银行案"② 中,限制了该法的适用:《外国人侵权法》中的侵权行为必须发生在美国,否则原告无权基于《外国人侵权法》提起诉讼。在"杰斯纳诉阿拉伯银行案"中,联邦最高法院还明确规定:外国公司不能作为《外国人侵权法》中的被告。这些限制扭转了《外国人侵权法》过度扩张适用的趋势。

知识链接

基奥贝尔诉荷兰皇家石油公司案(Kiobel v. Royal Dutch Petroleum)

在该案中,原告基奥贝尔等12名居住在美国的尼日利亚公民,被告为荷兰皇家石油公司等三家石油公司。原告于2002年向纽约南区联邦地区法院提起侵权诉讼,指控被告20世纪90年代在石油开采过程中,通过其子公司教唆和帮助尼日利亚政府,对其公民进行大规模镇压和虐杀,这一行为违反了国际法。2006年,一审法院认为,依据

① Cedric Ryngaert," The U. S. Supreme Court's Decision in Sosa v. Alvarez - Machain", International Law FORUM du droit international, Vol. 6, Issue 3. 2004: 116 - 121.

② Jesner v. Arab Bank.

《外国人侵权法》的规定和法官对国际法的理解，原告的指控并不完全具备合法的诉因，因为当代习惯国际法并未界定这些罪行，法院因此驳回了原告对被告的指控。

在各种文献资料中，将美国“长臂管辖”追溯到《外国人侵权法》的观点是少数。大多数专家认为，《外国人侵权法》出台后一直处于沉寂状态，在很长时间内既无“长臂管辖”意图，又未发挥“长臂管辖”作用，直到20世纪七八十年代才被美国律师利用，现在已被联邦最高法院限制，将《外国人侵权法》作为美国“长臂管辖”的起源，有些牵强。

笔者认为，美国在建国之初综合实力薄弱，还要面对来自英国霸权的威胁，那时出台《外国人侵权法》主要是为了表明美国态度和避免国际尴尬，顶多算是在美国国体上播下了含有域外管辖基因的“种子”，而这颗“种子”要想萌发，不仅需要美国综合国力的“土壤”提供充足养分，而且还需要营造适宜的外部环境。如果美国综合国力一直很疲弱，“土壤”一直很贫瘠，没有得到改良，那么不管这颗“种子”的基因多么强大、多么完善，它都没有萌发的可能。

二、“彭诺耶诉内夫案”

一些专家将美国“长臂管辖”追溯到19世纪60年代的“彭诺耶诉内夫案（Pennoyer v. Neff)”。该案是连环案，基本情况如下：

约翰·米歇尔是俄勒冈州的一名律师，1865年11月，米歇尔在俄勒冈州法院起诉马库斯·内夫，主张自己曾经向内夫提供法律服务，要求内夫支付律师费253.14美元。此时，内夫居住在加利福尼亚州，不是俄勒冈州的居民。米歇尔在俄勒冈州的一家报纸上刊登通知，对内夫进行了为期6周的公告送达。但该报纸仅在俄勒冈州发行，内夫不知情就没应诉。俄勒冈地方法院于1866年2月作出不答辩直接判决，判决内夫向米歇尔支付所欠律师费及利息共计294.98美元。判决作出后，米歇尔到处寻找内夫在俄勒冈州拥有的财产，发现内夫在 1866 年 3 月（即判决作出后一个月）取得了俄勒冈州一块土地的所有权。于是米歇尔申请依照判决书，拍卖内夫在俄勒冈州的地产。在拍卖中，米歇尔通过竞价拍得了这块土地，价格为 314.60 美元。此后，米歇尔将这块土地卖给了俄勒冈居民西尔维斯特·彭诺耶[1]。后来内夫来到俄勒冈，发现自己的土地变成彭诺耶的土地，于是他将彭诺耶起诉到位于俄勒冈的联邦法院，要求收回土地。

“内夫诉彭诺耶案”争议的焦点，集中在“米歇尔诉内夫案”的判决是否有效。内夫主张该判决无效，其理由有二：一是俄勒冈州法院并未对自己的人身或者土地行使管辖权；二是米歇尔和报纸编辑的誓证书存在法律缺陷。而彭诺耶则辩称该案中的司法程序都是适当的、有效的，他主张为了执行生效判决，俄勒冈州法院有权对位于本州的财产行使管辖权。主审法官德蒂认为米歇尔和报纸编辑的誓证书存在缺陷，违背了州法典对送达的相关规定。当时的俄勒冈民事诉讼法典规定，“被告非本州居民，但在本州有财产者，可采用其他送达方式”，但前提是“原告必须进行尽责调查并在本州范围内搜索被告”。在“米歇尔诉内夫案”中，米歇尔并未进行尽责调查，而是在誓证书中泛泛地陈述内夫不在本州，因此，米歇尔的誓证书违反了俄勒冈州法的规定。而根据法典第 69 条的规定，提交誓证书证实文书被送达之人，必须亲历送达的事实。德蒂法官认为提交誓证书的编辑并未亲历送达之事实，因此，编辑的誓证书也违反了俄勒冈州法的规定。据此，德蒂法官判决，在“米歇尔诉内夫案”中，俄勒冈州法院无管辖权。既然如此，那么米歇尔就不能取得内夫的土地所有权，彭诺耶自然也就不能享有该土地的所有权。

随后，彭诺耶上诉到联邦最高法院，联邦最高法院维持了初审法院的判决，但是其判决依据不同于初审法院，其理由并不是誓证书存在缺陷，

---

① 彭诺耶是哈佛大学法学院 1854 届毕业生，并于 1886—1895 年担任俄勒冈州州长，在当时是个名人。

而是俄勒冈法院并未对内夫的人身或者该地产行使管辖权。①

“彭诺耶诉内夫案”遵循了普通法的传统，确认了民事诉讼管辖的主权②原则和存在规则。联邦最高法院在“彭诺耶诉内夫案”中指出：“尽管联邦各州并不是在各方面完全独立……但除受宪法约束外，他们拥有并行使独立的州的主权，对他们也适用一些公法的原则。其中之一就是每个州对其境内的人和物拥有排他的管辖权与主权。”③ 该案同时确立了行使一般管辖权的依据是“存在（presence）”，只要一个自然人存在于州内并被送达传票，则法院就能对其主张管辖权④。

“彭诺耶诉内夫案”确认，对不存在于本州的外州被告，法院不得对其行使属人管辖权。也就是说，各州行使主权要尊重他州主权，不得超越正当程序的边界。因此，一些专家认为“彭诺耶诉内夫案”只是开启了宪法正当程序分析的先河，确立了美国各州只有在对被告享有管辖权时，才能作出判决以决定其权利义务，因此，“彭诺耶诉内夫案”不能看作是美国“长臂管辖”的起源。

笔者认为，美国南北战争（1861 年 4 月至 1865 年 4 月）结束后，统一了南北市场，连接大西洋和太平洋的铁路修通，推动了美国资本主义的全面发展，促进了生产要素的跨州流动，跨州民事纠纷案也相应增多。在“彭诺耶诉内夫案”中确立的正当程序、主权原则和存在规则等，适应了当时美国经济社会发展的需要，改善了美国司法制度，也为美国司法制度向“长臂管辖”模式变迁，营造了更加适宜的外部环境和制度准备，同时，美国不断增强的经济实力也为“长臂管辖”这颗“种子”的萌发积蓄

---

① 覃斌武，高颖．美国民事诉讼管辖权祖父案件——彭诺耶案的勘误与阐微［J］．西部法学评论，2015（6）：110－111.

② 有的专家将其称为“领土主权”。“Foreign”一词在美国国际私法中既可以代指外州，也可以代指外国，除非法律另有明确规定。

③ James F. Jr. , Hazard G. C. ," Civil Procedure", Little, Brown & Company（Canada）Limited, 3nd ed. 1985：77.

④ 郭玉军．美国法院的“长臂管辖权”——兼论确立国际民事案件管辖权的合理性原则［J］．比较法研究，2000（3）：267.

着养分。

三、《谢尔曼反托拉斯法》

有的专家将美国“长臂管辖”追溯到1890年的《谢尔曼反托拉斯法》①，该法案是联邦参议员约翰·谢尔曼（见图1-1）提出的，正式名称是《保护贸易及商业免受非法限制及垄断法》②，是美国国会制定的第一部反托拉斯法，也是美国历史上第一部授权联邦政府控制、干预经济运行的法案。

图1-1 约翰·谢尔曼

19世纪六七十年代，美国市场经济的自由竞争达到高峰，之后托拉斯作为垄断的高级形式在美国出现，到19世纪80年代，垄断组织遍布美国资源开发和运输等各个领域，成为经济生活的主导因素。例如，1870年约

① 《谢尔曼反托拉斯法》（Sherman Antitrust Act of 1890）的核心内容有：任何以托拉斯或其他形式的契约或合谋，限制各州之间或与外国贸易的行为均属非法；任何垄断或图谋垄断，或与其他个人和群众联合、共谋垄断州际及国外商业贸易者，均被视为有罪；对于违法者，司法部均可按照法令提出诉讼，法院对违法者发出禁令，规定罚款。

② An Act To Protect Trade And Commerce Against Unlawful Restraints And Monopolies.

翰·洛克菲勒在俄亥俄州创建标准石油公司（Standard Oil）；1882 年，洛克菲勒创建世界第一家托拉斯——标准石油托拉斯，并把总管理处迁到纽约；1888 年，标准石油开始进入上游生产，收购油田；到 1890 年，标准石油成为美国最大的原油生产商，垄断了美国 95% 的炼油能力、90% 的输油能力和 25% 的原油产量。这些垄断组织严重扰乱了市场竞争秩序，甚至干扰和控制国会正常选举，而美国政府却不能依法对其约束，《谢尔曼反托拉斯法》就是在这种背景下诞生的。

《谢尔曼反托拉斯法》只有两页，共八条，其第一条规定：“所有合约，用信托或其他的方式形成联合，抑或共谋，以限制几个州内的商业贸易，或者和外国，那么就被定义为非法。在法院的慎重考虑之后，所有签订这样合约或共谋的人或个体将被定为有罪，并立下相关罪名，并且将被最多罚款 5000 美元，或最多进入监狱 1 年，或者同样包括两者。”根据第一条规定和联邦法院的解释，如果发生在美国境外的商业行为效果及于美国并产生了有害影响，美国同样有权管辖。基于此，美国就对发生在他国的某些商业行为拥有了管辖权，进而能对他国商业行为进行法律干涉。[①] 这意味着，《谢尔曼反托拉斯法》除了致力于维持国内公平竞争和打击垄断外，美国国会还默许执法机构对非美跨国垄断经营进行域外管辖，因此，有专家认为这是美国“长臂管辖”的立法先例。另外，《谢尔曼反托拉斯法》的措辞比较含混，语意泛泛，诸如“贸易”“联合”“限制”等关键术语词义不明确，对于什么是垄断行为也没有做出明确解释，这就为后面的司法解释留下了很大空间，使《谢尔曼反托拉斯法》成为反垄断的基本法[②]。

然而，《谢尔曼反托拉斯法》出台后执行的并不理想，没能迅速有效地抑制美国市场垄断问题。从 1895 年到 1904 年，兼并浪潮席卷整个美国制造业，大约 1800 家公司被联合企业收购，1895 年有 4 个大型企业联合

① 王中美．美国反托拉斯法域外管辖权研究［J］．美国研究，2007（4）：56－66.
② 付亚琼．《谢尔曼法》诞生的社会背景［J］．沧桑，2011（2）：33.

体成立，1896 年有 3 个，1898 年有 16 个，1899 年更是高达63 个，这些企业联合体在各领域都占有很大的市场份额[①]。

1901 年，西奥多・罗斯福出任总统后，高度重视垄断问题，在当年 12 月提交国会的咨文中，他提出反托拉斯政策，要求国会立法，对托拉斯的经营活动给予合理限制。而罗斯福最出名的反托拉斯行动，就是起诉垄断北大西洋铁路公司、昆西铁路、芝加哥铁路等企业铁路运营的北方证券公司，联邦最高法院以 5 票赞成、4 票反对通过判决，裁定该公司违反《谢尔曼反托拉斯法》。之后，罗斯福先后对 40 多家公司提起诉讼，解散了牛肉托拉斯、石油托拉斯和烟草托拉斯等，因此，获得了“托拉斯爆破手”的称号。但罗斯福反垄断是对内的，而不是对外的，与域外管辖不沾边。

1909 年，美国香蕉公司起诉美国联合果品公司[②]违反《谢尔曼反垄断法》，这是美国历史上最早提交法庭的域外管辖案例。但联邦最高法院根据属地原则，拒绝对联合果品公司在中美洲的经营进行审判，理由是这次事件发生在美国之外，虽然认定被告存在不正当竞争，但是依然没有对其进行判罚。此后，伴随着美国公司海外经营活动的急剧增加，对美国国内经济的影响越来越大，直到 20 世纪中叶，美国才确立“效果原则”。

此外，《谢尔曼反托拉斯法》经常被美国法院用来反对工会组织，镇压工人运动，仅 1890—1897 年，联邦最高法院就根据此法作出 12 项不利于工会的判决。第一次世界大战后，美国利用“欧洲战债问题”积极扩大对国际经济和欧洲事务的影响力，同时，利用《谢尔曼反托拉斯法》极力抑制德国等国家的工业巨头向美国市场渗透。

直到 1911 年 5 月，联邦最高法院才依据《谢尔曼反托拉斯法》判决：

---

① 转引郭梦蝶. 两部法案的“身世”之谜：对《克莱顿法》和《谢尔曼法》立法背景的分析［J］. 兰州学刊，2016（12）：161.

② 1899 年 3 月，基思的香蕉企业与波士顿果品公司合并，组成联合果品公司，拥有 1123 万美元资本，112 英里铁路，21 万英亩土地。此后，联合果品公司不断扩张，收购尼加拉瓜、牙买加、洪都拉斯、危地马拉、古巴等国家的廉价土地，增铺铁路，购买船只，发展成为一个包括从生产、加工、运输到销售各部门的垄断组织。

标准石油公司是一个垄断机构，应予拆散。根据这一判决，1911 年 7 月，标准石油公司被分拆成 37 家地区性石油公司。

通过回顾这段历史，我们可以看出，19 世纪的《谢尔曼反托拉斯法》是美国反对国内市场垄断、抑制工会力量、保护工业企业发展的重要立法，也表明联邦机构控制垄断行为的积极姿态。《谢尔曼反托拉斯法》在出台时，管辖的重点是国内垄断企业，虽然带有域外管辖的特征，但主要是防御性的。19 世纪末美国经济快速增长，综合国力迅速提升，但仍奉行孤立主义，未卷入列强纷争，尚未确立美国霸权。此时，美国的外交政策虽然变得更具进取性、进攻性和扩张性，立法方面也有域外管辖的欲望，但是司法机构对外国机构或个人的域外管辖能力有限，尚未产生实质性域外管辖效果，笔者认为《谢尔曼反托拉斯法》只能算是“长臂管辖”的“萌芽”，开始蠢蠢欲动。

四、“国际鞋业公司诉华盛顿州案”

大多数专家认为美国“长臂管辖”起源于 1945 年“国际鞋业公司诉华盛顿州案”①。笔者认同这种观点。

国际鞋业公司在美国东海岸的特拉华州成立，该州司法效率较高，税收非常优惠，能为公司提供一套完整的注册成立服务，公司开办和维持费用很低，但土地和劳动力成本较高。国际鞋业公司的主要经营活动是在美国中部的密苏里州，该州农牧业和工业比较发达，土地和劳动力成本相对较低。

知识链接

特拉华州的税收优惠传统

特拉华州是最早加入美联邦的州，有美国“第一州”的称呼，是现任美国总统拜登的老家，被一些国际组织和专家认定为十大避税天

① International Shoe Co. v. State of Washington，326U. S. 310（1945）.

堂之一。1898 年，特拉华州面临财政困难，就通过立法，大幅降低在该州注册的公司的企业税和经营税，希望通过税收优惠吸引外地公司来注册，从而为本地经济创造增长点。此法案一经公布，大量企业涌入特拉华州注册，到 1902 年，在特拉华州注册的企业达到 1407 家；到 1919 年，在特拉华州注册的企业达到 4776 家。

时至今日，在全球财富五百强公司中，约一半在特拉华州设立办事处或分公司，在纽交所上市的公司中有 1/3 在特拉华州注册。因此，瑞士和开曼群岛等抨击美国对外打击避税天堂（Tax Haven）的同时，对内却容忍特拉华州等地的逃税和洗钱问题。

从 1937 年开始，国际鞋业公司连续 4 年到位于美国西北部的华盛顿州聘用十几名推销员，让他们在当地推销公司产品，但没有在该州设立办公场所，也没有在该州发售任何商品。国际鞋业公司向推销员提供一系列样品，由他们展示给想要购买商品的华盛顿州消费者，推销员有时也会在营业大楼里租用样品屋展示样品，租金由国际鞋业公司报销。也就是说，那些推销员只是代理人，他们并没有被授权签订合同，只在华盛顿州代收订单，然后，把这些订单转交给国际鞋业公司，由公司为购买者发货。交易成功后，国际鞋业公司付给推销员佣金，4 年间所付佣金就高达 3.1 万美元。在当时这可是一笔大额资金，因为那时美元很值钱，1 美元相当于 0.89 克黄金，美国普通工人的平均月工资是 150 美元。国际鞋业公司只给代理人佣金，不给代理人交失业保险等，进而可以降低工资成本，还不用交营业税等，对企业有利，但却挖了华盛顿州失业救济基金的墙角。这种行为如果发生在两国之间，就有走私的嫌疑。

“天下没有不透风的墙”，华盛顿州政府后来发现了国际鞋业公司的套路，就依据《华盛顿州失业补贴法案》向国际鞋业公司征收失业救济基金，州政府认为国际鞋业公司应该向其雇佣的销售员支付工资，依据该法案的有关规定，公司也应该缴纳失业救济金。

国际鞋业公司不认同华盛顿州政府的决定，辩称其没有在华盛顿州从事商业活动，据此华盛顿州法院对公司没有管辖权。但最终华盛顿州法院判决其对国际鞋业公司拥有管辖权，国际鞋业公司不服华盛顿州法院的判决，上诉至联邦最高法院。

联邦最高法院认同华盛顿州法院的判决，认为华盛顿州法院对国际鞋业公司拥有管辖权。如果从国际鞋业公司的成立地和从事经营活动的情况来看，该公司与华盛顿州确实不存在联系，但在本案中，国际鞋业公司聘用了华盛顿州公民，在该州进行连续不断的商业活动，做成大笔生意①，获得大量利益，并得到该州的法律保护，正是由于这些活动，国际鞋业公司与华盛顿州就已经建立了“最低限度联系（Minimum Contacts）”②，以至在该法院进行诉讼不会违反“平等与实质正义的传统观念”，那么华盛顿州法院对该被告行使管辖权，便是符合正当程序要求的。

这就是对美国“长臂管辖”的最初描述，很朴素，虽然不凝练，但是把“长臂管辖”的内涵基本说清楚了，其实就是一个跨州司法管辖问题，是指法院对与其所在地州存在某种“最低限度联系”的非本州被告，进行州外送达并获得的对人管辖权。据此，联邦最高法院认为，华盛顿州法院对国际鞋业公司案具有管辖权。从此之后，司法管辖权的确定以“最低限度联系”为衡量尺度，以被告与法院地州之间的“最低限度联系”原则取代了传统的“实际存在”原则，成为一种新的管辖权确立的依据，各州的“长臂管辖”范围小于或者等于“最低限度联系”划定的范围。这是对普通法管辖规则的变革和发展。

---

① 相关生意总额估计有几百万美元。

② 需要注意的是，“最低限度联系”一开始就指的是与被告的联系，而不是与原告的联系。

知识链接

“最低限度联系”的细化

在美国法学会制定的《第二次冲突法重述》中，总结了各州在行使管辖权所依据的判断标准，只要当事人的人身、财产、住所、国籍、所从事的活动或在州外（或国外）的某种行为对该州产生了影响，只要符合其中的任一点，就可以认定当事人与该州存在联系，该州法院可以对其行使管辖权。

联邦第六巡回上诉法院在1968年的“Southern Machine Co. v. Mohasco Indus”一案的裁判意见中，将“最低限度联系”细化为三个具体因素：（1）被告必须有意利用（purposefully avail itself）在审判地所在州的有利条件；（2）诉讼事由必须源于被告在审判地所在州进行的活动；（3）被告的行为或由被告造成的后果必须与审判地所在州有足够的实质性联系，才能对被告行使合理的管辖权。

（英文原文是：“First, the defendant must purposefully avail itself of the privilege of acting in the forum state or causing a consequence in the forum state. Second, the cause of action must arise from the defendant's activities there. Finally, the acts of the defendant or on sequences caused by the defendant must have a substantial enough connection with the forum state to make the exercise of jurisdiction over the defendant reasonable.”）

笔者认为，“国际鞋业公司诉华盛顿州案”标志着“长臂管辖”正式“落地生根”，发挥了实际效用，虽然很幼稚，但是它有美国雄厚的综合国力①做保障，拥有实现“长臂管辖”的能力和不断向外扩展手臂的实力，使美国“长臂管辖”从欲望和设计变成现实，是美国司法管辖的重要制度

① 第二次世界大战后，美国GDP占全世界的50%，工业产值占全世界的40%，黄金储备占全世界的60%，军事实力超强，并且在第二次世界大战中美国本土基本没有遭到破坏。

变迁和里程碑。

五、小结

从美国“长臂管辖”的起源来看，它只是对人管辖权中的一种特别管辖权，是在美国各州民事诉讼过程中，当被告人的居所不在法院所在州，但又与该州存在某种“最低限度联系”时，当地法院对该被告人具有管辖权。也就是说，美国“长臂管辖”产生的出发点是为了弥补司法管辖的漏洞，规范商业行为，约束制度套利①，在当时有利于维护美国国内的市场运行和公平竞争。

第二节　美国“长臂管辖”的形成

美国“长臂管辖”与美国经济增长相向而行，并适应美国经济社会这块“土壤”，一经产生便焕发出强大的生命力，迅速被其他各州模仿。

一、各州出台相关法令

第二次世界大战后，美国各州企业快速扩张，经营范围迅速远离企业所在地，导致跨州企业纠纷案件骤增，地方法院开始引用“传召法院（hailed into court）”，以解决司法管辖权的争议②，美国“长臂管辖”这棵“树苗”开始茁壮成长，也标志着美国“长臂管辖”初步形成。

---

① 制度套利（Institutional Arbitrage）首先由 Hall 和 Soskice 等学者提出，用来解释一些跨国企业利用东道国的比较制度优势，或者利用东道国的制度漏洞，作为一种套利机会，进行直接投资活动。

② Vincent F. Maher et al. ," Emerging Long Arm Jurisdiction: US Companies Engaged in Business in Foreign Venues and Foreign Companies Engaged in Business in US Venues", Journal of Leadership and Management, 2015, 4 (2): 211.

1955 年，伊利诺伊州率先颁布了“长臂管辖法令（long－arm statute)”，是世界上最早的长臂管辖权成文法。之后美国各州纷纷立法，扩大其司法管辖权。但在各州“长臂管辖法令”中，对管辖权的规定并不一致。例如，这些法令大体可以分为两类：一类是列举式的，就是明确列举出适用该法令的争议，包括伊利诺伊州、纽约州、得克萨斯州等，比如纽约州长臂管辖法令列举“商业交易”“侵权行为”等，在这种情况下，法院如果要确定某案件是否适用“长臂管辖”法令，要先检验涉诉争议是否属于法令调整范畴，然后，检验涉诉争议是否符合正当程序条款；另一类是概括式的，就是不明确列举“长臂管辖”法令的适用范围，而是规定凡是符合美国宪法第十四条修正案正当程序原则和“效果原则”的涉诉争议，就可以适用“长臂管辖”法令，比如加利福利亚州民事诉讼法院授权加州法院自由行使“长臂管辖”权，只要不违反“最低限度联系”原则即可[①]。

此时，各州“长臂管辖”的“树苗”快速成长，虽然从外形上看不尽相同，甚至有效杂乱，但是它们秉性相同，是一个“树种”，共同构成美国“长臂管辖”的“树林”，已经蔚然成风。

二、统一标准

1963 年，美国统一州法全国委员会[②]借鉴了列举式，制定了一项标准的“长臂管辖”法，即《统一州际和国际诉讼法》。此后，各州“长臂法案”虽有不同，但有一条底线，就是不能违法美国宪法规定的正当程序条款（Due Process Clause）[③]。

---

① 覃斌武，高颖．美国民事诉讼管辖权祖父案件——彭诺耶案的勘误与阐微［J］．西部法学评论，2015（6）：116.

② The National Conference of Commissioners on Uniform State Laws.

③ 张博．美国的长臂管辖原则［J］．中国法院报，2011－7－15.

知识链接

统一州际和国际诉讼法（Uniform Interstate and International Procedure Act）

该法第103节规定，由于下列原因或接触之一而提起的诉讼，法院可以行使对人的管辖权：在该州经营商业的；签订合同在该州供应劳务或货物的；在该州的作为或者不作为造成损害，如果他是在该州经常从事商业或招揽商业，或从事其他任何持续性的行为，或从在该州所使用或消费的商品或提供的劳务获得相当收入者。

至此，美国确立了“长臂管辖”的制度供给标准，并按照这一标准对各州“长臂管辖”的“树苗”进行修剪，以防止其恣意蔓延，侵占其他“树苗”的领空。到这时，美国“长臂管辖”的“树林”已基本成型。

三、尊重正当程序条款

法律的正义价值不仅体现在立法结果本身的正义性，而且还应体现在立法程序设置和运行的正义性。只要是文明立法，都很重视程序正义①。上面提及的正当程序条款是美国宪法第五条修正案和第十四条修正案规定的两个条款，其中第五条修正案规定，“未经正当法律程序不得剥夺任何人的生命、自由或财产”，第十四条修正案重申这一内容。② 正当程序要求一州法院对外州被告行使管辖权的前提是：该外州居民与本州存在“最低限度联系”。这就使各州在行使管辖权时，不能超过宪法规定的适当范围，同时要满足正当程序的要求。按照正当程序的要求，不符合“最低限度联系”要件，法院就必然不能对当事人行使“长臂管辖”；而具备“最低限

① “正当程序”的理念源于英国的自然正义原则，主要是指：“任何人都不能成为自己的法官”；任何人在受到不利处分前，有获得公正听证或被合理听取意见的机会。

② 两个条款的主旨存在区别，前者旨在约束联邦政府，后者旨在约束各州政府，防止各州制定剥夺公民权利和自由的法律。

度联系”要件，也不绝对意味着法院必须对当事人行使“长臂管辖”。这就是说，“最低限度联系”是适用“长臂管辖”的底线，是必要条件，而不是充分条件。

知识链接

美国宪法第十四条修正案

该修正案的原文是：“任何一州未经正当法律程序不得剥夺任何人的生命、自由或财产。”后来联邦最高法院把修正案中的“任何人”解释为包括任何“法人”。19 世纪末 20 世纪初，联邦最高法院以正当程序条款为武器，对各州的立法实行严格监督，宣布许多社会立法无效。正当程序条款在美国宪法中具有突出的地位，它们不仅在保护公民的基本权利和自由方面发挥了重要作用，而且在限制各州政府权力从而扩大联邦政府权力方面，发挥了很大作用，并对美国社会各领域产生了广泛影响。

另外，美国法院要受理一个外国人为被告的民事案件，需要同时满足对人管辖权（personal jurisdiction）、事项管辖权（subject matter jurisdiction）和适当审判地（proper venue）的要求。对人管辖权确定法院能管辖外国被告，事项管辖权则确定法院对相关案件及其所涉诉讼请求有管辖权，适当审判地则是确定地理意义上的起诉地点①。

后来，美国法院又将对人管辖权分为“一般管辖权（general jurisdiction）”和“特殊管辖权（specific jurisdiction）”。一般管辖权又称全能管辖权（all－purpose jurisdiction），允许法院管辖针对在法院地有“实质意义的家（‘essentially at home’in the forum）”的被告的所有诉讼请求；特殊

① （美）理查德·D·弗里尔．美国民事诉讼法（第二版）［M］．北京：商务印书馆，2013：47.

管辖权仅允许法院管辖被告与法院地存在联系或由此产生的诉讼请求[1]，也可以理解为：法院根据被告与法院地之间的特殊联系，行使管辖权。

总体而言，在美国“长臂管辖”确立的初期，由于对正当程序条款的尊重，基本保证了美国“长臂管辖”立法的合法性，能在一定程度上缩短司法程序，降低诉讼成本，当然也赋予法官很大的自由裁量权，使法律的确定性受到挑战。从此，“长臂管辖”作为一项重要的制度创新，在美国国内得到认可，逐渐成为美国法律的重要实践和传统，并沿着这条变迁路径走下去。从美国“长臂管辖”的产生来看，它走的是一条诱致性制度变迁[2]路径，具有自下而上、渐进式的特点，经历了一个缓慢的发展过程，不仅能以柔和、平滑的方式化解制度变迁的阻力，而且还能保证预期收益大于预期成本，并通过丰富的案例实践，增进美国的社会福利。

第三节　“长臂管辖”与美国政治制度紧密关联

美国“长臂管辖”的“树苗”要想快速成长，不仅需要强大的基因和肥沃的土壤，而且还需要适宜的温度和湿度，而美国政治和法律制度恰恰营造了这种舒适的外部生长环境。

一、分权体制与“长臂管辖”制度供给

美国联邦制的最大特点就是分权，联邦与各州彼此尊重，权力非集中

---

① Gary B., Peter B. Rutledge," International Civil Litigation in United States Courts", New York: Wolters Kluwer, 6th edn., 2018: 88.

② 诱致性制度变迁是指人们为争取获利机会，自发倡导和组织实施对现行制度安排的变更或替代，创造新的制度安排，是人们在追求由制度不均衡引致的获利机会时，所进行的自发性制度变迁。

化，主权由联邦和各州分享。美国《联邦宪法》[①] 修正案第 10 条规定：“宪法未授予合众国、也未禁止各州行使的权利，由各州或其人民保留之。”这其实就规定：在不违背《联邦宪法》的前提下，明确了美国二元立法体制，国会和州议会分别是行使联邦和州立法权的主体。各个州可以独立立法，有州宪法（state constitution），例如，佛蒙特州现行宪法是1793 年通过的，其后进行过几次修订，最近一次修订是在 1995 年。有的州还有多部宪法，各具特色，例如，佛蒙特州宪法有 8000 多字，而阿拉巴马州宪法[②]则长达 31 万字。

美国法院系统分为联邦法院系统（包括联邦地区法院、联邦上诉法院、联邦最高法院、专门法院）和州法院系统。这两套法院系统相互独立，自成体系，它们在管辖结构上有交叉，但在组织结构上是分离的，联邦法院主要对基于联邦法律产生的案件以及异籍案件具有管辖权，宪法和国会还对联邦法院的管辖权进行了严格限制。州法院拥有普遍管辖权，各州司法权相对独立，它们之间是一种平等、共存的关系。

美国联邦与各州的行政权也相对独立，联邦与州经常争夺管辖权，甚至相互对立，比如金融监管领域等。这个问题时至今日仍然非常严重。2020 年 4 月 13 日，当美国处于新冠疫情危机的严峻时刻，有记者问特朗普：“总统是否有权力决定各州解除防疫封锁?”特朗普表示：“当一个人是美国总统的时候，就有完全的权力。”[③] 结果特朗普被当众打脸，美国有 10 个州以实际行动对特朗普做出反击，宣布将自行决定合作抗疫和重启经济。

美国独特的三权分立制度（见图 1 –2）造成各州在管辖权问题上难免有冲突。随着地区间的交流不断扩大，这种管辖权冲突越来越明显，使法

---

① United States Constitution.

② 阿拉巴马州现行宪法是该州历史上的第 6 部宪法，1901 年生效，至 1987 年年底有修正案 471 条。

③ " When somebody is the president of the United States" their " authority is total. "

院对跨州际的民商事纠纷越来越难以行使管辖权，不仅增加了整个社会的交易成本，而且还为制度套利提供了空间。只有扩大法院的司法管辖权，增加司法制度供给，在一定程度上方便法院行使管辖权，才能满足解决州际间民商事管辖纠纷的制度需求，进而降低整个社会的交易费用，弥补管辖漏洞。而“长臂管辖”正是解决这一矛盾的有效制度供给，遂应运而生。

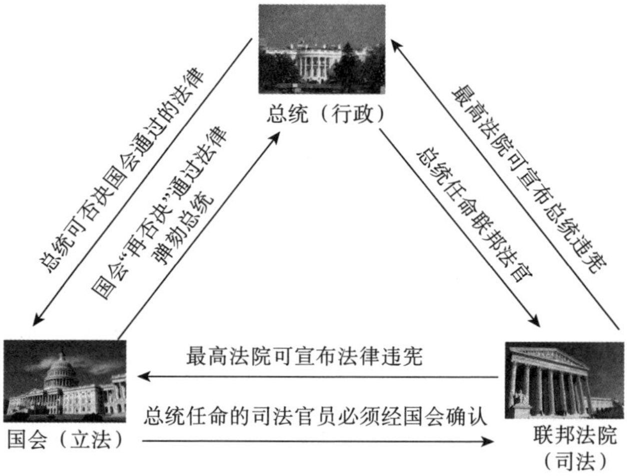

图1－2　美国三权分立示意图

由此可见，“长臂管辖”的形成与美国的国家权力架构有着很大关系，适应了美国经济社会发展的需要，在州与州之间、州与联邦之间重新配置权力，能够降低社会运行成本，对美国而言是有效制度供给。

二、法律制度与“长臂管辖”制度需求

美国独特的法律制度还刺激了美国“长臂管辖”的制度需求。例如，实行败诉不处罚原则（no penalty for losing），不支持“败诉方付费（loser pays）”制度，只要满足专业责任和民事程序规则的最低要求，即便提起不大可能胜诉的诉讼，也不会受到处罚，这使原告提起诉讼的成本很低，败诉代价很小；实行胜诉分成（contingency fees）制度，不仅能吸引律师参

与诉讼，而且还能分散当事人的风险；“证据开示”程序①耗资大、时间长，使原告能从被告处获得大量与案件有关的事实和信息，增加了原告获得意外收获的概率；在认定对人管辖权时，倾向于原告，强调只要送达有效、满足“最低限度联系”、不违反美国《宪法》，法院就可以行使管辖权，大大扩展了管辖范围；等等。这些独特的法律制度使原告和律师在利用“长臂管辖”时，不仅成本小、风险小，而且还有可能获得额外收益。由于风险和收益不对称，极大地刺激了美国“长臂管辖”的制度需求，丰富了司法实践，保证了适用案例数量。

美国独特的分权制度和法律制度从供给端和需求端保证“长臂管辖”适用，为“长臂管辖”提供了宽松、舒适的生长环境。“长臂管辖”从此在美国落地生根，开花结果，开辟了美国司法管辖的新时代，带动了立法和执法变革，并逐渐改变着美国乃至全球的法律、经济、社会和政治“气候”。

第四节　结　　论

生产力的发展加速了各种社会资源的流动和交融，需要灵活多变的法律制度适应经济基础的快速变化。美国“长臂管辖”的形成有助于弥补美国司法管辖的漏洞，扩大法院的司法管辖权，解决州与州之间跨法域管辖问题，在刚刚兴起时，仅适用于各州之间，是一个国内民事法议题，具有鲜明的美国特色。

在美国“长臂管辖”产生初期，遵守了美国宪法和相应的立法程序，

① “证据开示”程序是在美国诉讼中的一个非常重要的环节，通常是耗资巨大、旷日持久，在这一程序阶段，诉讼双方，有时还会有外部专家，甚至非诉讼方，都会主动或被要求向对手方披露与诉讼标的相关的文件和其他资料，例如证词。

主要适用于商业、贸易、税收等与法律相关的领域，适用于合同、营业活动、侵权行为、诽谤、产品责任、家庭关系等类型的案件，发展了对人管辖权，特别在侵权行为方面，改变了传统的普通法有关管辖权的规则，使管辖权规则更加富有弹性，也更加灵活，逐步摆脱了传统普通法规则的机械和呆板，适应了美国现代社会生活的发展①。

当然，由于美国“长臂管辖”自产生起就没有确切的定义，突破了传统属人管辖和属地管辖原则，超越了州的界限，适用范围非常广泛，再加上“最低限度联系”原则的模糊性、灵活性和较强的主观色彩，可以在实践中不断放大“长臂管辖”的内涵，为“长臂管辖”的应用和阐释提供了广阔的空间。经过多年的法理讨论和判例实践，美国“长臂管辖”的应用领域逐渐从国内向国外延伸，管辖事务从商贸扩展至反腐败、违反制裁规定、人权等诸多领域，实施目的也逐渐多元化、政治化，并非单纯地维护什么公平正义。

---

① 郭玉军，等. 美国法院的“长臂管辖权”——兼论确立国际民事案件管辖权的合理性原则［J］. 比较法研究，2000（3）：274.

第二章

美国“长臂管辖”的扩展经历

目前，各国利益高度关联，你中有我，我中有你，相互依赖，但依赖是不对称的，这种不对称性能给优势方带来权力，即优势方能利用这种不对称性，逼迫劣势方改变政策和行为，以服从优势方的意志。美国作为全球实力超群的大国，在军事、安全、科技、经贸、金融等领域均占据优势（甚至是绝对优势）地位，并拥有利用这种优势维护其国家利益和世界霸主地位的实现能力。而美国恰恰充分利用了这一时代特征、综合实力和实现能力，根据其国内法理逻辑，不断升级扩展“长臂管辖”，把手臂伸向全球，巧取豪夺。受美国霸权和综合国力的影响，美国“长臂管辖”的目标、依据、手段和对象等也不断变化，虽然起起伏伏，但总体呈现扩展趋势，大致经历了以下四个阶段。

第一节　冷战初期至20世纪70年代主打“出口管制”旗号

在这一时期，美国综合国力雄厚，但也面临强大苏联的对抗，“长臂管辖”是美国发动经济战的“重武器”，威力虽然很大，但是由于刚刚起步没有多少经验，再加上体系和制度不完善，操作和配合不熟练，因此，向境外伸手比较收敛，其重点是控制盟友，主要限制向社会主义阵营出口军用装备、军用物资和高端技术产品等，但并不顺利。

一、20世纪50年代控制盟友出口

“二战”结束后不久，英国前首相温斯顿·丘吉尔在美国发表“铁幕演说”[①]，拉开了冷战序幕。1948年5月，美国商务部咨询委员会提交了一

① 1946年3月5日，丘吉尔在美国富尔顿城威斯敏斯特学院发表反苏联、反共产主义的演说，他运用“铁幕”一词，攻击苏联和东欧社会主义国家就像是“用铁幕笼罩起来”，因此，这次演说被称为“铁幕演说”（Iron Curtain Speech）。“铁幕演说”也被认为是拉开了美苏冷战的序幕。

份报告，认为美国从苏联进口的商品与出口到苏联的商品在战略价值上存在差距，建议对出口保持选择性控制，从而使以苏联为首的社会主义阵营无法获得具有重大影响的商品。随后，杜鲁门政府公布了一份管制清单，分为全面禁运物资和限制出口物资，前者包括用于制造和生产武器弹药的战略物资、含有先进技术水平的母机和设备，例如，特殊重工业设备、精密科学仪器、电子尖端仪器和稀有金属等；后者包括铅、铜、锌等工业原料以及基础设施设备①。1949 年美国国会制定了第一部《出口管制法》(ECA)②，授权总统为了美国的对外政策、国家安全、有助于国内短缺物资供应及抑制通货膨胀等需要，进行禁运或限制出口，明确指出防止西方对共产党国家出口能用于军事的产品和技术，并根据不同国家与美国的关系和实力等因素，按管制程度将世界上的国家分为从严到宽 7 个组，即 Z、S、Y、W、Q、T 和 V 组，中国一开始被列入 Y 组。

朝鲜战争爆发后，1950 年 7 月，美国政府正式宣布“巴统”③ 的贸易管制范围扩大到中国和朝鲜，美国商务部将中国列入全面禁运的 Z 组（最严组）。当时“巴统”还设立了“中国禁单”，即对中国贸易的特别禁单，该禁单所包括的项目比对苏联和东欧国家适用的国际禁单项目还要多出 500 余种。在这一时期，美国携第二次世界大战胜利之余威，在西方世界占据主导地位，号召力强，盟国比较配合美国政府的出口管制措施，因此，美国很少对盟国动用“长臂管辖”。

1951 年 10 月，美国国会通过《共同防御援助控制法案》（MDAA）④，

---

① 朱启超，等. 冷战时期美国是如何进行科技遏制的［J］. 世界知识，2019（13）：65.

② Export Control Act，ECA.

③ 巴黎统筹委员会（Coordinating Committee for Export to Communist Countries）是对社会主义国家实行禁运和贸易限制的国际组织，正式名称是“向共产党国家出口统筹委员会”，是 1949 年 11 月在美国提议下秘密成立的，总部设在巴黎，有 17 个成员国。1994 年 3 月 31 日，“巴统”停止一切活动。

④《共同防御援助控制法案》（Mutual Defense Assistance Act，MDAA）始于 1949 年，该法案将美国对其盟国（主要是欧洲国家）的各种临时性军事援助项目加以整合，纳入一个总的法律框架。

以停止军事、经济援助作为威胁，迫使其他西方国家对社会主义国家禁运战略物资300余种，包括军用武器装备及军用物资、尖端技术产品、石油产品和稀有物资等。美国的做法在“巴统”内部产生分歧，其他西方国家为了自身经济利益，不断突破禁运限制，与苏联集团进行贸易。

1953年，艾森豪威尔出任美国总统后，放宽了部分非战略物资的出口，以弥合“巴统”内部的分歧，他认为杜鲁门的政策已经过时，美国应当鼓励而非阻碍东西方之间的贸易往来，从而既有利于促进盟国的经济发展，又有可能把苏联的仆从国争取过来。艾森豪威尔还提醒其内阁高官：贸易是“掌握在现代外交官手中的最佳武器”[①]。

二、20世纪60年代缓和

肯尼迪总统上台后，美国对苏联推行缓和政策，相应调整了美国的出口管制制度，其主要表现在：一是完善出口管制制度，设立出口审查委员会，确立出口许可证的物资标准，敦促商务部加强对高科技领域的管制；二是主张放松对苏联等社会主义国家的非战略物资出口制裁，希望以此释放缓和“善意”，通过讨价还价，推动苏联在政治上做出让步。但由于国务院、商务部、国防部以及国会意见不一，再加上发生了1961年柏林危机[②]和1962年古巴导弹危机[③]（见图2－1），肯尼迪政府的缓和尝试没有取得突破，在放松非战略物资出口管制方面，也没有得到落实。

约翰逊总统上台后，美国经济实力呈现下降趋势，国内、国外都要求扩大与苏联集团的贸易，美国政府延续了对苏联的缓和姿态，成立了东西方贸易政策特别委员会，负责起草对苏贸易政策议案，期望通过东西方贸易的缓和来影响苏联。1965年，美国政府将“美国安全清单”改为“美

---

① 邓峰，等．艾森豪威尔政府对中日贸易的政策探析［J］．中共党史研究，2012（8）：28.

② 1961年柏林危机也称第三次柏林危机，事件以苏联在东柏林筑起柏林墙作结。

③ 1962年古巴导弹危机是由于1959年美国在意大利和土耳其部署了中程弹道导弹雷神导弹和朱比特导弹引起的，苏联为扳回一城，在古巴部署导弹。这是冷战期间苏美之间最激烈的一次对抗。

图 2－1　古巴导弹危机（人类存亡的危险时刻）

国商品管制清单”（U. S. Commodity Control List，CCL）[1]。美国收缩“长臂管辖”、扩大与苏联贸易的做法受到盟友的欢迎。

三、20 世纪 70 年代停滞

从 1969 年到 1979 年，随着国际政治环境的变化，美国经济陷入滞胀，竞争力有所下降，美国多次修改《出口管制法》，1969 年美国国会通过《出口管理法》（EAA），将出口管制改为出口管理，立法目的从最初实施制裁，逐渐转向有选择地放宽出口，以推动美国经济增长，但受政治因素的影响比较明显。例如，1969 年中苏边境爆发珍宝岛和铁列克提[2]事件后，美国放松了对中国的贸易管制。

知识链接

美国《出口管理法》（Export Administration Act，EAA）

美国《出口管理法》后来又经历了 1979 年、1981 年、1985 年三

---

① 宫旭平．约翰逊政府时期美国的东西方贸易管制政策［J］．吉林师范大学学报（人文社会科学版），2005（4）：93.

② 铁列克提位于新疆裕民县巴尔鲁克山西部地区，与哈萨克斯坦交界。1969 年发生中苏铁列克提之战。1999 年 11 月，纳扎尔巴耶夫访华，中哈两国领导人签署了《中哈关于两国边界问题获得全面解决的联合公报》。铁列克提地区的主权问题得到解决，当年冲突地带已明确划归中国。

次修订，本来应该在2001年8月到期，不过美国政府不断对《出口管理法》修正和延期，使《出口管理法》一直沿用至今，见下表。

美国政府对《出口管理法》的修订

时间	行政命令	内容
2001.8.17	第13222号	为保证美国安全出口，总统根据IEEPA修订了依据1979年《出口管理法》颁布的《出口管理条例》
2013.3.8	第13637号	修订《第13222号行政命令》
2013.3.13	78FR 16129	修订《第13627号行政命令》
2017.8.16	82FR 39005	根据IEEPA生效的《出口管理条例》需在2017年8月17日之后继续有效。根据《国家紧急情况法》第202（d）节，继续执行《第13627号行政命令》，将出口管制延迟一年

尼克松上台后，积极推行“联系”“克制”“实际”三原则的缓和政策。1972年，美苏领导人在莫斯科举行首脑会晤，双方在改善经济贸易关系和科技合作方面签署一系列协定。1972年8月，美国国会通过新的《出口管理法》[①]，减少了对苏联等社会主义国家的出口管制产品数量，放松了出口许可证的签发条件，同时增设“技术咨询委员会”，用于解决商务部及其他政府部门面临的技术出口、管制清单以及出口申请批准等问题。

四、出口管制立法基本成型

20世纪六七十年代，美国“长臂管辖”在执法方面总体处于停滞、收缩状态，但立法方面持续推进，孜孜以求，集中表现在美国国会、国务院、商务部出台了一系列的成文法和行政令，主要包括《出口管理法》、《武器出口管制法》（AECA）、《美国武器国际运输条例》（ITAR）和《出口管理条例》等。

① 1979年、1981年、1985年美国国会又修订了《出口管理法》，1988年7月12日美国《出口管理法修正案》生效。

知识链接

武器出口管制法（Arms Export Control Act of 1976，AECA）

该法是军用产品和技术出口管制的法律基础。为执行该法，美国国务院颁布了《武器国际运输条例》（U. S. International Traffic in Arms Regulations，ITAR）。所有从事军用产品和服务的生产、出口、中介等行为的个人或企业，都必须经美国政府注册。《武器国际运输条例》中规定了军用产品和服务出口所需许可证或授权的具体要求和审批程序；此外，《美国军火清单》（United States Munitions List，USML）中详细列明了受管制的军用产品和技术名单。许多军用产品的出口仅美国国务院授权是不够的，而必须获得美国国会授权。国务院中具体负责出口管制事务的局是政治军事局（PM）。

在防止盟友出口高科技产品方面，《出口管制法》《出口管理法》都是很严厉的法律，与《与敌国贸易法》一起，确立了对社会主义国家出口管制和禁运的基本制度，但属于框架性的。后来，美国商务部依据《出口管理法》的授权，制定了《出口管理条例》（EAR）[①]。《出口管理条例》进一步明确了出口管制的原则与目的、管理范围、商品管制清单、国家管制清单、许可证申请、一般禁止、视同出口[②]管制等内容。《出口管理条例》从名称上来看，与中国的行政法规类似，但在美国整个出口管制体系中地位很高，有专家将其称为美国出口管制的“中流砥柱”，虽然名义上由商务部出口管理局（BXS）[③] 全权负责，但是实际上直接归美国总统管辖。

---

① Export Administration Regulations，EAR.

② 所谓“视同出口”是指，即使产品和技术等转移没有跨越国境，但如果在本国境内将产品和技术等转移给外国组织或个人，也视同将产品和技术等出口给个人或组织的母国，从而受出口管制。视同出口可以通过以下方式进行：允许外国个人查看产自本国的设备和设施的外观；在本国或本国以外的国家/地区口头交换信息；以及在本国或本国以外的国家/地区使用在本国境内获得的个人知识或技术经验。

③ 商务部出口管理局（BXS）是工业与安全局（BIS）的前身。

知识链接

与敌国贸易法（Trading with the Enemy Act，TWEA）

该法又称《与敌贸易法》，颁布于1917年，它规定美国总统在国家处于战争或其他紧急状态期间，有权调整与敌对国家之间的贸易关系。

1919年美国应英国的要求，对当时的中国实行武器禁运，解禁的条件是中国成立一个统一政府，以保证西方列强在华利益。

1933年，时任总统罗斯福根据该法，宣布国家进入紧急状态，要求全国银行放假。5天后，国会对该法第5条第2款进行了紧急修改，补充了在战时以外的任何其他情况下，总统可以宣布紧急状态。总统从此获得了在非战时紧急状态下进行制裁的权力。根据修改后的《与敌国贸易法》，总统宣布紧急状态不需要设定期限，也不需要援引依据，甚至不需要国会监督，扩大了总统的权力。

1950年朝鲜战争爆发后，时任美国总统哈里·杜鲁门指示对朝鲜适用《与敌国贸易法》。

1973年，国会对紧急状态进行了调研，认为美国国民的权利和自由因实施紧急状态的法律而受到克减。

1976年，美国国会通过《国家紧急状态法》（National Emergencies Act），终结了总统根据此前宣布紧急状态而拥有的权力，并对总统此后宣布紧急状态的权力进行了一定限制。

《出口管理条例》有1000多页，对出口管制进行了系统规范，将管辖范围延展到涉及美国原产地、美国知识产权技术、美国产品等领域，还对流程、分类、法制、国别以及个人、代理商、进出口商的贸易出口行为等都做出详细的规定，真是费尽心思。随着《出口管理条例》的出台，美国出口管制体系已基本成型，实现了对美国出口领域的全方位管控。《出口管理条例》的语言非常晦涩，当企业高管、法律工作者、学者和政府官员等仔细研读和揣摩其众多条文时，就已经陷入了美国设定的语言体系、标准和思维方式，有意无意地遵从美国意志行事，难以自拔。

从冷战初期到20世纪70年代末，苏联等强大外力的存在干扰了美国“长臂管辖”向境外的伸展和发挥，当遭遇经济危机等各种挫折时，美国会适当调整“长臂管辖”的范围和强度，甚至会有所收缩，但不会放弃，因为一旦选择了“长臂管辖”这条路径，就很容易形成路径依赖，除非有强大外力干扰或者自身发生重大变故，否则，它只能沿着这条路径执着地走下去。

第二节　20世纪70年代末至90年代末主打“反腐败”旗号

20世纪70年代初，布雷顿森林体系崩溃后，美元逐渐与黄金脱钩，再加上遭遇第一次石油危机，美国经济受到严重冲击①，对西方世界的影响和控制力明显减弱，而越南战争更是让美国举步维艰，美国“长臂管辖”的重点从出口管制转向海外反腐败，竭力维护自身形象。

一、美国海外反腐败的背景

1972年，美国在发生“水门事件（Watergate Scandal）”这种很不光彩的政治丑闻后，又暴露出一系列美国公司在海外进行权钱交易的经济丑闻。

例如，在“香蕉门”事件中，联合果品公司于1975年向时任洪都拉斯总统行贿250万美元，进而以低关税进入洪都拉斯市场，事发后联合果

① 第一次石油危机使美国工业生产下降了14%，经济增长率为-4.7%，道·琼斯工业股价平均指数1973年1月的最高点是1016点，到年底下跌了25%，一年后跌到577.60点，纽约股票交易所市值下跌了40%。

品公司总裁自杀身亡。

再例如，1976 年，洛克希德公司[①]在美国中央情报局的帮助下，通过向日本前首相田中角荣行贿数百万美元（见图 2－2），成功击败竞争对手——美国的诺思罗普·格鲁曼公司，向日本空军卖出 200 架战斗机。在后来的民用航空交易中，洛克希德也是如法炮制。除了日本政府，洛克希德采取同样手段，贿赂联邦德国、意大利和荷兰政府，并获得大笔飞机订单。等等。

图 2－2　洛克希德行贿案中被带走调查的田中角荣

面对媒体和社会舆论的谴责，美国国会展开调查，在 1977 年一份报告中显示，超过 400 家美国企业有过可疑或不法交易，其中，对外国政府领导人、政客或政党行贿的金额累计超过 3 亿美元。

在美苏对抗的冷战背景下，这些政治和经济丑闻严重损害了美国的道德形象和国际影响力，迫使美国政治家采取措施遏制海外行贿行为。美国企业的海外行贿问题就从道德问题上升到国家政策和安全问题，上升到美

① 1995 年，洛克希德公司与马丁·玛丽埃塔公司合并，成立了洛克希德·马丁公司，是美国空军第一大军火采购商，名列 2020 年福布斯全球企业 2000 强榜第 145 位。2020 年 7 月，针对美国国务院批准向台湾提供“爱国者 3 型导弹”，中方决定采取必要措施对此次军售主要承包商洛克希德·马丁公司实施制裁。

国巩固国际领导地位的国家战略问题，备受重视。

二、《反海外腐败法》

对于公司的行贿行为，美国有很多相关的法律约束规定，但比较分散。《1934 年证券交易法》[①] 规定，上市公司要对投资者负责，不能利用贿赂政府官员的行为来提高业绩，误导投资者。《邮政电信反欺诈法》[②] 规定，禁止使用邮政、州际、国际长途电讯等手段，进行行贿等不法行为。《国内税收法》[③] 规定，禁止公司报税时从会计账目中扣减对于外国官方的非法支付。《虚假陈述法》[④] 规定，对于向美国官方或官方代理人作出虚假陈述的任何自然人和公司，处以刑事处罚。美国反腐败的法律虽然不少，但是这些法律主要是约束企业在国内的行贿行为，在约束企业海外行贿方面作用有限。这种差异在当时是国际惯例或潜规则，并非美国独有。

基于恢复国际形象、领先世界和冷战等方面的考虑，1977 年 12 月 19 日，美国颁布了《反海外腐败法》（FCPA）[⑤]，又称《反海外贿赂法》，是针对行贿方的法律，很特殊，旨在限制美国公司和个人贿赂国外政府官员的行为，并对在美上市公司的财会制度做出了相关规定。美国众议院最初的提议是，将管辖权延伸至驻地不在美国的美国境外子公司[⑥]。具体来讲，主要禁止“发行人”和“国内实体”贿赂外国政府官员，对“发行人”的定义是在美国证券交易所进行股票交易的美国公司，对“国内实体”的定义是包括美国公民和根据美国法律设立的各类其他企业。《反海外腐败法》主要监管两类非法行为：一类是贿赂行为，另一类是虚假或不准确的会计行为。但该法对这两类行为的界定非常模糊，这就赋予司法和执法部

---

① Securities Exchange Act of 1934.

② Mail and Wire Fraud Acts.

③ Internal Revenue Code.

④ False Statements Act.

⑤ Foreign Corrupt Practices Act，FCPA.

⑥ 刘宵仑，等．美国反海外贿赂行为法［M］．北京：中国财政经济出版社，2006：9.

门非常宽泛的管辖权①，根据各种法律解释和重述等，逐渐把大量外国企业纳入其管辖范围。

美国执法机构要根据《反海外腐败法》提起诉讼，必须具备以下要件：（1）主体是发行人、国内主体或任何其他人；（2）使用州际商务邮件、手段或工具；（3）在“腐败地”从事贿赂行为；（4）提供、支付或承诺支付金钱或任何有价物品；（5）对象是外国官员；（6）影响外国官员的行为或决定；（7）目的是为了“获得、保留或直接经营生意”。②

在美国的影响下，一些国家（如加拿大）也出台了类似《反海外腐败法》的国内法。事实上，除了美国，西方主要大国都有类似的反腐败法律，英国《反贿赂法》被一些专家评为“世界上最严厉的反腐败法”。但由于国力不济，其他国家也就是摆摆样子，真正能在全球范围内推行反腐败司法域外管辖的只有美国。而美国就凭借美国霸权，以打击商业腐败作为由头，将“长臂管辖”延伸到其他国家。

知识链接

英国《反贿赂法》（Bribery Act 2010）

英国是世界上第一个制定反腐败法律的国家，但以往英国区分公共领域腐败和私营领域腐败，1889 年《公共机构腐败行为法》仅适用于公共部门，1906 年和 1916 年《预防腐败法》适用于私营领域以及存在雇佣关系的部分公共领域。2010 年，英国颁布了新的《反贿赂法》，取代了以往普通法与制定法中贿赂罪的相关规定。

在许多欧洲国家，海外腐败罪的处罚一般是 5 年监禁及对个人和机构处以罚金。法国和澳大利亚规定可以对个人处以 10 年监禁。日本规定对个人处以 3 年监禁和最高 300 万日元的罚金。

---

① 张家铭．“霸权长臂”：美国单边域外管辖的目的与实施［J］．太平洋学报，2020（2）：55.

② 陈宇．从 Petrobras 案看美国《反海外腐败法》的域外管辖问题［J］．河北法学，2020（5）：172.

第一版《反海外腐败法》出台后，并没有被美国大力实施，据统计，从1977年到2001年，美国证监会仅查处了9起海外行贿案件①；从1977年到2001年，美国司法部只惩罚了21家美国公司，而且通常都是二线企业②。

三、出口管制有所加强

除了反腐败，美国依然非常重视出口管制问题，没有放松。1976年颁布的《武器出口管制法》授予美国总统控制国防武器和服务进出口的权力，确立联邦政府对军用物项、技术与服务出口和再出口的管制权力，执行机构是国务院和国防部，负责落实美国的国家安全战略目标和外交政策等，其中，国务院发挥主要作用。1979年《出口管理法》在《1979年出口管理法1981年修正案》《1979年出口管理法1985年修正案》《1988年综合贸易竞争法》中又得到小幅修改。尽管修订后的《出口管理法》多次到期，但是美国总统就利用《国际紧急经济权力法案》，在《出口管理法》到期后，宣布国家进入紧急状态，继续实施该法。

1979年年底，阿富汗战争爆发，美苏短暂缓和停止，卡特政府对苏联实施大规模经济制裁。20世纪80年代中期，里根批准国防部成立国防科技安全管理局，专门负责审查并制止有助于提高苏联军事能力的技术出口。

1991年12月，苏联解体后，世界政治军事格局发生重大变化，1993年“巴统”解散，但“巴统”的禁运清单又被《瓦森纳安排》（WA）③继承。在美国的推动下，1996年7月，以西方国家为主的34个国家，包括

---

① US Securities and Exchange Commission," SEC Enforcement Actions：FCPA Cases", May 13, 2019, https：//www. sec. gov/spotlight/fcpa – cases. shtml.

② （法）弗雷德里克·皮耶鲁齐，马修·阿伦．反海外腐败法［N］．文摘报，2019 – 6 – 15.

③ “瓦森纳安排（Wassenar Arrangement，WA）”的全称为《关于常规武器和两用物品及技术出口控制的瓦森纳安排》（The Wassenar Arrangement on Export Controls for Conventional Arms and Dual – Use Good and Technologies）。

美、英、日、法、德、俄罗斯等[①]，在奥地利维也纳签署了《瓦森纳安排》，这是一种建立在自愿基础上的集团性出口管制机制，该安排的主要内容包括控制清单和信息交换规则，并和“巴统”一样，执行两份控制清单：一份是军民两用商品和技术[②]清单，涵盖了先进材料、材料处理、电子器件、计算机、电信与信息安全、传感与激光、导航与航空电子仪器、船舶与海事设备、推进系统九大类[③]；另一份是军品清单，涵盖了各类武器弹药、设备及作战平台等共22类。[④] 中国仍在被禁运国家之列，试图阻碍中国融入全球生产体系的进程[⑤]。

另外，古巴失去了苏联这一后盾，1992年10月美国国会就通过了《古巴民主法》（CDA）[⑥]，除了继续禁止美国公司及海外公司同古巴进行贸易外，还规定在古巴港口停泊过的外国船只，半年内不得进入美国港口；对于给予古巴财政援助和贸易优惠的国家，美国将不提供经济援助。1996年美国通过《赫尔姆斯—伯顿法》，延续1992年美国对古巴的禁运，并且从美国国内企业和个人扩大到美国所有境外的企业和个人，不仅在美国国内不能和古巴有贸易，在境外也不能和古巴有贸易。另外，《赫尔姆斯—伯顿法》第三条由参与交易的“被征收财产”者责任、“被征收财产”的证明方式和确认程序、司法部下设“外国索赔解决委员会”的职能、生效日期和诉讼时效等内容构成，确立了涉及“被征收财产”交易在

① “瓦森纳安排”现有42个成员国，印度2018年加入，亚太地区的成员还有日本、韩国。

② dual - use goods and technology.

③ Vasile Dinu, " Features on Sale in Dual - Use Items", International conference Knowledge - based Organization, Volume 23, Issue 2. 2017: 41 - 45.

④ 朱启超，等. 冷战时期美国是如何进行科技遏制的［J］. 世界知识，2019（13）：67.

⑤ 2019年5月23日，美国商务部BIS在美国联邦公告发布最终规则，在商业管制清单中增加了5个物项：离散微波晶体管、操作软件的连续性、量子后加密算法、用作水听器的水下传感器、专门设计或改装为空中发射平台的飞机。这是在2018年“瓦森纳安排”全体会议上达成的共识。

⑥ 《古巴民主法》（Cuban Democracy Act of 1992, CDA）又称《托里切利—格雷厄姆法》。

美国境内的民事诉讼程序，明确排除“国家行为原则”[①]。该法遭到国际社会的普遍反对，主要是因为它极大地扩展了美国“长臂管辖”的范围[②]。

知识链接

赫尔姆斯—伯顿法（Helms - Burton Act）

1996年3月12日，克林顿政府颁布实施《古巴自由与民主团结法案》（Cuban Liberty and Democratic Solidarity Act），该法又称《赫尔姆斯—伯顿法》。

《赫尔姆斯—伯顿法》分为四条：第一条在对以往针对古巴的制裁措施进行整合的基础上，强化了对古巴的贸易禁运和金融制裁等；第二条规定，美国为推动古巴建立民主政权将要采取的措施，以及解除对古巴制裁的前提，包括古巴民选政府的组建和自由市场的确立等；第三条规定，美国国民可以在美国法院起诉在1959年1月1日之后参与交易“美国国民被古巴政府征收的财产”（简称“被征收财产”）的任何人；第四条规定，在该法实施之后，参与征收或交易“被征收财产”的外国人，或者是从事该行为的公司的法人、高管或股东，其本人及其配偶、子女和代理人，都将被拒发美国签证。

根据《赫尔姆斯—伯顿法》，如果有外国公司同古巴公司作生意，美国公民和公司有权起诉它们，并获得赔偿，这就相当于是实行“连坐”制，因此遭到世界各国的强烈反对。1996年8月，该法案具有域外效力的第三条就被宣布暂停实施半年，此后美国历任政府延续了这种做法。直到2019年，特朗普启动了《赫尔姆斯—伯顿法》第三条。

---

① 国家行为原则（Act of State Doctrine）是指一国法院不能审查一个外国主权者在其自己的管辖范围内所作行为的合法性，不承认外国国家行为的效力。国家行为原则与国家豁免原则相辅相成，构成主权国家应有的权力和尊严。

② 叶研，等．论美国“赫尔姆斯—伯顿法”第三编［J］．拉丁美洲研究，2020（8）：119.

第三节　2001—2008 年主打“反恐”旗号

一、“9 · 11”事件的影响

2001 年 9 月 11 日，在美国纽约世界贸易中心和国防部五角大楼等地发生了一系列恐怖袭击事件，遇难者达到近 3000 人，这是在美国本土发生的最严重的恐怖攻击行动。

“9 · 11”事件后，美国“长臂管辖”发生重大转变，管辖范围大幅扩展，重心转向打击全球恐怖主义，升级了一些旧的反恐、打击犯罪、反商业腐败的法律，调整了联邦行政部门的结构和职能，例如，成立国土安全部、重组原美国海关和移民局等，实践原则从“最低联系原则”发展为“效果原则”“公平公正原则”。在这一阶段，美国高度关注与恐怖主义相关的经贸和金融活动，对涉嫌恐怖主义的巴基斯坦、伊朗、苏丹等国家予以制裁，美国“长臂管辖”扩展得非常快，管辖案件大量增加，基本是单边的，攻击性极强。

二、《美国爱国者法案》

2001 年 10 月 26 日，小布什总统签署颁布《美国爱国者法案》① （见图 2 -3），后来又通过《2005 年美国爱国者法案修改和再授权法》②《2006 年美国爱国者法案额外再授权修改法》③，延长了《美国爱国者法案》的时

① 《美国爱国者法案》的英文全称为“Uniting and Strengthening America by Providing Appropriate Tools Required to Intercept and Obstruct Terrorism Act of 2001”，英文缩写为“USA PATRIOT Act”，意思是“使用适当之手段来阻止或避免恐怖主义以团结并强化美国的法律”。

② The USA PATRIOT Improvement and Re - authorization Act of 2005, H. R. 3199.

③ USA PATRIOT Act Additional Re - authorization Amendment Act of 2006, S. 2271.

效，不断加强联邦政府在反恐行动中的权力。

图2－3　2001年小布什总统签署《美国爱国者法案》

根据《美国爱国者法案》，警察机关有权搜索电话、电子邮件通讯、医疗、财务和其他记录；减少对美国本土外国情报单位的限制；扩张美国财政部长的权限，以控制和管理金融方面的流通活动，特别与外国人士或政治体有关的金融活动；加强警察和移民管理机构居留、驱逐被怀疑与恐怖主义有关外籍人士的权力。这一法案还延伸和扩展了对恐怖主义的定义，包括国内和国外恐怖主义，扩大了警察机关可管理的活动范围，从而大大扩展了美国“长臂管辖”，但也产生了很多问题，例如，个人隐私范围急剧缩小，出现了保护国家安全与保护个人隐私之间的不平衡①。

三、控制SWIFT打击恐怖融资

在“反恐”行动中，小布什政府还根据《国际紧急经济权力法案》启

① 沈国琴，等．美国情报融合进程中的隐私权保护发展研究［J］．情报资料工作，2019（3）：47.

动了“恐怖分子融资跟踪项目”（TFTP）①，并授权美国财政部海外资产控制办公室（OFAC）② 从 SWIFT 系统（见图 2－4）调取与恐怖组织相关的金融交易和资金流，进而掌握恐怖组织的资金流向及恐怖分子身份。美国还迫使 SWIFT 予以协助，停止给被列入制裁对象的个人、企业、金融机构提供服务，进而切断基地组织及其他恐怖组织的资金流。在这次反恐融资中，巴基斯坦从 SWIFT 系统中被“除名”，因为巴基斯坦当时是世界上恐怖组织最多的地区，至少有 145 个恐怖组织在巴基斯坦培训和活动，美国无法分辨该地区的交易是否涉及恐怖主义融资，所以就“一刀切”，对巴基斯坦进行“除名”制裁。

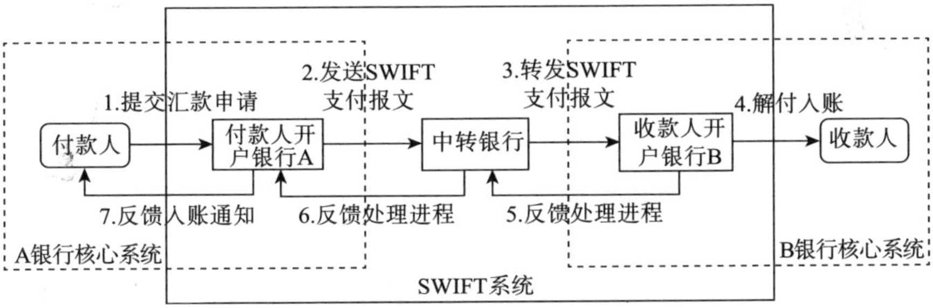

图 2－4 跨境支付中的 SWIFT 系统

知识链接

SWIFT 系统

SWIFT（Society for Worldwide Interbank Financial Telecommunications）的中文是“环球同业银行金融电讯协会”，成立于 1973 年 5 月，是一个国际银行间收付信息电文标准制定及其传递与转换的会员制专业合作组织，总部位于比利时布鲁塞尔，运营着世界级金融电文网络。

① “恐怖分子融资跟踪项目（Terrorist Finance Tracking Program，TFTP）”一直遭受欧盟立法者以及隐私运动者的反对，因为该协议允许当局检查消费者的银行转账。

② The Office of Foreign Assets Control of the US Department of the Treasury，OFAC.

SWIFT是一个银行间国际合作组织，是用来搞多方信息交换的，它铺设专用的金融信息传送网络，为客户上门搭建本地服务器和软件适配。

SWIFT本身并不涉及资金的交易，是跨境支付这个大系统中的电讯通道（重要的基础设施），包括传输支付指令、确认信息等，不为客户持有基金或管理账户。SWIFT并不对银行账户做任何划拨，对银行账户进行资金划拨的清算和结算业务是在不同国家、由不同的支付系统完成的，如美国的跨境支付是通过CHIPS和Fedwire完成的。SWIFT传递的是金融报文而非资金，准确地说，SWIFT和钱“不搭嘎”。

SWIFT虽然成立于比利时，并受G10央行的监管，但美国加入该组织后，利用美元霸权地位，强迫该组织在纽约建立分中心。纽约名义上是“分中心”，但由于所有以美元结算的交易都要通过纽约分中心进行管理，纽约这个“分中心”实际上替代了“总中心”。SWIFT目前已分为欧洲部分和美国部分，两部分分别由欧洲十国与美国控制，谁都无法完全驾驭对方，处于分庭抗礼态势。

从金融交易信息获取来看，通过SWIFT，美国能够获取到全部以美元交易、结算的金融业务。全球除了以美元进行结算的金融交易之外，还有以欧元或者其他小币种进行结算的业务，这种以欧元或者其他货币来结算的金融交易信息，不一定直接由SWIFT纽约分中心获取，但由于世界主流货币都与美元挂钩，世界主要金融机构都在以美元为中心的货币体系内进行金融活动，除了使用SWIFT，美国还可以通过其他方式，如金融监管渠道等，获得这些交易信息。可以说，美国借助SWIFT纽约分中心同时辅以其他手段，可以监测全球的金融交易。一些专家认为：美国很有可能秘密利用SWIFT收集金融情报，其他国家很难发现；如果美国能这样做，那么比利时和欧洲10国也具有这样的行为能力和免责能力。还需注意的是，SWIFT和金融情报网络有一定的重合性。国际金融情报网络“艾格蒙联盟”与SWIFT大约同时在比利时成立，其服务器在美国，秘书处在加拿大，欧洲有一些办事机构，此外欧洲反洗钱专家理事会金融情报网络也是其并行机构。许多专家认为，SWIFT 如果被美国完全控制，将对中国的金融安全造成严重威胁。

另外，美国窃取的金融情报是联合国安理会和美国司法体系做出金融制裁决定的关键证据，这些金融情报在国际金融制裁中发挥重要作用。当然，金融情报也就是个幌子，是借口，有时美国为了实施制裁可以指鹿为马，移花接木。如美国对华为的制裁，他们取得的证据都没有国际法上的效力，启动的过程、取证的地区、证据的使用都是违法的，证据的真实性更无法保障，都是编出来的。这意味着：美国想搞制裁，借口多得很，SWIFT 的金融情报只是借口之一；SWIFT 本身并不可怕，它制定的各种标准值得借鉴，可怕的是 SWIFT 被美国操纵和利用了。

从此，美国掌握了 SWIFT 系统中绝大多数的转账交易信息，可以根据 SWIFT 报文追踪涉及美元的交易，通过纽约清算所银行同业支付系统（CHIPS）① 和联邦电子资金转账系统（Fedwire）②，切断涉及美元的有关金融交易，达到金融制裁目的。从此，SWIFT、CHIPS 和 Fedwire 共同构成了美国“长臂管辖”的金融网络抓手（见图 2－5），制裁手段包括：冻结美元账户，使得资金无法正常使用；从该系统中除名，使得该国或者接入系统的银行无法与外国银行进行支付往来，无法再进行正常贸易结算等。

① CHIPS（clearing house interbank payment system）成立于 1970 年，由纽约清算所协会（NYCHA）经营，是全球最大的私营支付清算系统之一，主要进行跨国美元交易的清算。最初，CHIPS 只做外汇交易美元的支付清算服务，但从 2001 年 CHIPS 开始做国内业务，与中国的 CIPS 有所不同。

② Fedwire 作为美联储的大额支付系统，是美国重要的金融基础设施，从 1914 年开始运行。Fedwire 的用户包括联邦储备银行及其分支机构，国库和其他政府代理机构，以及储蓄机构、信贷联盟、外国中央银行及政府机构等。Fedwire 的功能很齐全，可以提供资金调拨处理、清算和金融信息服务等。

后来，美国将这一紧急时期的经济权力常态化，频繁搞金融制裁，截至2019年年底就动用了30多次。

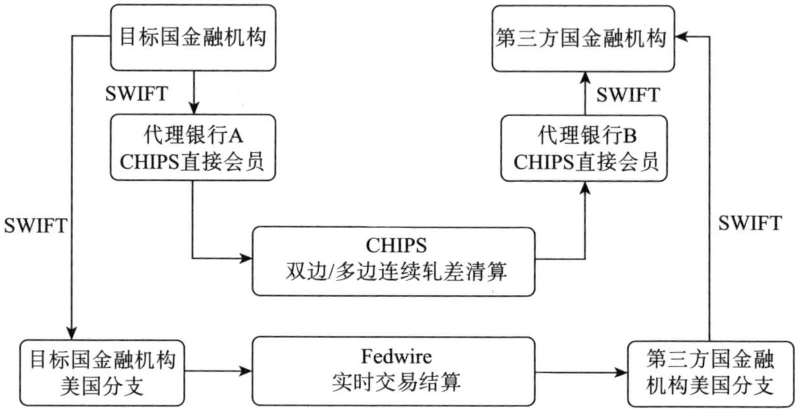

图2-5　在跨境支付中SWIFT、CHIPS和Fedwire的关系

第四节　2008年至今重点打击竞争对手

一、维护美国霸权的手段

2008年国际金融危机爆发后，美国经济实力相对下降，再加上多年脱实向虚，工业空心化问题严重，第二产业占美国GDP的比重不足20%①，一些老牌跨国企业的国际竞争力相对削弱，美国“长臂管辖”开始发生转变，从过去依托美国霸权，转变为巩固美国霸权的重要手段，进而进入爆发期。美国不断扩展“长臂管辖”的范围，涉及反腐败、贩毒、恐怖主义、洗钱、人权、互联网等十几个领域，重点打击国际竞争对手，目标是巩固和捍卫美国优先地位。

① 2019年，美国制造业占经济总量的11%，服务业占81%，在服务业中有60%是为制造业服务的。

美国还加强“长臂管辖”立法，丰富长臂管辖手段，除了征收巨额罚款（金）、切断关键物资出口、对企业管理层采取刑事起诉等传统措施外，还不断尝试新的管辖方式，例如，派驻监管专员、培养和保护举报人、诱导管辖对象配合调查等，对管辖对象的打击更加精准，通过持续打击，不断压缩管辖对象的经营范围和国际市场份额，削弱管辖对象的国际竞争力。

二、重点打击欧洲和中国企业

在这一阶段，欧洲受制裁的企业较多。据统计，2008 年以来，被美国司法部门罚款超过 1 亿美元的企业达到 26 家，其中，14 家是欧洲企业，仅有 5 家是美国企业。这些制裁让欧洲企业承受巨大压力，苦不堪言，有的收缩国际业务，比如德意志银行；有的被美国公司收购，比如德希尼布公司；有的破产倒闭，比如阿尔卡特公司。

2017 年 12 月，特朗普政府发布的《国家安全战略报告》将中国定位为“战略上的竞争对手”，指出：“中国正在建设仅次于美国的能力超群且资金丰沛的军队，其核武库正在不断增长和多样化。中国军事现代化和经济扩张的部分原因是其可以进入美国的创新经济体系，包括美国的一流大学。”[①] 这是刻意渲染中国在政治、经济、军事、外交等各方面对美国造成的威胁和挑战，可谓“中国威胁论”的集大成者。之后，美国“长臂管辖”涉及中国的案件明显增多，中兴、华为等众多中国企业成为受害者。

三、司法领域的短暂收缩

在 2010 年的“莫里森诉澳大利亚国民银行案”中，联邦最高法院坚持“反域外适用推定”原则，否决了美国法院在证券侵权诉讼中对外国上市公司的事项管辖权。在 2011 年的“固特异轮胎公司诉布朗案”和“麦金太尔机械公司诉尼加斯托案”中，联邦最高法院对属人管辖权进行了严格解释。

① The White House," The National Security Strategy of the United States of America", Washington, December 2017.

知识链接

固特异轮胎公司诉布朗案（Goodyear Dunlop Tires Operations，S. A. v. Brown）

固特异案源于一起发生在法国的交通事故，该事故导致两名北卡罗来纳州的男孩死亡。事故原因被归结于美国固特异公司在土耳其等国子公司生产的轮胎。死者父母在北卡罗来纳州法院针对固特异公司及其外国子公司，提起产品责任诉讼。本案争议的问题是，法院是否拥有针对固特异外国子公司的管辖权。由于本案诉讼请求与固特异外国子公司在北卡罗来纳州的行为或活动无关，因此本案不存在特别管辖权。但是，北卡罗来纳州法院认为自己拥有一管辖权，理由是固特异外国子公司生产的轮胎在北卡罗来纳州大量出售，因此符合“商业流通”原则（stream of commerce）。联邦最高法院以全体一致（9:0）的意见驳回了北卡罗来纳州法院的裁决。金斯伯格大法官在撰写的判决书中，首先给一般管辖权下了一个定义，即只有当外国公司与某一州之间具有“持续而系统的一般商业联系”（continuous and systematic general business contacts），以至于该州已经成为该公司“实质上的家”（essentially at home）时，该州才可以对该外国公司拥有一般管辖权。

麦金太尔机械公司诉尼加斯托案（J. McIntyre Machinery，Ltd. v. Nicastro）

在该案中，发生事故的切割机由英国制造，并经美国分销商卖给新泽西州原告的雇主，事故使原告在该州受伤。原告在新泽西州对英国制造商提起人身伤害诉讼，法院阐述了对人管辖权的意见，并注意到产品经美国分销商流入美国，英国制造商在该州未从事商业活动，也未采取任何特别行为在该州销售产品。Kennedy 法官反对在新泽西州对英国制造商进行管辖，因为就制造商而言，法院没有证据证明其意图采取任何行为从新泽西州的法律中获益，这一立场被认为是“主权”管辖规则。

当然，这种收缩仅仅表现为在司法领域的略微、短暂收敛，而立法和执法领域的扩展仍在继续。例如，2010 年美国通过了《多德—弗兰克法案》，该法案第 929P（b）条就是“联邦证券法反欺诈条款的域外适用”。该条主要起草人 Paul Kanjorski 指出，第 929P（b）条的目的就是要打破“反域外适用推定”，明确赋予证券法域外效力①。

第五节 总 结

一、与美国霸权呈正相关但不同步

美国“长臂管辖”的演变总体与美国霸权呈正相关，并伴随着美国霸权的上升（或下降）而不断对外扩展（或收缩），美国霸权的覆盖范围是美国行使“长臂管辖”的上限，但美国“长臂管辖”的扩展与美国霸权不同步。

在美苏对抗的冷战时代，美国“长臂管辖”刚刚起步，管辖对象主要是西方内部盟友，覆盖范围比较有限。20 世纪 70 年代，美国经济陷入“滞胀”，在美苏对抗中大体处于“苏攻美守”的态势，美国就打着“反腐败”的旗号，联合盟友从多边角度行使“长臂管辖”。1991 年苏联解体后，美国超强独霸，近乎为所欲为，行政机构对“长臂管辖”这一幌子用得不多，但立法领域的扩展仍在继续。“9・11”事件后，美国“长臂管辖”的重点是打击恐怖主义，并以此为契机大肆扩展其域外管辖范围，有恼羞成怒、嫁祸于人之嫌。但发动阿富汗和伊拉克两场战争后，美国背上了沉重的债务包袱。2008 年国际金融危机爆发后，美国重点打击美资跨国

---

① 转引杜涛．美国联邦法院司法管辖权的收缩及其启示［J］．国际法研究，2014（2）：92.

企业的国际竞争对手，例如，法、德、英、日、中等国家的核心企业，对打击目标的选择越来越精准，尽力提升美国“长臂管辖”的边际效用，公共权力和国家暴力直接或间接地为美资跨国企业在全球的扩张开路，危害了国际市场的公平竞争秩序。

美国霸权虽然相对衰落，但是“长臂管辖”仍在不断强化和扩展，使美国对潜在竞争者（比如新兴市场国家）的崛起更加敏感，并表现出更强的攻击性和伤害性。美国“长臂管辖”与美国霸权越来越不同步。

时至今日，美国“长臂管辖”已从美国霸权的衍生品转变成维护美国霸权的工具。为了维护美国霸权、实现“美国优先”的目标，美方现在是反过来修改、补充和废弃各种“长臂管辖”规则，并恣意挥舞、滥用“长臂管辖”。特朗普政府期间，一共实施了 3900 多项不同的制裁措施，相当于每天 3 次，严重违反国际法、国际关系基本准则和国际秩序。

美国掠夺世界的行径在增进美国福利的同时，也将“长臂管辖”的代价转嫁给其他国家，加重了他国的输入性风险和系统性风险，损害了全球的整体福利，完全背离了“弥补美国司法管辖漏洞”的初衷，遭到了国际社会的普遍反对。

二、现在与综合实力不匹配

2007 年爆发的次贷危机不仅侵蚀了美国的综合实力，还暴露了美国的经济结构、金融监管和信用体系等各种体制缺陷，美国暂时失去了挥舞“长臂管辖”管辖国外公司的实力和信心，表现之一就是美国司法霸权的短暂收缩。

目前，各国联合起来、共同规避美国“长臂管辖”的机制和体制创新此起彼伏，磨损着美国“长臂管辖”的利剑，使美国行使“长臂管辖”越来越费劲，投入越来越大，甚至骑虎难下，这表明美国“长臂管辖”已经与其综合国力不匹配，超出了综合国力的承受能力，呈现出色厉内荏的疲态。

三、展望

根据对美国“长臂管辖”的长期跟踪和思考，笔者预见，即便美国霸权和综合国力无法支撑庞大的“长臂管辖”体系，其“长臂管辖”也不会轻易收缩，因为它已经锁定在“长臂管辖”的路径上，获取了巨大收益，并形成了与之共生的庞大利益集团；即便美国霸权有所衰落，美国“长臂管辖”在某些领域可能会出现短暂收缩，甚至可能联合盟友共同实施“长臂管辖”，但美国单边行使“长臂管辖”的欲望和动力不会自行消灭，只要条件允许，它就会利用各种机会向外扩展，这是由其制度基因决定的；对于普通国家，不要对美国收缩“长臂管辖”抱有幻想，做好自己的事、加强防备、增强反制实力才是避免挨打的硬道理。

2019 年中国 GDP 达到美国的 2/3，2020 年达到美国的 70%，一般预计，2030 年左右中国 GDP 将超过美国，被美国视为其霸权主义的第一抵制者或竞争者，中美关系正发生实质性变化。可以预见，随着中国快速的崛起，美国针对中国的“长臂管辖”将不断翻新升级，打击中国核心企业和机构的力度将越来越大，出手将越来越频繁，将面临更多逆风逆水的外部环境，未来十年将是中国发展的艰难期，需做好持久战的心理准备，同时，处理好与外部世界的关系。

第三章

美国“长臂管辖”的扩展依据

近年来，美国实施“长臂管辖”的动机日益泛化，除了地缘政治博弈、国家安全等传统动机，民主、人权、防核扩散、反贪、环保、打击有组织犯罪等非传统因素也被纳入管辖目标。为了实现上述目标，美国不断扩展着“长臂管辖”的依据，例如，“最低限度联系”和“效果原则”等。

第一节　扩展国际法中的国籍原则

国籍原则又称为“属人原则（nationality principle）”，是指一国有权对其公民和实体进行管辖，无论其位于本国领域内还是领域外，都享有管辖权。① 这里的国籍包括“积极国籍（active nationality）”和“消极国籍（passive nationality）”。积极国籍是指一国基于域外行为人具有本国国籍而具有管辖权，基本得到各国的支持；消极国籍是指一国基于域外本国国民受害而具有管辖权，其正当性一直存在争议。不过在“刚果诉比利时逮捕令案”中，国际法院认为，各国已基本承认“消极国籍”作为管辖权依据。②

知识链接

刚果诉比利时逮捕令案（Democratic Republic of the Congo v. Belgium）

2000年4月11日，比利时布鲁塞尔法官凡登·米尔斯依据比利时法律规定的普遍管辖权，向刚果民主共和国当时的外交部长艾柏杜雷·耶罗狄亚·恩多姆巴斯发出逮捕令，指控他在1998年8月多次公

---

① 第一次世界大战后，国籍原则逐渐没落。第二次世界大战后，一些国家放弃国籍原则，改为采用惯常居所（或习惯居所）原则。

② Case Concerning the Arrest Warrant of 11 April 2000（Democratic Republic of the Congo v. Belgium），I. C. J. Reports，2000（47）：3.

开发表的“煽动种族仇恨的言论”，这些言论据说导致西族人遭到非法逮捕和不公正审判，并造成几百人死亡，因此构成反人类罪。

4个月后即2000年10月17日，刚果对比利时提起诉讼，请求国际法院做出处理，要求做出有利于自己的裁定，即比利时政府的逮捕令无效，应被撤销。刚果政府的理由为，比利时的国内法及其对普遍管辖权的行使不符合国际法规则，有违联合国成员国主权平等的原则以及普遍管辖权的行使应以“被告位于起诉国的领土”为前提，是对“在任外交部长具有绝对的刑事司法合作豁免权”这一习惯国际法规则的侵犯。

比利时的答辩理由是：比利时的国内法规定及其对普遍管辖权的行使，符合《日内瓦公约》，并且签发逮捕令与法院审判是两种不同的权利，对被告位于哪一国家的要求不同。

国际法院受理该案后，于2002年4月14日做出对刚果有利的判决，以比利时政府发出的逮捕令不符合“外交部长刑事豁免权”这一习惯国际法规则为由，裁定比利时必须撤销该逮捕令，并通知其他收到通缉令的国家。

一、宽泛的“美国国籍”

美国认为，所有美国公司或公民，无论其经济活动在国内，还是在国外，都必须遵守美国法律。美国在1950年制定的《对外交易控制规则》等法律文本中，对管辖对象做出了具体规定，即任何一个受美国管辖的人或被认为是美国公民或居民的人，任何一个依据美国法律注册的公司，由美国公民、居民或公司拥有或受其控制的合伙企业、联合企业、有限公司或其他任何形式的组织，不论其在何处建立或经营，只要没有美国财政部的特别许可，不得与所认定的“敌国”进行交易，否则，其母公司或海外公司的美国董事将受到起诉。因此，对于任何国外公司，只要有美国资本参与并受美国公民控制，就被认为仍然保留“美国国籍”，美国可以对其实施管辖。

例如，挪威奥斯陆的斯堪迪克蜘蛛酒店[①]是希尔顿集团旗下的子公司，希尔顿集团是一家美国的跨国企业。由于古巴被列入美国贸易制裁的“黑名单”，2007 年，斯堪迪克蜘蛛酒店出于公司合规经营的考虑，拒绝了前来奥斯陆参加旅游交易会的古巴代表团入住。希尔顿集团和斯堪迪克蜘蛛酒店的发言人表示，该企业因受美国《出口管理条例》约束，其与古巴的任何贸易往来都是被美国禁止的。在该案例中，斯堪迪克蜘蛛酒店主动将自己赋予“美国国籍”。

二、对“美国国籍”的使用

国籍原则还被用来针对源自美国产品和技术的再出口控制提供合法性依据。美国 1949 年《出口管制法》及其后来的 5 次修正案，包括《1969 年出口管理法》和《1979 年出口管理法》等，都明确规定，美国法令适用于所有受美国管辖的人员、商品和技术。美国商务部将其解释为赋予所有源自于美国的资产以“美国国籍”，即使这些资产跨越了国家边界，并在生产过程中被改变，其“美国国籍”依然存在。因此，无论是美国的技术和产品，还是含有美国技术或零部件的外国产品，都应该受到美国管辖。[②] 1988 年 7 月生效的《出口管理法修正案》规定，如果一国违反美国基于安全目的实施的出口管理规定，美国可对其实施制裁。这方面比较典型的案例有“深圳驰创案”[③]。

---

① Scandic Edderkoppen Hotel.

② 徐飞彪．美国“长臂管辖”的起源、扩张及应对［J］．中国外汇，2019（14）：33.

③ 比较类似的案件还有“天津大学张浩案”。2015 年 5 月，天津大学教授张浩受邀前往美国凤凰城参加国际微波会议，在洛杉矶国际机场入境时被捕。美国对张浩的指控是“串谋经济间谍活动”，认为张浩和他的五名同事在美国进行研究以及为安华高科技和 Skyworks 公司工作时，窃取了滤波芯片相关资料。2020 年 9 月，位于加利福尼亚州圣何塞的美国联邦地方法院裁定张浩窃取美国高科技商业机密、经济间谍罪等 3 项罪名成立，并做出最终判决：18 个月有期徒刑，并赔偿 47. 7 万美元。

2008年12月5日，深圳驰创电子公司董事长吴振洲①应邀出席美国耶鲁CEO峰会，在芝加哥转机去波士顿时，被联邦调查局以“违反出口管制”等罪名拘捕，当天美国驰创电子公司财务顾问魏玉凤②和总经理李波③也在美国被捕。2011年1月，美国法院以“非法对华出口美国国防物资”等罪名，判处吴振洲8年监禁，驰创公司也被禁止从事出口交易。“深圳驰创案”被媒体称为“美国对华高科技出口管制第一案”。吴振洲一直没认罪，在美国监狱被关押期间，他撰写的《狱中日记》成了当年的畅销书。

第二节　客观属地原则

一、属地原则

属地原则（territoriality principle）是一种古老的管辖原则，指的是以领土为范围，一国对其领土范围内的人、事和物享有完全的和排他的管辖权，源于主权的最高性。属地管辖是以犯罪行为地、犯罪结果地、犯罪效果地作为确立管辖权的连接点。属地原则包括主观属地（subjective territoriality）和客观属地（objective territoriality），主观属地是指一国对其领域内发生、但在领域外产生效果的行为拥有管辖权；客观属地是指在他国领域内发生、但在本国领域内产生效果或意欲产生效果的行为拥有管辖权。

---

① 吴振洲是哈佛大学和南开大学硕士，曾服务于美国Converge（原NECX）和Stack Electronics公司，于1996年在深圳和波士顿创办驰创电子公司。

② 魏玉凤是吴振洲的前妻，在孩子面前被全副武装的FBI拘捕，并带走了4箱财务和个人文件。魏玉凤因家中有未成年女儿需要照顾，当天获准保释，但须佩戴电子镣铐，监督行为，限制居住。

③ 李波在波士顿的公司办公室被捕，多位联邦调查局警卫从李波的办公室搜走了12箱公司文件和全部待发货产品，并拷贝了公司所有办公电脑及服务器的硬盘资料。

二、“效果原则”：对属地原则的扩展

在美国“长臂管辖”的适用依据中，美国首创了“效果原则（effects doctrine)”。“效果原则”最初是指一国的反垄断法具有域外效力，即国外企业在国外所为的违反一国国内反垄断法的行为，若对该国国内市场产生了直接或间接的影响效果，则应该适用该国国内反垄断法，对该国外企业的垄断行为进行管辖。[①] 效果原则是联邦第二巡回上诉法院在 1945 年的“美国诉美洲铝业公司案”[②] 中提出的。

1931 年，法国、瑞士、英国和加拿大等国家的铝生产商在美国国外签订了一个国际卡特尔协议，分配铝的生产限额，并在瑞士设立了一家分公司用于该垄断组织的运营。美洲铝业公司并未直接参与该卡特尔协议，只有其加拿大子公司签署了该协议。原告美国认为，美洲铝业公司的加拿大子公司签订的国际卡特尔协议，限制了美国铝的生产、出口和技术转让，对美国的对外贸易产生了恶劣影响。据此，美国指控美洲铝业公司违反《谢尔曼反托拉斯法》。主审此案的汉德（Billings Learned Hand）法官在判决书中指出，“任何国家对于那些发生在其境外的但对其境内确有该国所谴责的效果的行为，应当加诸责任，甚至加诸那些并不在其领域内的人……此已是定律，而对此种责任其他国家一般也会认可。”汉德认为，《谢尔曼反托拉斯法》本身并不排除适用于那些发生在美洲境外但在境内产生效果的行为，《谢尔曼反托拉斯法》应当及于那些“有意影响并确实影响到美国贸易与商务”的行为，不管它发生在何地，以及行为主体是否是美国人。[③] 从此，美国确立了“效果原则（Effects Doctrine)”，并在此后的判例实践中逐渐完善了对“效果原则”标准的解释。

---

① 张梦怡．国际法管辖原则与国内法管辖原则之对比分析［J]．法制博览，2016（2)：94.

② United States of America v. Aluminum Company of America et al.

③ 商务部反垄断局．美国反垄断域外管辖的相关适用原则［EB/OL]．中国商务部官方网站，2008. 12. 18. 网址：http：//fldj. mofcom. gov. cn/article/d/200812/20081205960935. shtml.

效果原则是对国际法中属地原则的扩展，即当国外某行为对国内产生直接或可预见的实质性影响，美国即可进行管辖。1977 年 1 月，美国司法部颁布的《反托拉斯法国际实施指南》① 再度肯定“效果原则”，该指南规定：“如果外国的交易对美国商业产生了重大的和可预见的后果，不论它发生在什么地方，均受美国法院管辖。”这意味着外国的交易即使没有发生在美国，只要对美国造成严重影响，美国就有权管辖，不再局限于反垄断领域。

三、“效果原则”的扩展

1987 年修订的美国《对外关系法重述（第三次）》又做出更宽泛的规定，除了属地原则和属人原则，美国有权对在其域外的、（意图）对美国产生重大影响的行为，行使管辖权（即效果原则）；还有权对美国域外的对国家利益构成损害的行为，行使管辖权（即保护原则）。

2010 年《多德—弗兰克法案》第 929（p）条决定，美国证监会对以下两类案件享有管辖权：一是证券交易行为虽然发生在美国境外且从事交易的是外国投资者，但是构成违法行为的关键行为发生在美国领域内；二是虽然发生在美国境外，但对美国造成可预见的实质性效果的违法行为。这表明，对于在美国国外发生的违法行为，即使非美国人或非美国实体所为，但只要会对美国商业利益产生可预见的实质性影响，美国法院就可以行使管辖权。

美国法律域外适用中的“效果原则”和“保护原则”的应用（及对国家利益的扩大解释），是对国际礼让原则基础的动摇，使美国法律的适用远远超出了传统的属地原则和属人原则，这实际上将“效果原则”扩大

---

① 美国司法部颁布的《反托拉斯法国际实施指南》（Antitrust Guide for International Operations：Unite States Department of Justice，1977）产生于司法部和美国总统出口顾问委员会代表之间两年多的对话，旨在对商业决策者、律师及其他执行反托拉斯法者在运用中起到指导作用。参阅：高菲．美国反托拉斯法国际实旅指南［J］．中国对外贸易，2003（2）：95.

为“故意、预见和效果原则”，具有强烈的主观性，法院在评判时也没有统一的标准，进行遭到了其他国家的强烈反对和抵制。

第三节　保护原则

保护原则（Protective Principle）是指为了保护本国利益，凡侵犯本国国家或公民利益的，无论犯罪行为人是本国人还是外国人，也不论犯罪地在本国领域内还是领域外，都受本国法律的管辖。其中，因侵犯本国国家利益而适用本国刑法的，称为国家保护主义；因侵犯本国公民利益而适用本国刑法的，称为国民保护利益或消极的属人原则。目前，国际上大多数国家认可保护原则。例如，《荷兰刑法典》规定，包括外国人在内的任何人在国外贿赂荷兰官员，如果该贿赂行为发生在外国犯罪地，也可以被科处刑罚，应当适用荷兰刑法①。

美国认为，如果某些外部行为威胁美国安全、领土完整和政治独立，美国可实施管辖。这些行为包括国际社会普遍认定的犯罪行为、联合国决议限制的行为，以及美国认定的“与侵犯人权或财产权的国家的交往”等行为。

但在实践中，美国将其国家利益范围大幅扩大了，过度主张国家利益，对外国自然人和法人均行使管辖权，进而遭到很多国家反对，其中最典型的就是出口管制。早在冷战时期，美国就规定，如果从美国进口货物的外国公司违反不向社会主义国家转售的承诺，美国将对该外国公司及其高管提起刑事诉讼。

① 颜九红，等．荷兰刑法典［M］．北京：北京大学出版社，2008.

第四节 普遍原则

普遍原则（universality principle）是指一国可以对严重的国际罪行行使管辖权，不论行为人的国籍和行为地。根据普遍原则，美国可对尚未危及自己、但为国际社会公认的违法行为实行普遍管辖，例如，海盗、恐怖主义等，这些也属于美国管辖的范围。早在1820年的“美国诉弗隆案”①中，联邦最高法院就使用了“普遍管辖”一词②，但美国目前较少依据普遍原则实施“长臂管辖”，有学者认为，这可能与美国曾经反对比利时对美国国民行使普遍管辖有关③。

第五节 总　　结

为配合美国对外实施“长臂管辖”，美国国际法学界将管辖权重新划分为执行管辖权（Executive Jurisdiction）、立法管辖权（Legislative Jurisdiction）和司法管辖权（Judicial Jurisdiction），意在改变以往国际法中狭义讨论司法管辖权的做法，以拓展域外管辖权的适用范围。1952年，美国法学会（American Law Institute）第一次增加了对美国《对外关系法》④的重述，1965年予以修订。1987年美国法学会再次修订了《对外关系法重述》，对国际法中的管辖权做出类似划分，包括立法管辖权、裁判管辖权

① United States v，Fuirong.

②③ 李庆明．论美国域外管辖：概念、实践及中国因应［J］．国际法研究，2019（3）：9.

④ Foreign Relations Law of the United States.

和执行管辖权，并且格外强调对“消极国籍原则”的支持，声称只要受害者国籍隶属于美国，则无论施害者的国籍或身处地域，都应受到美国管辖。①

经过各种立法、修正、解释和重述等，美国“长臂管辖”及其法理依据不断升级、扩展和泛化，国际上任何企业、人员、组织、事物、行为，甚至是一封邮件，只要与美国沾边或可能沾边，美国均有管辖权。美国“长臂管辖”不仅向境外伸手很长，而且还有很强的追溯力，这是极度宽泛的“最低限度联系”原则，给予美国“将手臂伸出国界”的无限自由裁量权，涉及反腐败、反垄断、出口管制和网络安全等众多领域，近乎全覆盖，也为美国干预他国、充当“世界警察”“世界法官”和“世界陪审团”提供了所谓的“法理基础”，其实夹杂着强大“私欲”，严重削弱了其公信力。

① 戚凯．美国“长臂管辖”与中美经贸摩擦［J］．外交评论，2020（2）：31.

第四章

美国实施“长臂管辖”的主要事由

近年来，美国经常以反腐败、违反制裁规定、反洗钱、反垄断、上市公司内部控制要求、人权、知识产权、国家安全、核扩散和环境保护等各种事由实行“长臂管辖”，大搞单边制裁，其中，反腐败和违反制裁规定是管辖实体企业的常用事由，反洗钱和违反制裁规定是管辖金融机构的常用事由，而过去常用的反垄断事由在近十多年来使用得较少。

第一节　反腐败

《反海外腐败法》授权美国司法部和证监会以“平行管辖”的方式，相互合作执行，通过窃听、卧底、搜查令、传票以及开设举报热线和奖励等多种手段，对与美国存在“最低限度联系”的公司及其管理层，提出刑事和民事指控，指控他们贿赂外国官员以换取商业机会的行为。证监会负责对发行人进行调查并提起民事诉讼，其 FCPA 执法小组约有 40 名执法律师①。司法部负责对国内企业进行调查并提起民事和刑事诉讼，以及对发行人调查并提起刑事诉讼，其 FCPA 执法小组约有 20 名检察官。

一、极力扩展适用范围

最初《反海外腐败法》只禁止美国公司和个人贿赂外国官员，美国也是当时唯一将这种行为规定为刑事犯罪的国家。经过 1988 年、1994 年的修订，尤其是 1998 年的修订，美国不断扩展海外反腐败管辖权：一是将在美国境内实施促进海外贿赂行为的外国人纳入管辖范围；二是将美国公民和实体在美国境外实施的、促进跨国商业贿赂的行为纳入管辖范围；三是确立美国公司的外国雇员或外国代理人的刑事管辖权。2012 年，美国证监

① FCPA Professor，“Why Does the SEC Have an FCPA Unit?”，Jan. 26，2016，available at fcpa-professor. com/why – does – the – sec – have – an – fcpa – unit.

会和司法部联合发布的第一版《FCPA 指南》[①]（见图 4－1）明确指出，即使外国公司和个人并未在美国领土范围内从事促进贿赂的行为，也可能因共谋、帮助和教唆理论，而受到《反海外腐败法》的指控。这就是说，无论是否具有美国国籍，只要贿赂行为与美国发生联系，美国就可以管辖。

图 4－1 《FCPA 指南》

《FCPA 指南》还要求美国公司对投资对象进行反腐败尽职调查，而是否对目标公司进行有效的 FCPA 尽职调查，就成为了司法部和证监会是否启动执法活动的主要考量因素之一。例如，2015 年 2 月，固特异公司因未对投资对象（Treadsetters）进行充分地尽职调查，最后向证监会支付 1600 万美元，以达成和解[②]。

经过一轮又一轮的立法和执法扩展，《反海外腐败法》适用范围已覆

① A Resource Guide to the U. S. Foreign Corrupt Practices Act First Edition.

② 尹云霞．企业能动性与反腐败"辐射型执法效应"——美国 FCPA 合作机制的启示［J］．交大法学，2016（2）：36.

盖各种外国公司和个人（包括个人、公司、官员、董事、雇员、企业代理人或者任何代表公司行事的股东等），十分广泛，如果个人或者公司命令、授权或协助他人违反反贿赂条款，都将受到惩罚。被司法部或证监会认定发生触犯美国法律行为的企业或个人，无论该行为发生在哪个国家，无论主体企业或个人来自哪个国家，美国都会以国家名义提起诉讼，并在调查认定有罪后进行制裁。

2016 年 4 月，美国司法部还宣布了一项为期一年的“FCPA 试点执行方案”[①]，以激励公司自愿披露与《反海外腐败法》相关的不当行为，并规定：如果被调查公司与美方全力合作，罚金可以减半[②]。该方案的“胡萝卜”作用明显，旨在诱导企业主动配合美方反腐败调查。2017 年 12 月，美国司法部宣布了新的“FCPA 公司执法政策”[③]，基本上保留了“执行方案”的要素。美国探索这些“胡萝卜 + 大棒”的试点方式，可谓煞费苦心。这也表明，美国已经认识到其单边“长臂管辖”受到普遍抵制，阻力增大，便引进激励机制，提升管辖对象的配合意愿，以减轻阻力，提高“长臂管辖”的适用效力。

2020 年 7 月，美国司法部公布了第二版《FCPA 指南》[④]，在提出所有权、控制力、地位和职能四项要素之后，又指出，联邦第十一巡回上诉法院在“United States v. Esquenazi”案中，将政府工具定义为受外国政府控制并履行外国政府职能的实体，这样就增加了有关政府工具的认定，即只要是政府部门、政府机关、政府工具中的员工，都被视为政府官员。美国司法部根据联邦第十一巡回上诉法院的认定，相应扩大了《反海外腐败法》的管辖对象。

目前，美国之外的自然人或者根据外国的法律组织成立的有限公司、

---

① FCPA Pilot Program.

② U. S. Department of Justice, " The Fraud Section's Foreign Corrupt Practices Act Enforcement Plan and Guidance", Apr. 5, 2016, available at: www. justice. gov/criminal – fraud/pilot – progrem.

③ FCPA Corporate Enforcement Policy.

④ A Resource Guide to the U. S. Foreign Corrupt Practices Act, Second Edition.

合伙企业、协会、股份制公司、商业托拉斯、非社会性团体、独资经营者，以及这些主体的高级职员、董事、普通职员、代理人或者代表该主体行事的股东，在美国领土之内，利用美国的邮政系统或者跨州商业方法和手段，实施《反海外腐败法》禁止的行为，也可以构成《反海外腐败法》规定的犯罪。也就是说，无论是否具有美国国籍，只要在美国境内实施了贿赂行为，就要受《反海外腐败法》的管辖。更为严重的是，任何外国人或外国公司的雇员，只要是通过美国的邮件系统进行通信，或者使用隶属美国的国际商业工具进行了腐败支付，不论是电话、邮件，还是银行转账，只要与美国发生了联系，美国就具有管辖权。

另外，阿里·拉伊迪的研究发现，美国还利用《反海外腐败法》，以打击商业腐败之名，对全球企业和个人展开调查和诉讼，获取商业机密，甚至“邀请”他国采用新民主主义规则，改变众多国家的经济体制[①]。这表明，美国反海外腐败的目标非常复杂，具有很强的政治性，已引起众多国家的警惕。

二、初次尝试

2006 年，挪威国家石油（Statoil）[②] 成为被《反海外腐败法》执法的第一家外国公司。该公司被指控违反《反海外腐败法》的反贿赂条款和会计条款，并涉嫌利用纽约的一家美国银行，向伊朗官员付款[③]，以确保该公司获得开发伊朗南部油田的商业机会。对于美方的指控，挪威国家石油既不承认也不否认，但同意支付 1050 万美元罚款，以解决美国证监会和司法部就其在伊朗境内涉嫌不当付款提出的相关指控。其实，早在 2004 年，

① （法）阿里．拉伊迪．隐秘战争［M］．北京：中信出版社 2019：169.

② 2001 年，挪威国家石油公司（Den Norske Stats Oljeselskap A/S）改称为挪威国家石油（Statoil）。

③ 2001—2002 年，挪威石油天然气公司向一名伊朗代表行贿数百万美元（贿款总计 1500 万美元，分 11 年付清），以换取其帮助公司获得未来的天然气合同。这次行贿主要是通过雇佣由伊朗前总统拉夫桑贾尼的儿子哈什米拉夫桑贾尼拥有的伊朗咨询公司——霍顿投资公司的服务来实现的。

挪威国家石油因为这一事件，就已经被挪威监管部门处以 300 万美元的罚款。

在对挪威国家石油提出指控后，美国助理司法部长爱丽丝·费舍尔（Alice Fisher）说：“虽然挪威国家石油公司是外国发行人，但《反海外腐败法》适用于外国和国内上市公司，该公司的股票交易在美国交易所交易……”

不管爱丽丝·费舍尔怎么解释，这是一起性质非常恶劣的事件，因为美国海外反腐败调查的重点从此转向外国公司，尤其在美国上市的外国公司。

三、迅速向国外扩展

在挪威国家石油行贿案中，美国实施“长臂管辖”没有受到多少阻力，既轻易又成功，这鼓励和激发了美方将外国公司作为《反海外腐败法》执法目标的欲望和动力。之后，一大批外国公司成为美国反腐败调查和处罚的对象，包括德国西门子、戴姆勒、英国宇航系统（简称英国宇航，BAE）、日本建筑和工程（JGC）、卢森堡的泰纳瑞斯（Tenaris）、巴西国家石油（Petrobras）、以色列梯瓦制药（TEVA）、瑞典特里亚电信（Telia）、俄罗斯移动电信公共股份（MTS）等。为了更全面地了解美国海外反腐败，笔者简要剖析几个典型案例，让大家看清美国反腐败的真面目。

知识链接

MTS 行贿案

俄罗斯移动电信公共股份（MTS）是一家总部位于俄罗斯的电信服务提供商。2000 年 MTS 的公开交易证券在美国证监会注册，并在纽交所交易。20 世纪 90 年代至 2012 年，Uzdunrobita 公司在乌兹别克斯坦经营电信业务，并于 2004 年成为 MTS 的子公司。

从2004年到2012年，MTS、Uzdunrobita以及这两家公司的高管合谋向古利娜拉·卡里莫娃行贿4.2亿美元。卡里莫娃是乌兹别克斯坦首任总统卡里莫夫（2016年去世）的长女，曾经担任乌兹别克斯坦驻驻联合国大使，是一位对乌兹别克代理通信和信息部门决策有影响力的官员。贿赂主要是通过收购卡里莫娃所有的公司来支付：2004年，MTS分别从卡里莫娃旗下的空壳公司和一家美国公司购买了Uzdunrobita41%和33%的股份，但支付给卡里莫娃的每股价格是这家美国公司的6倍。卡里莫娃的空壳公司行使了一项期权，以远高于最初期权协议的价格出售其在Uzdunrobita的剩余股份。MTS和Uzdunrobita也为Kolorit付出了过高价格，这使卡里莫娃受益。

此外，Uzdunrobita还以卡里莫娃的名义向所谓的慈善机构或赞助机构捐款。最后一次支付给卡里莫娃的款项是在2012年，之后MTS和Uzdunrobita未能满足卡里莫娃额外支付的要求。随后，卡里莫娃利用自己在乌兹别克政府中的影响力，没收了Uzdunrobita的资产，以此作为报复。因此，MTS最终没有从贿赂计划中获利。

2019年3月6日，美国司法部在纽约南区联邦地区法院提交了两份针对MTS和Kolorit的信息。美国司法部指控MTS和Kolorit合谋违反了《反海外腐败法》的规定。这些信息是根据MTS和Kolorit分别于2019年2月28日签订的延期起诉协议和认罪协议提交的。根据协议条款，MTS同意支付总计8.5亿美元的刑事罚款，并聘请一名独立合规官，为期三年。在一项相关诉讼中，美国司法部将这笔罚款中的1亿美元计入MTS向证监会支付的民事罚款。这笔7.5亿美元的剩余款项包括针对Kolorit的4000万美元没收款项和50万美元刑事罚款。

1. 英国宇航行贿案

英国宇航是西欧最大的航空制造企业，产品涵盖海陆空三栖武器系统，其中，在战机、坦克、核潜艇、航母研发和建造等领域，居于国际领先地位。2004 年 10 月，英国广播公司“金钱节目”揭露了英国宇航的行贿黑幕。英国宇航为了向沙特兜售武器，不惜花费 6000 万美元的“贿赂基金”，以取悦沙特王子和他的家人以及沙特一些重要官员。[①] 美国司法部认定，英国宇航在一笔 400 亿美元的军备合同中，向沙特一名官员支付了佣金，并违反有关规定，向瑞士某银行转移了数百万美元。2010 年 2 月，美国司法部在哥伦比亚特区联邦地区法院提交了一份针对英国宇航的单一指控信息，指控其阴谋作出虚假陈述，并违反美国《武器出口管制法》。这些虚假陈述与该公司就《反海外腐败法》合规项目做出的承诺有关。2010 年 3 月，英国宇航与美国司法部达成认罪协议。根据协议，英国宇航同意支付 4 亿美元的罚款，外加 400 美元的强制评估费，同时建立一个企业合规项目，并聘请一名为期 3 年的独立合规官。

2. 梯瓦制药行贿案

梯瓦制药是一家以色列制药公司，也是著名仿制药制造商。2012 年 5 月，梯瓦制药将其美国存托凭证转至纽约证券交易所（以下简称简称纽交所）上市。2016 年，梯瓦制药因向俄罗斯、乌克兰和墨西哥的外国政府官员贿赂，违反《反海外腐败法》，受到美方民事和刑事指控，2016 年 12 月，美国证监会宣布，梯瓦制药同意支付 5. 19 亿美元罚款。美国证监会的指控称，2006—2012 年，梯瓦制药向俄罗斯一名高级政府官员行贿，增加梯瓦制药的多发性硬化症药物科帕松对俄罗斯政府的销售。2001—2011 年，梯瓦制药向一位著名乌克兰政府官员支付 20 多万美元，以换取他在乌克兰注册和推广各种梯瓦药物过程中的不当政治影响力。2011—2012 年，梯瓦制药的墨西哥子公司通过一家分销商，向受雇于政府医院的医生支付非法款项，以影响他们对科帕松处方的决定。2016 年 12 月，美国司法部指控梯瓦制药合谋违反《反海外腐败法》，当日梯瓦制药签署了延期起诉协议，同意支付约 2. 83 亿美元的刑事罚金。在相关诉讼中，美国证监会对

---

① 据媒体披露，宇航公司找了一家小型旅游公司作为它和沙特王子的“中间纽带”。

梯瓦制药提起民事诉讼，梯瓦制药同意向美国证监会支付约2.36亿美元的和解金。

知识链接

美国存托凭证（American Depository Receipt，ADR）

美国存托凭证是美国商业银行为协助外国证券在美国交易而发行的一种可转让证书。通常代表非美国公司可公开交易的股票和债券。ADR（绝大多数情况下）面向美国投资者发行，并在美国证券市场交易。对于一家在海外上市的公司，由Custodian bank在当地购入公司证券后，由美国的Depositary bank发行ADR，ADR和基础证券之间可以互相转换。股票通过ADR方式上市有以下优点：（1）提高发行公司在国外市场的知名度，拓展境外筹资渠道，为日后直接在美国证交所发行证券奠定基础。（2）具有比一般股票更高的流动性。不仅存托凭证之间可互换，还可与其他证券互换。（3）降低交易成本。美国存托凭证大多在美国证监会注册，被看作是一种美国证券，可以在美国的证交所公开市场或柜台交易市场进行自由交易，便于非美国公司进入美国证券市场。

如果说梯瓦制药因为存托凭证与美国还有点联系的话，那么英国宇航公司的贿赂行为与美国国家利益的关联性是很微弱的，贿赂行为和贿赂效果基本不体现在美国境内，但美国还是借助微弱的连接点，扩大了《反海外腐败法》管辖权的行使范围，明显不符合国际法中合理行使域外管辖权的原则，具有很强的随意性和独断性。欧洲很多国家认为，美国法院不考虑其他国家的利益就主张管辖权，是“司法霸权主义（judicial hegemonialism）”①。

① Ralf Michaels," Two Paradigms of Jurisdiction", Michigan Journal of International Law, 2006 (27): 248.

3. 国际足联腐败案

美国反腐败调查对象不仅包括企业和个人，而且还有国际组织，比如国际足联（FIFA）腐败案。

2015 年 5 月 27 日，瑞士警方在美国的紧急授意下，突袭并逮捕了筹备年会的数名 FIFA 官员，并将这些 FIFA 官员交给美国政府接受腐败指控（见图 4－2）。联邦调查局对 FIFA 贿选及腐败的调查还包括 FIFA 是怎样把世界杯主办权授予俄罗斯（2018 年）和卡塔尔（2022 年）的。美国司法部指控这些 FIFA 官员涉嫌逃税、洗钱、通信诈欺等，其法律依据主要是《受敲诈勒索和腐败组织法》（RICO）[1]，而该法是美国国会于 1970 年通过的一项法律，旨在制止有组织犯罪，通常针对黑帮和毒品卡特尔所涉及的贿赂、洗钱、绑架和谋杀等犯罪行为。

图 4－2　FIFA 主席布拉特被撒钞票（2015 年 7 月）

FIFA 腐败案表明，美国已将其国内法视为国际法，凌驾于国际法之上，并将美国的意志当成全世界的意志，这是对国际法制的严重威胁。

4. 阿尔斯通腐败案

法国阿尔斯通腐败案是美国海外反腐败的典型案例，引起了国际社会的

① Racketeer Influlenced and Corrupt Organizations Act，RICO.

广泛关注。通过剖析该案例，我们基本能够看清美国“长臂管辖”的套路。

阿尔斯通曾经是电气领域的世界巨头，水电设备世界第一，核电站常规岛世界第一，环境控制系统世界第一……当年曾流行一句话：世界上每4个灯泡中，就有1个灯泡的电力来自阿尔斯通的技术。自2010年起，美国司法部以阿尔斯通部分行贿款通过美国子公司支付和部分融资在美国完成为由，对其管辖并开展反腐败调查。2014年，美国司法部出具调查结果，指控阿尔斯通伪造账簿和记录，没有进行适当地内部控制，违反《反海外腐败法》。事件以阿尔斯通接受7.72亿美元罚款并于2015年将其电气业务低价出售给美国的通用电气公司（GE）而告终。

在这期间，美国司法部采取各种极端手段对阿尔斯通施压：（1）收集违法证据，调查阿尔斯通在美国境外获取的数十亿美元合同，收集其向他国政府官员行贿、伪造账簿等证据。（2）抓捕多名涉案高管，2013年4月，联邦调查局在纽约肯尼迪国际机场抓捕公司锅炉部全球负责人皮耶鲁齐；2014年4月23日，当阿尔斯通总裁柏珂龙在芝加哥与通用电气谈判时，联邦调查局在美属维尔京群岛抓捕阿尔斯通亚洲区副总裁劳伦斯·霍金斯；等等。并以恶劣的监狱环境、漫长的诉讼过程、高额的诉讼费用、认罪可轻判等，威逼利诱这些高管认罪。（3）以被抓高管作为“经济人质”，迫使企业认罪。2014年，当法国政府拒绝通用电气收购阿尔斯通时，阿尔斯通在押高管也被延迟保释。（4）迫使其低价出售核心资产给美国企业，以仍在调查为由，阻碍阿尔斯通将核心资产以更高的价格卖给西门子等他国企业，同时暗示该资产出售给美国企业将有助于减轻惩罚。

2014年年末，通用电气向法国政府做出帮助阿尔斯通改组不良资产、收购后为法国提供就业岗位和7.2亿美元罚款由通用电气支付等三大承诺，以124亿欧元收购阿尔斯通大部分电力业务，其中，包括法国境内大多数核电站的部分控制权。这意味着法国的很多核心战略资产（比如核电站等）被美国控制了。在通用电气与阿尔斯通达成交易后，联邦调查局就再没抓捕阿尔斯通的高管。

2010 年，阿尔斯通在全球 500 强中排在第 290 位，2015 年排在第 482 位，被美国肢解后，目前全球 500 强中已找不到阿尔斯通。统计显示，通用电气先作为原告支持美国司法部介入，抓捕境外竞争企业的高管，再以此为突破口收购对方，是其一贯手法，阿尔斯通只不过是通用电气收购的第五个竞争对手而已。

除了阿尔斯通，被美国以反腐败为由打击的法国企业还有道达尔、德希尼布、阿尔卡特、巴黎银行（BNP PARIBAS）、法国兴业银行、法国农业信贷银行、赛诺菲等。这些都是美国跨国企业的主要竞争对手，其违法行为是事实或惯例，自然无法开脱。在美国“长臂管辖”的打击下，法国大企业高管陷入恐慌，好像被“举报人”包围着，人人自危，严重影响企业运营。总体而言，美国“长臂管辖”瞄准法国民用核能、航天航空、电信、能源和生物医药等传统优势产业，重点打击法国相关产业的知名跨国企业，针对性很强。据统计，2008—2018 年，法国企业向美国司法部支付的罚款近 200 亿美元。在美国“长臂管辖”的打击下，阿尔卡特等法国“工业之花”① 凋谢了。

知识链接

道达尔行贿案

2013 年，美国政府指认，1995—2004 年，道达尔（Total）向一名伊朗政府官员支付 6000 万美元，诱使他协助道达尔获得伊朗境内三处油气田（包括 Sirri A 和 E 油田合同）的开采权。依据弗吉尼亚州亚历山德里亚一家联邦法庭的文件，道达尔依照伊朗官员要求，通过两个中介向瑞士银行账户转账汇款，一个中介是瑞士的一家私人银行，另

① 第二次世界大战后，法国推行计划经济和国有化，戴高乐政府秉承“集中力量办大事”的思路，在战后“辉煌三十年”期间培育了许多全球工业佼佼者，被誉为法国的“工业之花”，比如阿尔卡特和阿尔斯通。这些企业国际竞争力极强，部分核心技术领先美国同类企业，并与美国企业在全球争夺市场份额。

一个中介是一家在英属维尔京群岛注册的企业。

美国政府表示，鉴于道达尔拥有美国存托股票，在纽交所交易，可视为股票发行方，因此隶属《反海外腐败法》管辖，违反这一法规可面临制裁。最终，美国证监会宣布，道达尔同意支付近4亿美元，以了结该公司因伊朗石油合同案在美国面临的法律程序。这笔款项包括支付给美国证监会的1.53亿美元不正当收益，以及支付给美国司法部的2.45亿美元罚款。

知识链接

德希尼布行贿案

德希尼布公司（Technip SA）曾是法国的一家大型跨国企业，创立于1958年，最初是法国的集合炼油及天然气脱硫的Donges和Feyzin工厂，主要从事石油、天然气、石油化工及其他工业项目的设计、技术和建设服务，为石油、天然气工业提供创新的解决方案和技术支持，在国际上处于领先地位。在水下基础设施、海上平台以及岸上处理设施方面，德希尼布拥有从可行性研究到竣工验收的一体化经营能力，其相关的专业知识也得到广泛认可。到2008年，德希尼布的员工达到2.3万人。

美国以“德希尼布1995年在尼日利亚行贿”为由，在2010年对其开出3.38亿美元的罚单。美国对德希尼布实施“长臂管辖”的理由是：从2001年至2007年，德希尼布曾在纽交所上市。

德希尼布被美方罚款拖垮了，裁员6000人后，在2016年被规模较小的竞争对手——美国美信达公司（FMC Technologies）收购，总部从法国搬往英国，公司由美国人掌舵。

知识链接

阿尔卡特的凋谢

阿尔卡特公司（Alcatel）成立于1898年，曾在全球电信基础设施建设领域拥有极强的竞争力，被誉为法国的“工业之花”。到20世纪90年代，阿尔卡特的产品涵盖移动通信设备、宽频网络设备、海底电缆、移动网络、呼叫中心和卫星等，在光学网络市场、数字用户线路接入系统和路由器等方面，处于世界领先地位，业务遍及130多个国家，海外利润每年高达几十亿欧元。2006年，阿尔卡特完成对美国朗讯的跨境并购，成立阿尔卡特—朗讯电信公司，市值达到300欧元，阿尔卡特和朗讯分别持股60%和40%。合并后该公司通过整合欧美市场，掌握全球固定、移动网络和宽带接入40%的市场份额，并对美国思科（Cisco）构成竞争威胁。

2007年，美国司法部和证监会联合调查阿尔卡特2001—2006年在哥斯达黎加、洪都拉斯、中国台湾、尼日利亚和马来西亚的行贿行为，指控信息显示，阿尔卡特以咨询顾问费的形式行贿超过800万美元，获取了4810万美元的合同，违反了美国《反海外腐败法》。

2010年，阿尔卡特—朗讯为免于刑事处罚，与美国司法部和证监会达成暂缓起诉协议，同意向这两个部门分别支付9200万美元和4500万美元罚款，达成庭外和解。

遭受美国“长臂管辖”打击后，阿尔卡特—朗讯公司深陷司法纠纷，国际声誉大跌，加上朗讯方面管理层的掣肘，公司业绩不断下滑，原有国际市场份额被美国思科、芬兰诺基亚和瑞典爱立信等迅速瓜分。2015年，阿尔卡特—朗讯因资不抵债，被芬兰诺基亚公司收购，从此在国际电信市场上消失了。法国的一朵“工业之花”就这样凋谢了。

知识链接

赛诺菲行贿案

2016 年，美国证监会发起对法国制药公司赛诺菲（Sanofi）旗下位于哈萨克斯坦、约旦、黎巴嫩、巴林、科威特、卡塔尔、也门、阿曼、阿拉伯联合酋长国与巴勒斯坦的子公司在 2006—2015 年的行贿活动调查，内容涉及该公司贿赂政府采购官员和医疗提供商等。

2018 年，赛诺菲与美国证监会会达成和解协议，在不承认或否认犯有任何罪行的条件下，同意支付 2520 万美元以结束调查，并做出加强内部管控和反贿赂机制的承诺。2020 年 2 月，美国联邦检察官办公室宣布，赛诺菲美国分公司同意支付 1185 万美元和解费，以了结对其违反《虚假申报法》（False Claims Act）的指控。赛诺菲被指控通过一家独立的慈善基金会的援助基金（“TAF”），向使用“自家”多发性硬化症药物 Lemtrada 的医保患者支付补偿性“回扣”。

知识链接

吹哨者奖

《多德—弗兰克法案》第 922 部分规定：禁止解雇或歧视那些敢于举报他们雇主违法活动的行为。该条意味着华尔街雇员不用再害怕因为揭发公司内部的违法行为而遭到解雇。第 922 部分还规定，如果举报人自愿提供的信息最终导致美国证监会对肇事者处罚 100 万美元以上，那么举报人将可得到罚款从 10% 到 30% 不等的奖励，该奖被称为“吹哨者奖”。美国证监会表示，从 2012 年首次颁发“吹哨者奖”，到 2021 年 1 月，美国证监会已奖励 134 名举报人，总计超过 7. 38 亿美元。

资料来源：证券时报网 http：//finance. sina. com. cn/roll/2021 - 01 - 16/doc - ikftpnnx8037435. shtml

一些专家认为，法国之所以被美国重点制裁和打压，主要是美国维护世界霸主地位的需要。“二战”后法国始终奉行经济、外交、防务等方面的独立自主路线，建立了自成一体的外交政策、军事战略、工业和科技体系，对美国依赖性较弱。法美同为联合国安理会常任理事国，法国也并非处处逢迎美国，反而在很多领域对美国形成掣肘。因此，法国在金融、科技、军事等方面的优势塑造是美国不愿接受的。当法国优势产业、国际话语权及其地位对美国形成潜在威胁时，打击法国有利于维护美国政治经济霸权和大国博弈中的主动地位①。

四、海外反腐败的趋势

进入21世纪后，美国加强了《反海外腐败法》的执法力度，这既包括对美国自身跨国公司（及个人）的执法，又包括对外国跨国公司（及个人）的执法。从处罚金额来看，在历年“十大”处罚额案件中，针对外国公司的案件一直占绝大多数。

从反腐败“长臂管辖”针对的国家来看，美国对待盟友和对手没有差别，在与美国高度竞争的产业上，受处罚频繁、金额大的企业往往是欧洲各行业的龙头，例如，英国宇航、意大利埃尼集团（ENI）、法国道达尔、德国西门子、俄罗斯 MTS 等，都是被美方罚款超过 1 亿美元的欧洲企业（见表4－1）。2008—2018 年，美国依据《反海外腐败法》获取的前十大罚金案例中，欧洲企业占据了 6 席，受美国“长臂管辖”伤害最重。为了保护本国企业，英国政府甚至以国家安全为由，阻止美国司法部对英国宇航军备交易的调查。

---

① 杨成玉．反制美国“长臂管辖”之道——基于法国重塑经济主权的视角［J］．欧洲研究，2020（3）：14.

表 4－1　2008—2019 年被美国依据《反海外腐败法》罚款超过 1 亿美元的部分企业

序号	企业	所属国家	年份	处罚金额（亿美元）
1	移动电信公共股份（MTS）	俄罗斯	2019	8.50
2	西门子	德国	2008	8.00
3	阿尔斯通	法国	2014	7.72
4	特里亚电信	瑞典	2017	6.916
5	哈里伯顿	美国	2009	5.79
6	梯瓦制药	以色列	2016	5.19
7	奥奇—齐夫资本	美国	2016	4.12
8	英国航空航天公司	英国	2010	4.00
9	道达尔	法国	2013	3.982
10	维佩尔通讯	荷兰	2016	3.975
11	美国铝业公司	美国	2014	3.84
12	埃尼—维基	意大利	2010	3.65
13	德希尼布集团	法国	2010	3.38
14	兴业银行	法国	2018	2.93
15	松下电器	日本	2018	2.804①
16	摩根大通	美国	2016	2.64
17	奥德布雷希特	巴西	2017	2.60
18	SBM Offshore	荷兰	2017	2.38
19	日挥株式会社	日本	2011	2.188
20	巴西航空工业公司	巴西	2016	2.055
21	戴姆勒	德国	2010	1.85
22	巴西国家石油公司	巴西	2018	1.706
23	莱斯莱斯	英国	2017	1.70
24	威德福	瑞士	2013	1.526
25	阿尔卡特	法国	2010	1.38
26	联合利华	美国	2014	1.35
27	吉宝海事	新加坡	2017	1.05

资料来源：Assemblée Nationale，Rétablir la souveraineté de la France et de l'Europe et protéger nos entreprises des lois et mesures à portée extraterritoriale，Rapport à la demande de Monsieur douard PHILIPPE Premier Ministre（L0144），26 June2019，P. 19，https：//mafr. fr/fr/article/retablir－la－souverainete－de－la－france－et－de－leurop/.（笔者有补充和修改）。

① 松下电器被罚款 300 亿日元，当时折合 2.804 亿美元。

在中美贸易摩擦背景下，美国《反海外腐败法》执法越来越针对中国，据统计，2016—2018年，美国54%的证监会案件和36%的司法部案件与中国有关系[①]。

五、海外反腐败的实质

目前，美国司法部调查通常服从于美国商业利益，《反海外腐败法》已沦为美国获取巨额罚金和打击美国企业竞争对手的工具，严重危害全球企业的公平竞争。笔者在梳理美国“长臂管辖”时，很早就发现，大多数案件不是在美国法院通过庭审诉讼解决的，而是由司法部等执法机关解决的，法官们通常在政府机构与被制裁企业快要达成协议时才会介入，然后在合意解决协议上加盖印章，这是大家的同感。一些企业将其归结为美国司法程序复杂，耗时费力，外国企业胜算不高，不如早早与司法部的检察官们达成和解协议，以免越陷越深。

另外，美国司法部不是独立的，通常被美国大型跨国企业影响、左右甚至控制。联邦机构以反腐败调查为名进行“长臂管辖”，不仅能够获取巨额罚金，而且还能打击美国企业竞争者的正常经营，强迫对方接受各种屈辱条件，例如，美国政府派驻专员监督、上交私密账户和财务明细、解职高管、出售资产或业务等，连美方派驻专员的薪水都要由被制裁企业（或个人）支付。

外国公司违反《反海外腐败法》，通常也会违反美国反洗钱有关的法律，美国依据《反海外腐败法》管外国公司比管美国公司还来劲。《经济学人》甚至将美国海外反腐败执法行动描述为“反腐生意”。[②] 在一些专家看来，近年来美国对欧洲实施的众多“长臂管辖”是美国对欧洲一贯政策的延续，就是把欧洲变成美国政治、经济和外交的附庸。

---

① 沈裴．政治经济学批判视野中的“一带一路”建设［J］．当代经济研究，2019（1）．

② " Anti – Bribery Business", The Economist, May 9, 2015, https: //www. economist. com/business/2015/05/09/the – anti – bribery – business.

作为对比，美国的跨国企业不仅能安心做生意，而且还能在美国行政部门、情报机构、智库、基金甚至是总统等的帮助下，拿下海外优质项目。只要是美国企业看好的境外项目或合同，其他企业不管优势多么明显，大多只能放弃。2018 年 9 月，伊拉克政府有一份标的总额达 150 亿美元的巨额合同，当时最青睐的候选者是西门子。但特朗普政府向伊拉克政府施压，要求其将订单留给通用电气，并称这一要求是“代表 2003 年以来在伊拉克牺牲的 7000 名美国士兵提出的”①。

第二节　违反制裁规定

美国经常以威胁国家安全、恐怖主义和侵犯人权等名义，对违反规定的主体实施制裁，限制本国主体与受制裁主体的经济、金融往来。基于“长臂管辖”，美国还要求受制裁主体的第三方商业往来对象也要遵守美国制裁规定，否则，将给予经济或金融制裁。

一、经济制裁

1. 法律依据

由于美国实行经济制裁的目的和领域越来越多样，除了地缘政治（比如与苏联争霸）和意识形态（比如制裁古巴）外，还包括民主与人权、有组织犯罪、反腐败、恐怖主义、防止大规模杀伤性武器扩散、环境保护等。因此，美国“长臂管辖”的领域和法律依据也多样化，比较典型的有：制裁古巴的《赫尔姆斯—伯顿法》；制裁伊朗、利比亚的《达马托法案》；反恐领域的《美国爱国者法案》；人权领域的《苏丹和平法案》；打

① （法）阿里．拉伊迪．隐秘战争［M］．北京：中信出版社，2019：16.

击人口走私的《人口贩卖受害者保护法》[1]；等等。如果第三国居民或组织触犯上述法案的规定，美国还要依据“最低限度联系”等原则，对其进行管辖和制裁。

知识链接

达马托法案（Damato Act）

《达马托法案》又名《伊朗—利比亚制裁法案》（Iran－Libya Sanctions Act，ILSA），该法案由美国共和党参议员达马托提出，经参众两院修改通过，旨在惩罚向伊朗和利比亚投资的外国公司的法案，1996年8月5日由总统克林顿正式签署通过。《达马托法案》旨在打击正在伊朗和利比亚的石油天然气行业投资4000万美元以上的外国公司。

《达马托法案》规定，美国总统必须对在一年时间里投资4000万美元以上开发伊朗和利比亚石油天然气的外国公司、或者违反联合国对利比亚实施禁运（包括出售炼油设备）的公司，实施6种惩罚措施中的两种制裁。这6种制裁措施是：禁止该公司向美国出口产品和参加项目投标；禁止美国联邦政府部门向该公司购买物品及提供服务；禁止美国金融公司向该公司提供1000万美元以上的货款；禁止美国协助出口银行向该公司提供金融援助；禁止该公司成为美国政府债券的交易商。

一些专家认为，《达马托法案》对美国境外的第三国企业和个人同样具有法律效力，是一份典型的“长臂管辖”立法，性质很恶劣，它赋予了美国充当“世界警察”的职责，使美国可以在世界范围内要求任何第三国的国民遵守美国的制裁法律。

美国经济制裁的单边主义色彩很重，搞极限施压，但缺乏灵活性，正因如此，美国经济制裁通常是易发难收、持续时间较长，并且经常充当着

① Trafficking Victims Protection Act.

美国采取军事手段的前奏①。

2. 分类

美国经济制裁可以分成多种类型：按照被制裁对象的属性，可以分为对特定国家制裁、对特定实体制裁和对特定个人制裁；按照被制裁对象的领域，可以分为对特定行业制裁和对特定商品贸易制裁；按照制裁方式，可以分为全面制裁、一般制裁和综合制裁。

全面制裁是指通过初级制裁（primary sanction）② 和次级制裁（secondary sanction），对美国具有管辖权和不具有管辖权的实体或者个人以及与之进行特定交易的行为主体，实施广泛制裁。例如，美国制裁朝鲜就是全面制裁，禁止全球范围内任何企业、个人以及金融机构与朝鲜进行商贸活动。除了朝鲜，伊朗、委内瑞拉、古巴、叙利亚也遭受过美国全面制裁。

一般制裁是指美国通过将特定实体或者个人列入特别指定国民清单（SDN 名单）并对其实施制裁，例如，美国对苏丹、利比亚等国家的制裁。从 1993 年美国以苏丹政府和相关个人支持恐怖主义行为为由，对苏丹实施了长达 20 多年的制裁，包括冻结苏丹政府资产、贸易禁运等措施，直到 2017 年才宣布解除。一般制裁是程度相对较轻的制裁形式。

综合制裁介入全面制裁和一般制裁之间，例如，美国制裁俄罗斯采取的是针对特定实体、个人和行业的“精准制裁”，美国政府主要对列入行业制裁识别清单的俄罗斯实体或者个人实施融资限制，并不完全禁止美国实体或者个人与俄罗斯进行交易。

3. 贸易制裁

美国经济制裁以贸易制裁居多，涉及美国对外贸易的“长臂管辖”法案主要是指“301 条款”。所谓“301 条款”，是指《1974 年贸易法》第

---

① Simond de Galbert," Transatlantic Economic Statecraft, CSIS Economic statecraft Series", June 21, 2016: 9.

② 初级制裁是禁止发起国境内的公司、自然人与目标国的公司、自然人进行交易。

301 节至第 310 节的全部内容，后经《1984 年贸易与关税法》和《1988 年综合贸易与竞争法》修改和扩充，形成了现在的 301 条款[①]，具体包括“一般 301 条款”和“特殊 301 条款”。“一般 301 条款”和“特殊 301 条款”是伴随美国“长臂管辖”兴起而产生的配套法律措施。从其内容来看，在美国法院享有“长臂管辖”权的前提下，美国贸易代表对于“301 条款”所涉及的贸易政策审查种类，例如，贸易政策公平性、贸易法案合理性、贸易行为合规性以及与贸易相关行为合法性等的适用，具有广泛性和任意性特征，即美国贸易代表对任意国家、任意领域的企业或国家行为，都可以基于“最低限度联系”原则，进行审查和评估，可以对其中违反国际条约、双边协定的行为，甚至仅仅涉及违反美国法律、法令或禁令的行为，作出否定性评价，并可以根据不同等级，施加不同层级的报复措施（制裁类型）。

1998 年，欧盟向 WTO 提出关于 301 条款的争端解决案。WTO 争端解决机构[②]认为，单从法律规定上来看，可以初步认定 301 条款不符合 WTO 规定。然而，由于存在上述美国政府声明，301 条款可以按照符合 WTO 规定的方式实施，WTO 争端解决机构（DSB）[③] 没有最终判定其违反 WTO 规定。对于这一结果，美欧都表示满意，301 条款得以继续存在，但其实施受上述声明的约束。这就是轰动一时的“301 条款”案。在之后近 20 年时间里，美国没有启动“301 调查”[④]。尽管“301 条款”受到限制，但是该条款在 WTO 体制外仍有广泛的适用空间，特别是其用语的模糊性为

---

① 靳也．“301 条款”在 WTO 多边体制外的复苏——基于美国对华贸易调查的法律分析［J］．南昌大学学报（人文社会科学版），2018（1）：77.

② WTO 争端解决机制机构是由“专家组（Panel）”组成的。专家组由 3 名（有时是 5 名）来自不同国家的专家组成，负责审查证据并决定谁是谁非。

③ Dispute Settlement Body，DSB.

④ “301 调查”主要依据 1974 年《贸易法》中的 301—310 条款，根据相关条款，当美国认定某个贸易伙伴的政策违反贸易协定，缺乏公正时，可以单方面启动调查并采取报复性措施。

“301 条款”的扩张提供了很大便利。[①] 例如，2017 年 8 月，特朗普授权美国贸易代表莱特希泽审查所谓的“中国贸易行为”，以保护美国知识产权和技术为名，对中国发起“301 调查”。

知识链接

“301 条款”案

美国常常使用《贸易法》“301 条款”对其他国家的贸易措施进行调查，继而与其他国家进行谈判，并且威胁谈判不成就进行报复。美国的主要贸易伙伴（如欧共体和日本等）深受其苦。

当欧共体就该法律在 WTO 框架内起诉美国时，有 17 个国家作为第三方参加了案件的审理。如果说 WTO 成立之前，美国有理由为了维护自己的权利这样做，那么 WTO 成立后，多边贸易体制有了一个很好的争端解决机制，并且 WTO 要求争端应从多边解决，不允许一个成员自行决定另一个成员的做法违反 WTO 而采取报复措施，那么美国这种“单边”工具还能继续使用吗？

本案专家组却得出了一个令人惊讶的结论：“301 条款”不违反 WTO。从法律本身看，“301 条款”可能会违反 WTO，但美国做出了正式承诺，保证遵守 WTO，那么这种可能性就不存在了。专家组在报告的最后声明：所有这些结论都是全部或部分建立在美国承诺的基础上；如果这些承诺被美国行政部门或政府的其他部门摒弃，则专家组结论中的裁决就不能得到保证。

在这个案件中，美国看似是赢了，但事实上，美国受到了其承诺的约束，在许多专家看来是输了。

美国基于《出口管理条例》等，限制外国企业或个人与被制裁对象的

① 刘瑛，刘正洋. 301 条款在 WTO 体制外适用的限制——兼论美国单边制裁措施违反国际法［J］武大国际法评论，2019（3）：139 – 157.

贸易途经美国，限制转销来自美国成分或技术超出一定比例的产品。《出口管理法》和基于此法的《出口管理条例》《2018 年出口管制改革法案》（ECRA2018）以及 2018 年 11 月提出的《新兴技术清单征求意见草案》（ANPRM）①，共同确立了部分敏感技术和产品出口的原则和范围，对于违反规定的实体，美国将予以处罚或制裁。《2018 年出口管制改革法案》还授予美国商务部对军民两用产品出口的永久和广泛管辖权。

知识链接

2018 年出口管制改革法案（Export Control Reform Act of 2018, ECRA2018）

2018 年 8 月，美国出台《2018 年出口管制改革法案》。ECRA2018 有四个主要特点：一是扩大出口管制的范围，特别增加对“新兴和基础技术”管制；二是严格出口管制审查制度，建立跨部门审查机制；三是加强对中国、白俄罗斯、缅甸等禁售武器国家的许可审查；四是加大对违反出口管制行为的审查。

ECRA2018 进一步完善了《出口管理条例》的细节，强化了对高新技术领域的管制，目的是更好地为美国的国家发展战略和技术安全要求提供服务，以确保美国在高新技术领域的竞争优势。这些改革表明美国出口管制越来越严。

美国出口管制规则的义务主体名义上是美国企业，但外国企业如果触及法案禁止条款，也可能基于“最低限度联系”原则被纳入“长臂管辖”范围，中兴通讯和中远海运等公司就是受害者。

2016 年 3 月，美国商务部 BIS 认定中兴通讯违反美国《国际紧急经济权力法案》和出口管制政策，未经许可向伊朗转出口受管制的美国电子产品，将中兴通讯及三家关联企业纳入实体清单，要求美国企业向中兴通讯

① Advanced Notice of Proposed Rule Making，ANPRM.

出口产品时，必须获得 BIS 的特殊许可（special permit），一年后达成和解，中兴通讯支付 8.92 亿美元罚金以消除出口禁令。2018 年 4 月，BIS 以“中兴通讯对涉及历史出口管制违规行为的某些员工未及时扣减奖金和发出惩戒信，并在 2016 年 11 月 30 日和 2017 年 7 月 20 日提交给美国政府的两份函件中对此做了虚假陈述”为由，再次启动出口禁令，中兴通讯被迫缴纳 14 亿美元罚款和保证金、更换管理层、接受美国持续密切监控后，出口禁令才解除。中兴通讯案前后持续 6 年，两次罚款折合人民币约 147 亿元，而中兴通讯 2017 年的净利润为 45.54 亿元，企业发展遭到重创。

2019 年 9 月 25 日，美国财政部 OFAC 对涉嫌违反美国禁令转运伊朗石油的 6 家中国公司及其 5 位高管实施制裁。6 家公司包括中远海运集团旗下的大连中远海运油品运输公司和大连中远海运船员船舶管理公司，以及中和石油、昆仑控股、香港昆仑船务、飞马 88 等公司。上述 6 家公司和 5 名高管均被列入财政部 OFAC 的 SDN 清单，它（他）们在美国境内或由美国人士控制的财产均被冻结。在美国宣布制裁后，中远海运 H 股大跌 25%，A 股也有近两个跌停。

还需要注意的是，2020 年 4 月，美国商务部修改了《出口管理条例》，取消了民用许可证豁免（CIV）①。在这项规定修改前，美国出口商向 D1 组（包括中国）的大部分民用最终用户出口或转移基于国家安全原因受到管制的物项时，可以不申请许可证；修改后，所有 D1 组别的国家将不再享受 CIV。2018 年，依据 CIV 出口到中国的美国产品价值为 1.149 亿美元。这意味着，今后中国从美国进口产品、技术和服务将更加困难。② 过去 CIV 运用最普遍的是半导体行业，随着 CIV 的取消，中国半导体企业将面临美国供应链不稳定带来的巨大风险。同时，由于 CIV 适用于视同出口领域，比如发送技术或源代码等，因此，有可能冲击中国的研发活动和技术

---

① License Exception Civil End Users，CIV.

② 陈波，等．美国两用物项出口管制：最新进展与可能影响［J］．国际贸易，2020（10）：62.

交流等。

4. 内外有别

美国实施经济制裁主要针对外国企业，尤其是本国企业的竞争对手，对本国企业则明显不同。例如，美国政府在限制所有外国企业与古巴交易的同时，1992 年《古巴民主法》却允许美国电话电报公司（AT&T）[①] 在古巴开展电话服务业务[②]。1994 年，美国长途电话折扣公司与古巴建立了直通电话线路，美国政府也没有阻拦。面对美国恣意挥舞的“长臂管辖”，他国企业在与美国企业竞争时，总体上处于不公平、不对等的地位。

二、金融制裁

金融制裁是目前美国得心应手的制裁武器，可以精准制裁经济（或政治）精英，具有目标准、危害重、难躲避、成本低等特点，很容易切断制裁对象与外部的经济、贸易和金融联系，在一定程度上兼顾了贸易制裁的政策目标，是各国极力抵制或规避的制裁方式。美国金融制裁涉及部门众多，其中，国会和总统是美国金融制裁决策的两大核心主体，总统拥有实质性的决定权和自由裁量权，财政部是核心执行部门，OFAC 是核心执行主体。

1. 金额制裁的方式

美国利用其在全球金融体系的中心和主导地位，可以实施多种金融制裁，主要包括：冻结或封锁受制裁实体在美资产、减少或停止对受制裁实体的信贷支持、限制其在美投资等；与受制裁实体进行过重大金融交易的非美金融机构，被禁止进入美国金融系统；切断受制裁对象的美元获取能力和使用美元的渠道，禁止其使用美国支付清算系统；禁止全球金融机构与被制裁对象交易等。

2014 年克里米亚事件发生后，美国及其盟友对俄罗斯发动了金融制

---

① AT&T 是一家美国电信公司，成立于 1877 年，曾长期垄断美国长途和本地电话市场。

② 任泽平．美国的“长臂管辖”有多长．新浪财经意见领袖专栏作家，2020 年 9 月 7 日。

裁，具体包括：率先冻结7名俄罗斯官员和包括国有企业在内的17家俄罗斯企业在美国境内的资产，限制俄罗斯部分特殊贸易和金融交易、切断俄罗斯被制裁对象美元使用渠道、限制其他国家的金融机构与俄罗斯被制裁对象进行金融交易等，而违反这些禁令的金融机构则会受到包括巨额罚款、吊销执照、被纳入制裁名单甚至追究刑事责任等制裁。尤其是VISA和万事达在未通知俄罗斯金融机构的情况下，停止对俄罗斯几家银行所发售的银行卡的支付服务，使很多俄罗斯企业的支付一度陷入瘫痪。

在美国认定俄罗斯2018年使用“诺维乔克”神经毒剂、致使俄罗斯前情报人员斯克里帕尔及女儿中毒后，美国国务院于2019年8月宣布对俄罗斯实施制裁，其中金融制裁包括：阻止国际金融机构向俄罗斯提供任何贷款或金融援助；禁止美国银行参与非卢布标价的俄罗斯主权债务的一级市场购买；禁止向俄罗斯政府提供非卢布标价的资金等。美国对俄罗斯的金融制裁不仅加剧了俄罗斯金融市场动荡，导致卢布大幅贬值，造成大量资本外流①，而且还大大降低了俄罗斯主权信用等级。在俄罗斯遭受欧美多轮金融制裁后，2015年1月26日，标准普尔将俄罗斯主权信用评级下调至垃圾级（BB+），俄罗斯10年期国债收益率随即升至7.04%，俄罗斯企业在国际市场上的融资成本也同步提高。在全球流动性极为宽松的条件下，这是极高的收益率。作为对比，2017年6月，长期陷入债务泥潭的阿根廷发行了100年期“世纪债券”，其收益率也不过7.9%；2017年3月和9月，俄罗斯铝业联合公司在上海证券交易所发行两期3年期熊猫债，共15亿元人民币，这还是企业债，票面利率也不过5.5%②。

目前，全球金融机构开展国际业务时，很难脱离美国主导的跨境支付系统，尤其是SWIFT、Fedwire、CHIPS等。而根据《国际经济紧急权力法》和《与敌国贸易法》（见表4-2），对于使用美元支付系统向被制裁

---

① 统计显示，2014年当年超过1515亿美元资金流出俄罗斯。

② 2017年3月，中国财政部发行的3年期凭证式国债的收益率是3.8%。

国提供金融服务等行为，美国也有权管辖①。另外，美国还控制着“艾格蒙联盟”和持续连接结算（CLS）系统，能够监控和收集来自金融业、其他实体和专业阶层的可疑或不寻常金融活动，比如洗钱等，覆盖面很广。

知识链接

艾格蒙联盟（The Egmont Group Financial Intelligence Units，FIUs）

艾格蒙联盟的主要目的是提供管道，让各国监督机构加强对所属国反洗钱活动工作的支援。艾格蒙联盟是一个非正式组织，由各地的金融情报单位（Financial Intelligence Units，FIU）组成，成立于1995年。之所以称作“艾格蒙联盟”，是因为在比利时的艾格蒙特宫举行了首次会议，并把该组织取名为“艾格蒙联盟”。

有117个国家和地区的FIU加入了艾格蒙联盟，包括中国的香港和台湾地区。FIU作为各地的中心机构，负责收集来自金融业、其他实体和专业阶层的可疑或不寻常的金融活动，这些金融活动可能涉及洗钱或恐怖主义组织。FIU通常不是执法机构，其任务是分析和处理收集到的信息。如果非法活动被找到了足够证据，相关证据将被交给公诉机关，以作进一步处理。

知识链接

持续联结结算（Continuous Linked Settlement，CLS）

1994年，世界最大的20家外汇交易银行联合成立一个持续联结结算银行，即CLS Bank，与G10的央行直接实时联接，以实现外汇交易即时清算。1997年7月，负责运营CLS Bank的“CLS服务有限公司”在英国成立，旨在开发和建立CLS清算系统。

2002年2月，CLS Bank在美国纽约注册并成立，接受美国监管机

① 廖诗评．国内法域外适用及其应对——以美国法域外适用措施为例［J］．环球法律评论，2019（3）：170.

构监管，并将其运作中心设在了伦敦。按照CLS的规定，成为清算币种的发行国必须建立实时清算系统（RTGS）。CLS在所有的清算货币发行国的央行开设账户，并与其国内的实时清算系统连接。CLS有18个结算币种、74个股东、64个结算会员和超过9000家积极第三方参与者。中国不是CLS会员，有专家认为，原因之一是CLS是家在美国注册的公司。

表4－2　　美国实施金融制裁的国内法依据

重要性程度	法律法令	规定内容
与金融制裁紧密相关的核心法律	《国际紧急经济权力法案》《与敌国贸易法》《国家紧急状态法》	明确总统和财政部分别行使金融制裁的决定权和执行权
其他引发金融制裁的辅助性法律	《国防授权法》《美国爱国者法案》	对金融制裁的发起和实施进行补充性说明和规定，总统可以发布行政命令等手段
政府行政命令条例	总统行政命令和财政部公布的专门条例	对实施金融制裁具有决定性影响
针对具体国家或时间的特定制裁法律	《赫尔姆斯—伯顿法》《叙利亚责任与黎巴嫩主权恢复法案》① 等	有特殊规定

资料来源：沈伟．论金融制裁的非对称性和对称性——中美金融"脱钩"的法律冲突和特质[J]．上海经贸大学学报，2020（5）．（笔者予以修改、补充）

知识链接

《赫尔姆斯—伯顿法》第302节

该节规定，对古巴自1959年以来没收充公的财产享有请求权的美国国民可向法院起诉，向与该财产进行"交易"的任何人索赔。《叙利亚责任及黎巴嫩主权恢复法案》要求美国金融机构中断与叙利亚商业银行的联系帐户，冻结特定的叙利亚个人和政府实体在美境内资产。

---

① Syria Accountability and Lebanese Sovereignty Restoration Act.

2. 金融制裁案例

信用是金融机构的生命，某金融机构一旦被美国制裁，其声誉就会严重受损，将很难开展国际业务，相当于被掐断了命脉。因此，与贸易制裁相比，金融制裁更有效、更难摆脱。单个金融机构（包括单个企业和普通国家）在美国联邦这个庞大的国家机器面前，那是非常渺小的，应对美国“长臂管辖”的能力和空间非常有限，因此，受制裁的金融机构只能屈服于美国处罚，以谋求和解。这方面的案例很多。

在英国阿拉伯商业银行（BACB）次级金融制裁案中，阿拉伯商业银行因与受美国制裁的苏丹客户汇款途经纽约的分行，而遭受“长臂管辖”。2010年9月至2014年8月，阿拉伯商业银行代表7家苏丹金融机构（包括苏丹中央银行）办理了72笔、总额达1.907亿美元的大宗资金支付。尽管阿拉伯商业银行与苏丹客户之间的美元交易并未直接使用美国金融系统，且所有涉及苏丹的美元交易都是由非美金融机构在美国境外处理的，但是在美元资金汇转的途中，经由的非美金融机构在美国开立了美元清算账户，财政部OFAC认定此环节涉及美国金融系统，因此，对该银行进行次级金融制裁，并处以2.2884亿美元罚款，后经英国审慎监管局（PRA）① 协商和该行积极补救后，才将罚金降至400万美元。

2014年6月30日，美国司法部认定，法国巴黎银行总行和日内瓦分行向苏丹、伊朗和古巴等目标制裁国的相关实体提供账户、信用证、资金支付等金融服务，故意无视美国法律明确列出的“禁区”，将具体业务通过在其他国家的金融机构（卫星银行）完成，并掩饰“罪行”，违反了《国际紧急经济权力法案》和《与敌国贸易法》。另据纽约州金融服务局（NYDFS）提交的文件显示，2002—2012年，巴黎银行向苏丹、伊朗以及古巴的团体提供的美元清算服务，其总额超过1900亿美元。最后，巴黎银行被迫支付了89.7亿美元的天价罚金，还面临长达一年的美元清算交易禁

① The Prudential Regulation Authority，PRA.

令。而2013年巴黎银行的利润收入仅为65亿美元。此外，巴黎银行的13名高管被迫离职。一些与和解协议相关的法庭文件显示，巴黎银行前后共有45名雇员遭受某种类型的处分，包括解雇、降薪、降职以及警告等。[①] 美国司法部行使管辖权的理由之一是“这些实体通过巴黎银行提供的金融服务所从事交易的计价货币是美元，客观上对美国造成了影响”。当然，这是美国能说出口的理由，而能说出口的理由往往是假的。2014年年初，乌克兰危机陷入僵局，当年3月17日美国宣布对俄罗斯制裁，而深陷债务危机的欧盟在配合美国制裁方面也有所行动，但比较谨慎，使美国对俄罗斯制裁效果有限，因为欧洲与俄罗斯的经济联系更为紧密。美国选择在这个时候重罚巴黎银行，其实与美国施压欧盟加强制裁俄罗斯有着很大关系。在美国制裁巴黎银行案中，其“长臂管辖”表现出极强的杀伤力、威慑力和恐吓力，有杀鸡儆猴之意。2014年7月16日，欧盟决定加大制裁俄罗斯力度，要求欧洲投资银行暂停在俄罗斯开展新的融资业务；7月31日，欧盟又发布一项制裁方案，对俄罗斯限制军售和切断俄罗斯五大国有银行的一切资金来源，在能源领域禁止向俄罗斯出口关键的深海钻井、北冰洋石油勘探、页岩石油钻井设备以及可转化为军事用途的高科技设备；9月12日，欧盟对俄罗斯实行新一轮制裁，限制俄罗斯进入欧盟货币市场。另外，考虑到美元的国际货币地位以及在国际贸易、金融交易和计价中使用的普遍性，这无疑赋予了美国极为宽泛的“长臂管辖”权。美国就是在这种判例实践中不断扩展着管辖的“长臂”。

3. 金融领域的次级制裁

美国位于世界舞台的中央，不仅是经济和科技强国，而且还是国际金融体系中心，美元是核心国际货币，凡是涉及跨国贸易、跨境资金流通、高精尖科技的实体，要想不与美国存在“最低限度联系”，几乎是不可能

---

① 此后，巴黎银行将其合规部门的员工人数扩大了一倍多，从1700名增加至3500名，确保业务符合当地法律和商业规范。当然，这也大大增加了巴黎银行的合规预算，从3亿欧元增至6亿欧元。

的。因此，美国可以非常轻易地从经贸、金融和技术等渠道，寻找或编织各种借口，向他国实体发难，这样既能通过初级制裁，直接打断他国实体产品和资金链，又能以次级制裁威胁其他跨国企业和金融机构遵守制裁规定，切断第三方与受制裁实体的往来，还能加重被打击目标的财务负担，削弱其实力，降低其信用，从而更容易被美国企业击败或收购。近年来，美国以违反制裁规定为由实施的“长臂管辖”迅猛增长，对外国实体和个人实施制裁已超过3200项，处罚方式包括巨额罚金、追究刑事责任等。在“长臂管辖”运用方面，美国还限制第三方与受制裁主体进行金融和贸易往来，否则，将施加处罚或予以制裁，即次级制裁。

次级制裁是一种非常严厉的“长臂管辖”，例如，在对伊朗、委内瑞拉和古巴的制裁中，美国大量使用次级制裁，惩罚对其提供所谓“物质支持”的外国政府和企业，具有很强的政治性和伤害性，与保护国内工商业的贸易限制明显不同。

美国次级制裁可以追溯到1961年的《对外援助法》，该法禁止美国向任何给古巴提供援助的国家提供援助，以报复古巴革命胜利后对美国企业实行国有化。但到底什么是次级制裁，目前没有统一的认识，美国财政部的官方文件中也没有严格的定义。美国前财政部长杰克·卢认为，次级制裁针对外国主体，当外国自然人或公司与被制裁实体交易时，即使交易活动未涉及美国，次级制裁措施也将切断这些外国主体与美国金融系统的联系。

美国为行使次级制裁，有时会在其法律依据（见表4－3）中列举联合国安理会的决议，试图向世人说明，美国的次级制裁是在安理会决议授权下进行的。例如，在对朝鲜实行制裁的安理会第2094号决议中，会员国采取措施的对象范围并不仅仅局限于当前在本国境内或受管辖的本国人，而是“包括冻结本国领土上现有或今后进入本国领土的、或受其管辖的或今后受其管辖的……并根据本国权力和立法加强监测，以防止一切此类交易”①，其中，“今后进入本国领土”② 和“今后受其管辖”③ 这样模棱两可的措辞，就为美国对朝鲜采取次级制裁，提供了空间。另外，一些被美国援引的安理会决定根本就没有授权美国实行次级制裁，例如，在《全面制裁伊朗、问责和撤资法》中，美国援引安理会第 1929 号决议④，但问题是，在第 1929 号决议中，联合国并没有授权美国进行次级制裁，且美国次级制裁的范围超出了安理会决议的制裁范围⑤。

表 4－3　包含次级制裁条款的主要美国法律

被制裁国家	年份	法律名称
古巴	1992	《古巴民主法》
	1992	《赫尔姆斯—伯顿法》
委内瑞拉	2014	《捍卫委内瑞拉人权及公民社会法案》
叙利亚	2012	《减少伊朗核威胁和保障叙利亚人权法案》
伊朗	1979	《伊朗制裁法案》
	1996	《伊朗与利比亚制裁法》，2006 年改为《伊朗制裁法》
	2000	《伊朗不扩散法》，2006 年改为《伊朗、朝鲜和叙利亚不扩散法》
	2010	《全面制裁伊朗、问责和撤资法》
	2012	《国防授权法案》
	2012	《伊朗自由和反扩散法》
	2012	《减少伊朗核威胁和保障叙利亚人权法案》
	2017	《应对伊朗不稳定举措法案》，后更名为《以制裁反击美国敌人法案》

① See UN Security Council, S/RES/2094, 2013, Article 11.

② “hereafter come within their territories”.

③ “hereafter become subject to their jurisdiction”.

④ 2010 年 6 月 9 日，联合国安理会就伊朗核问题通过了第 1929 号决议，决定对伊朗实行自 2006 年以来的第四轮制裁。决议附件中包含了自安理会制裁伊朗以来通过的最大的一个制裁清单。

⑤ 赵海乐．安理会决议后的美国二级制裁合法性探析［J］．国际法研究，2019（1）：36.

续表

被制裁国家	年份	法律名称
俄罗斯	2014	《支持乌克兰自由法案》
	2017	《反击俄罗斯在欧洲和欧亚地区影响法》
朝鲜	2016	《北朝鲜制裁与政策增强法》
	2017	《对朝封锁与制裁现代化法》

资料来源：刘建伟．美国次级经济制裁：发展趋势与常用对策［J］．国际经济评论，2020（3）：146．（笔者有修改、调整和补充）。

2010 年前，美国较少使用次级制裁。1982 年欧苏天然气管道制裁、1996 年《赫尔姆斯—伯顿法》和《达马托法案》制裁是美国次级制裁的经典案例，但都因为盟国（主要是欧盟和加拿大）的强烈反对而被废止或搁置。近十年来，以伊朗核问题为契机，美国频繁发起次级制裁，使次级制裁趋向常态化，成为被大量使用的金融手段，并逐步发展出 3 种模式：针对特定议题（如反恐、防扩与禁毒）的“切断融资渠道式”制裁；针对中小国家（如朝鲜、伊朗和叙利亚）的“体系驱逐式”制裁；针对主要大国（如俄罗斯）的“精准破坏式”制裁①。2012 年 1 月，中国珠海振戎公司因与伊朗有商业来往，被美国冻结了出口许可证、中止银行融资和 1000 万美元以上的金融贷款。2012 年 7 月 31 日，美国财政部宣布对昆仑银行②实施金融制裁，禁止昆仑银行进入美国金融系统，任何持有昆仑银行开立账户的美国金融机构必须在 10 天之内清除账户，理由是昆仑银行向包括被列入 SDN 清单的德佳拉特银行（Bank Tejarat）在内的至少 6 家伊朗银行提供金融服务，包括开设/维护账户、资金转账和信用证服务，涉及金额约折合数亿美元，违背了《2010 年对伊朗全面制裁、问责和撤资法案》（CISADA）③ 的规定。

① 刘建伟．美国次级经济制裁：发展趋势与常用对策［J］．国际经济评论，2020（3）：147.

② 昆仑银行的前身是克拉玛依市商业银行，2009 年由中国石油天然气集团公司控股。

③ Comprehensive Iran Sanctions，Accountability and Divestment Act of 2010，CISADA.

另外，美国次级制裁包括禁止向被制裁国投资。许多被制裁国是中资石油公司的海外油气投资国，包括伊朗、叙利亚、缅甸、苏丹等。次级制裁迫使中国许多海外投资大规模停止或撤出，使中国在相关国家的能源投资项目受到巨大冲击。例如，伊朗是“一带一路”沿线的重要能源投资目的国，在美国对伊朗制裁期间，一些中资公司被迫停止了对伊朗能源领域的投资。

第三节　反洗钱

洗钱（Money Laundering）最初是由毒品犯罪衍生的行为，是将非法所得合法化的行为，主要指将违法所得及其产生的收益，通过各种手段掩饰、隐瞒其来源和性质，进而使其在形式上合法化。[①] 洗钱是严重的经济犯罪，往往与贩毒、走私、恐怖活动、贪污腐败和偷税漏税等严重刑事犯罪相联系，对一国政治稳定、社会安定、经济安全乃至国际政治经济体系的安全构成严重威胁。根据 IMF 的估计，全球每年洗钱金额的保守估计是 6000 亿美元以上，相当于全球 GDP 的 3%—5%。例如，2018 年，丹麦银行内部调查发现，丹麦银行爱沙尼亚分行涉嫌为一些被列入“黑名单”的俄罗斯客户开设账户，与客户串通进行违规交易，在 2007—2015 年通过该分行进行了多达 950 万笔支付，涵盖付款总额约 2000 亿欧元，仅 2013 年的洗钱金额就高达 300 亿美元，而爱沙尼亚 2013 年的 GDP 约为 250 亿美元。[②] 洗钱活动对全球金融市场造成了严重影响，危害世界经济正常运转，

① 现代意义的洗钱是指将毒品犯罪、黑社会性质的组织犯罪、恐怖活动犯罪、走私犯罪、贪污贿赂犯罪、破坏金融管理秩序犯罪、金融诈骗犯罪的所得及收益，通过金融机构以各种手段掩饰、隐瞒资金的来源和性质，使其在形式上合法化的行为。

② 华尔街见闻官方账号．欧洲最大银行洗钱案始末［N］．华尔街见闻，2019－4－14.

绝大多数国家重视反洗钱[①]工作，并加大了反洗钱力度。

知识链接

毒品交易的尴尬

在毒品交易中，贩毒集团每完成一宗毒品买卖，就积攒了一笔赃款。在早期的毒品活动中，非法毒品交易所获取的大量收益，通常都以现金形式出现的，这对贩毒集团而言，是一个巨大的尴尬问题。在美国，有学者估算过：如果以市面街头买卖毒品所经常兑现的 5 美元、10 美元或者 20 美元面值的纸币为衡量基础，那么 22 磅海洛因就可以换来 256 磅纸币，也就是说，毒品交易获得的纸币重量是毒品本身重量的 10 倍。

与其他国家不同的是，美国作为国际金融中心，其反洗钱不仅针对国内，而且还针对国外，把反洗钱作为行使“长臂管辖”的事由和工具，进而从中牟利，打击竞争对手。因为经营国际业务的金融机构离不开美元、美元清算机构和美元支付系统，如果违反美国的反洗钱规定，或者不配合美国的反洗钱措施，将面临被美元支付系统一刀切断的风险，导致国际业务停滞和大量客户流失。

一、有关立法

目前，美国形成了一整套反洗钱法律体系，涉及的法律法规有 300 多部，比较重要的是 1970 年《银行保密法》[②]、1986 年《洗钱控制法》、

① 反洗钱（Anti – Money Laundering）是政府动用立法、司法力量，调动有关组织和商业机构对可能的洗钱活动予以识别，对有关款项予以处置，对相关机构和人士予以惩罚，从而达到阻止犯罪活动目的，这是一个复杂的系统工程。

② 《银行保密法》（Bank Secrecy Act，BSA）也称《1970 年货币和对外交易报告法》（Currency and Foreign Transactions Reporting Act of 1970），是美国货币监理署作为监管者来检查其执行情况的法律，也被作为美国的反洗钱条例，是监管者关注的重点。

1988 年《洗钱起诉改善法》、1992 年《阿农齐奥—怀利反洗钱法案》、1994 年《洗钱抑制法》[1]、1998 年《打击洗钱和金融犯罪战略法》[2]、2001 年《美国爱国者法案》以及几部“国家反洗钱战略”[3] 等。

1. 早期立法

美国是第一个在反洗钱领域立法的国家，其反洗钱行动是从银行开始的。1970 年，美国通过了《有组织犯罪控制法》，其主体是《受敲诈勒索和腐败组织法》，该法明确规定“禁止非法资金流入合法企业”，被认为是世界上第一个与反洗钱密切相关的法案。紧接着，美国又颁布了《银行保密法》，明确了银行等金融机构的义务，主要包括保存并报告交易信息和银行资金流动记录等，明确违反上述义务会受到的法律制裁，主要包括罚款、停业、负责人承担刑罚责任等。

《银行保密法》规定，美国财政部是负责全面执行和实施该法的执法机关，并使财政部等行政部门能够掌握银行客户的资料和交易信息，为从下游反推上游犯罪并制裁洗钱行为提供了路径。在美国反洗钱领域，《银行保密法》作为纲领性立法，规定金融机构在日常经营活动中需要承担的反洗钱报告和控制义务，非常重要。

2. 《洗钱控制法》和《反洗钱法》等

1986 年，美国通过《洗钱控制法》[4]，正式将洗钱犯罪定性为综合性刑事犯罪[5]，并将洗钱列为联邦重罪。但当时使用得并不多，据统计，在 1986—1987 年，有 17 个被告人因洗钱罪受到起诉。到 20 世纪 90 年代，《洗钱控制法》才被美国反洗钱监管机构较多使用，每年被起诉的人数就达到 1000[6]。

---

① The Money Laundering Suppression Act of 1994.

② The Money Laundering and Financial Crimes Strategy Act of 1998.

③ The National Money Laundering Strategy.

④ Money Laundering Control Act.

⑤ 张亦春．反洗钱国际学术研讨会论文集［M］．厦门：厦门大学出版社，2008：47.

⑥ 仇京荣．美国反洗钱：银行被当做侦探［J］．清华金融评论，2016（7）.

1992 年《阿农齐奥—怀利反洗钱法案》[①] 加强了违反《银行保密法》的制裁，强化了银行等金融机构的报告义务，要求金融机构提交可疑活动报告及电汇的记录，并且建立了银行保密法咨询小组[②]。1994 年，美国国会通过《洗钱抑制法》，进一步强调防止利用非银行金融机构进行洗钱，要求银行监管机构审查和加强金融机构关于反洗钱培训和考核程序，向执法机构通报涉嫌违法案例的程序，建立对从事货币汇兑业务公司的联邦注册要求，并将无照运营货币汇兑业务和为逃避监管的现金货币架构交易，定为违反联邦法规的罪行。《1998 年反洗钱和金融犯罪策略法》[③] 要求美国财政部及其他相关部门建立一个全国性的反洗钱策略，并设立了一个“洗钱和相关金融犯罪高发区域工作组”（HIFCA）[④]，在联邦、州和地方各级洗钱流行区域加强执法工作。洗钱和相关金融犯罪高发区域一般是地域性的，有时也按照产业进行划分。

《2000 年度洗钱法案》明确将走私现金作为一种犯罪行为，同时以法律条款等形式，允许美国海关官员对有嫌疑走私现金的国际邮件进行检查。[⑤]

3.《美国爱国者法案》对反洗钱的规定

“9·11”事件后，美国《美国爱国者法案》第三章《2001 年国际洗钱消除及反恐怖主义分子金融法案》明确提出，其目标就是打击跨国洗钱，即切断恐怖主义者的资金供给。该法案第 317 条和第 319 条提出了“长臂管辖”原则，如果有外国人或外国金融机构参与洗钱活动，只要能依法送达诉讼文书，美国法院就可以对其行使司法管辖，并对信息、通讯、隐私方面的法律作出大幅修订，取消了法律限制，执法机构拥有了几

---

① Annunzio – Wylie Anti – Money Laundering Act.

② Bank Secrecy Act Advisory Group.

③ The Money Laundering and Financial Crimes Strategy Act of 1998.

④ High Intensity Money Laundering and Related Financial Crime Area，HIFCA.

⑤ 中国人民银行研究局．国外反洗钱的法律框架及制度［EB/OL］. 中国人民银行官网，2004. 7. 26. 网址：http：//www. pbc. gov. cn/yanjiuju/124427/124545/124547/2818930/index. html.

乎不受约束的巨大权力，美国在反洗钱领域的“长臂管辖权”得到大大增强。

其中，第 317 条以“对国外洗钱的长臂司法管辖”为题，规定：“如果外国人或根据外国法律设立的外国金融机构参与了洗钱活动，只要根据《美国联邦民事诉讼规则》或者该金融机构所在地的外国法律送达了诉讼文书，并且具备下列条件之一，美国法院就可以对其行使司法‘长臂管辖权’，具体包括：（1）涉嫌洗钱犯罪的全部或部分金融交易发生在美国；（2）相关外国个人或金融机构故意转移、挪用或转移美国法院已决定追缴和没收的财产；（3）相关外国金融机构在美国金融机构内设立银行账户。”

第 319 条规定，如果有关资金存放在某一境外的外国银行中，且该外国银行在美国境内的金融机构中设有银行账户，则该资金可视为存放在后一个账户当中，因而，美国主管机关可以直接针对该账户，采取冻结、扣押和没收措施，监管当局不需要出示证明文件资料。境外的被处罚人必须接受“长臂管辖”措施，否则，将被美国金融市场永远拒绝。

第 311 条（a）规定，当美国财政部长发现任何一个国家、一家境外金融机构、在境外开设的银行账户以及金融交易，被怀疑与美国当局所关注的犯罪活动或非法金融活动有关，就可以初步认定反洗钱关注，从而遭受相应反洗钱制裁以及采取特别措施（special measures）[①]。

第 352 条要求金融机构制定反洗钱方案，其中，包括 4 个方面：制定书面的内部政策、程序和控制措施；任命反洗钱合规官员；实施对承担反洗钱职责员工持续培训的计划；对反洗钱方案进行独立测试；等等。

通过以上各种立法，美国建立了完备的反洗钱法律制度，建立了一个纵横交错、多头监管、交叉配合的反洗钱监管执法体制，并明确了各反洗钱执法机构的职责。

---

① 叶涛．美国反洗钱机制及其启示［J］．经济研究参考，2006（27）：42.

二、执行部门

反洗钱的执法机关主要包括财政部、司法部、税务总署、海关、联邦调查局和邮政总局等。

在这些机构中，财政部是反洗钱的核心部门，拥有绝对话语权。美国所有金融机构均需要在财政部进行登记注册，取得进入相关市场的权限，因此，财政部对金融机构拥有很大的震慑力和多种制裁手段，可以对美国任何金融机构进行监管和制裁。金融犯罪执法网络（FinCEN）① 和财政部 OFAC 是两个主要执法局，负责制定金融监管法规、提交立法草案、实施具体监管活动。FinCEN 在全美开展洗钱信息的收集、传递工作，提供数据保障，是财政部行使“长臂管辖”的基础。货币监理署（OCC）② 主要负责监管国家级银行和外国银行在联邦注册的分支机构。

司法部也是反洗钱的强力部门，下属的联邦调查局和缉毒局是主要的执法部门。联邦调查局拥有广泛的调查洗钱案件的权力，负责调查国内跨州、跨部门、跨行业或者跨国洗钱案件。缉毒局则主要就毒品犯罪的洗钱进行侦查、起诉和罚没。司法部还有权对反洗钱法律法规提出修改意见。

国家税务局（IRS）的刑事调查部负责调查违反金融交易报告义务的案件，然后，移交给司法部提出刑事起诉或处以民事罚款。海关部门只负责调查与走私或者意图逃避货币或金融票据转移报告义务相关的洗钱犯罪。邮政总局负责调查利用邮政的洗钱案件。

美国金融业反洗钱监管机构主要是美联储和证监会等，其都内设反洗钱监管部门，对金融机构独立实施监管活动。具体来看，美联储监管州级银行及金融控股公司的洗钱行为；证监会在证券业反洗钱领域具有主导地

---

① 金融犯罪执法网络（Financial Crimes Enforcement Network，FinCEN），有的也将其翻译为“金融犯罪执法网络局”。

② 货币监理署（the Office of the Comptroller of the Currency，OCC）隶属美国财政部，总部设在华盛顿特区，主要负责对国民银行发放执照并进行监管。1863 年，《国家货币法》（National Currency Act of 1863）赋予货币监理署监管美国联邦注册银行（国民银行，National Bank）的职能。

位，并根据国会授权，制定证券业反洗钱规章制度，对证券机构实施合规性检查；全美保险监督官协会（NAIC）① 和各州的保险监管机关②负责保险行业的反洗钱监管，实行州政府和联邦双重监管，但以州监管为主。

依据《美国爱国者法案》第 319 条款，财政部、司法部及缉毒局（DEA）③、美联储、证监会、海关等诸多行政部门，都能肆意核查在美国开立代理账户的银行账户明细，都能要求外国银行提供账户交易记录，甚至包括存在美国以外的、在该外国银行存取资金的记录。如果外国金融机构拒绝提供交易记录，美国可以在 10 日内切断与该国金融机构的任何业务代理关系。

在反洗钱执法中，美国总统和政府部门通过使用环环相扣的法律、严密的机构设置和多种激励措施等，将全世界大银行调动起来，使遍布全球的金融机构成为美国反洗钱的“探头”，从而提升了美国“长臂管辖”的效力。

三、典型案例

在具体的反洗钱行动中，美国还经常联用“违反制裁规定”，用“长臂管辖”的“组合拳”打击外国金融机构。

1. 涉及欧日等国家的案例

汇丰银行洗钱案。2012 年，美国参议院发布《美国在洗钱、贩毒和恐怖组织融资管理的缺陷——汇丰案例》调查报告，指控英国汇丰银行为叙利亚、伊朗等被制裁国家提供资金交易通道，还为墨西哥毒贩提供金融服务。调查显示，汇丰银行是墨西哥毒贩主要的黑钱清洗渠道；汇丰银行中

---

① 全美保险监督官协会是由来自美国 50 个州、哥伦比亚行政区和 5 个美属准州的保险监督官（即州保险部）组成的协会，于 1971 年成立。

② 1850 年，新罕布什尔州首先设立了第一个保险委员会，对该州保险业进行监管，这是美国最早的保险监督管理机构。到 1871 年，几乎所有州均建立了保险监管机构。

③ 缉毒局（Drug Enforcement Administration，DEA）也称“药品强制管理局”“麻醉品管制局”。缉毒局不仅在国内对于《联邦列管物质法案》所列物品与联邦调查局一起享有共同管辖权，而且还承担在国外协调和追查美国毒品调查的任务。

东分支机构通过代理账户，与苏丹等敏感国家进行金融交易，并用银行间交易来伪装相关敏感交易，接近3万笔相关交易未按照要求进行数据报告，近197亿美元；汇丰美国通过删除敏感词，成功逃避美国的内部审查；拉哈吉银行涉嫌为制造“9·11”恐怖袭击的犯罪分子提供资金通道，2006年，汇丰银行为拉哈吉银行开通现钞服务，交易额超过10亿美元。此外，汇丰银行有2000个不记名股票账户，所有者不明确，为洗钱分子提供便利，汇丰银行的内部合规人员承认这些账户被“有组织的犯罪”利用。美国司法部和财政部以违反美国制裁和违反《银行保密法》为由，对汇丰银行处以19.2亿美元的巨额罚金和民事赔偿。

渣打银行洗钱案。2012年，纽约州金融服务局对渣打银行进行监控，发现该行反洗钱网络的漏洞，此后，纽约州金融服务局和联邦主管部门以“违反美国制裁禁令、暗中进行涉及伊朗的交易等”为由，对渣打银行罚款6.67亿美元；2014年，又以“渣打纽约分行因监测系统不足、未能发现可疑交易”为由，对其罚款3亿美元。不到两年，渣打银行就被美方罚款近10亿美元。

此外，2009年美国司法部以瑞士信贷银行“与伊朗人、利比亚人及苏丹人交易”为由，对其罚款5.36亿美元。2012年，财政部以荷兰国际集团“隐瞒非法交易、为古巴、伊朗客户转移资金”为由，对其罚款6.19亿美元。2013年，纽约州金融服务局以三菱东京日联银行“为伊朗等美国经济制裁对象国非法汇款”为由，对其罚款2.5亿美元；2014年，又以“涉嫌在报告中掩饰与受美制裁国家间的交易、向出具相关审计报告的会计师事务所施压”为由，对该行追加3.15亿美元罚款。2015年，司法部以德国商业银行“违反美国制裁禁令和反洗钱法律法规”为由，对其罚款14.5亿美元。2018年，法国兴业银行及其纽约分行因违反美国制裁项目，与受制裁的古巴、伊朗、苏丹、利比亚、缅甸和朝鲜实体发生交易，并在处理相关交易时，对受制裁实体的信息进行删除、省略和隐藏，未将完整和透明的信息包含在交易指令中，就提交给代理清算银行，被美国当局处以20多亿美元的罚款，其中，司法部获得13.4亿美元，纽约地方检察官办公室[①]获得1.62亿美元，财政部OFAC获得5390万美元，美联储获得8126万美元，纽约州金融服务局获得4.2亿美元；等等。

作为对比，美资金融机构因反洗钱被处罚的却很少，2008年以后，只有花旗银行旗下的墨西哥国民银行[②]因未有效执行美国反洗钱标准，在2015年被罚款1.4亿美元。面对利润如此丰厚的业务，那么多美资金融机构竟不伸手，绝非易事。

2. 中国金融机构频繁遭受美国反洗钱调查

2005年，美国财政部通过SWIFT和CHIPS系统获得情报，澳门汇业银行帮助朝鲜洗钱，朝鲜在汇业银行的2500万美元储蓄被分拆成80个账户。美国对汇业银行进行制裁，冻结朝鲜账户资金，并切断该行同美国金融体系的联系，导致汇业银行发生大规模挤兑，短短两天就被提走3亿澳门元，占汇业银行总存款额的1/10，其他银行被迫中断与其进行交易。直到2020年8月，美国财政部才解除对汇业银行的制裁。

2015年7月，纽约联邦储备银行发布执法公告，指出中国建设银行纽约分行存在反洗钱合规漏洞，要求其通过第三方评估机构审查2013年美元清算业务，并于公告发布之日起60日之内递交整改计划书。

2016年11月，纽约州金融服务局通过对中国农业银行纽约分行2014年、2015年和2016年所有业务的合规审查，认定其在合规管理和风险管理方面存在严重漏洞，严重违反美国《反洗钱法》《银行保密法》和纽约州多项立法，勒令中国农业银行纽约分行签署《基于纽约银行法第39、44条下的和解协议书》，并对该行处以2.15亿美元罚金。此外，纽约州金融服务局还要求中国农业银行重塑有效的合规控制体系，并聘用一名直接向其汇报的独立检测者。

---

① New York County District Attorney's Office.

② 2001年花旗银行并购墨西哥第二大金融机构——墨西哥国民银行，成立花旗—墨西哥国民银行，从而成为成为墨西哥最大的金融集团。

知识链接

农行纽约分行首席合规官的发现

根据纽约州金融服务局公开资料：大约在2014年9月，农行纽约分行新聘首席合规官发现，该行美元计价交易的SWIFT电文存在令人警惕的内容：途经纽约分行传送的MT 202报文中有相当一部分包含无法辨认的数字代码，每个代码前面有英文字母OC或BP。据首席合规官估计，途经该行的MT 202报文有20%—30%未经分行或监管当局就交易的真实参与方进行筛选。

此外，该首席合规官还发现其他值得警惕的交易模式，例如：中国贸易企业与俄罗斯木材公司之间不合常规的大额美元往来转账；由也门汇往浙江省内企业的不合常规的大额美元往来转账；来自位于阿拉伯联合酋长国贸易公司的美元计价支付；一家土耳其银行客户汇往其阿富汗银行客户的美元交易，涉事阿富汗客户与一个哈瓦拉体系有关联，该哈瓦拉体系则与毒品走私团伙和非法现金流动有关联，该客户的情况为美国财政部所掌握。

2014年秋，该首席合规官将上述关于SWIFT报文的疑虑上报给上级，但上级不同意该首席合规官的评估。

2017年6月，财政部FinCEN认定中国丹东银行成为朝鲜通向美国和国际金融体系的门户，并为参与朝鲜核弹和导弹计划的公司提供数百万美元的交易。FinCEN根据《美国爱国者法案》第311条对丹东银行实施制裁，切断其与美国金融系统的联系。2017年11月2日，FinCEN发布一份指引，警示其他金融机构遵守美国及联合国的相关涉朝制裁，不得为朝鲜核武器或弹道导弹项目提供洗钱或融资服务。

以上几个案例表明，中资银行境外机构之所以遭受美国反洗钱调查，主要因为其客户是美国制裁的对象，在账户管理上可能存在漏洞，不是有意参与洗钱交易，与汇丰、渣打等银行明显不同。

四、反洗钱的实质

美国对境外金融机构反洗钱调查的覆盖面很广，据统计，2008—2018年，共有45家机构、54次遭受美国反洗钱1亿美元以上的巨额监管处罚，累计罚金高达781.7亿美元，其中，美国以外涉及11个国家、31家机构、被处罚38次，被罚款476.8亿美元①。众多案例表明，2007年次贷危机爆发后，美国许多系统重要性金融机构遭到重创，或破产、或重组、或转型，“大而不倒”的神话破灭，国际竞争力明显削弱，而美国境外的系统重要性金融机构也没能过上好日子，大多难逃美国“长臂管辖”的“魔爪”，被美国刻意打压、转嫁危机和平衡市场的痕迹很明显。例如，在次贷危机和欧洲危机中，德意志银行表现很稳健，是当时能维持AAA信用评级的少数银行之一，却在2014年之后被美联邦政府各部门、美联储和纽约金融服务局等频繁处罚。在美国“长臂管辖”的持续打压下，德意志银行经营困难，一度陷入破产危机，不得不缩减投行等业务，回归传统银行模式（见表4-4）。统计还显示，在金融领域，英国最大的5家银行、法国最大的3家银行、德国最大的2家银行、瑞士最大的2家银行均遭受美国重罚。

表4-4　　2014年至今德意志银行被罚款情况统计

时间	处罚机构	罚款事由	罚款金额
2014年12月	美国政府	以空壳公司隐匿巨额税款	9500万美元
2015年4月	美、英监管机构	涉嫌在2003—2007年参与操纵Libor	25亿美元
2015年4月	美国金融机构监管	涉嫌帮助美国制裁国家（包括伊朗、叙利亚、苏丹、缅甸）进行清算交易	2580万美元，其中，美联储获得2000万美元，纽约州金融服务局获得580万美元

① 蔡宁伟．美国反洗钱“长臂管辖”的渊源与演变［J］．金融监管研究，2019（11）：97-103.

续表

时间	处罚机构	罚款事由	罚款金额
2016 年 10 月	美国司法部	涉嫌操纵股价	3800 万美元
2016 年 12 月	美国司法部	涉嫌在 2005—2007 年误导投资者出售抵押抵款支持债券	72 亿美元，其中，31 亿美元支付民事罚款，41 亿美元赔偿消费者
2017 年 1 月	美、英金融监管当局	涉嫌帮助俄罗斯富人转移 100 亿美元	6.3 亿美元
2017 年 1 月	英国金融行为监管局	在莫斯科开启一个价值 100 亿美元的镜像贸易计划	1.63 亿美元
2017 年 1 月	美国政府	涉嫌在 2000 年实施税务欺诈	9500 万美元
2017 年 4 月	美联储	外汇交易监管不力	1.566 亿美元
2018 年 2 月	私人诉讼（耶鲁大学等）	操纵 Libor 案的美国反垄断诉讼	2.4 亿美元
2018 年 6 月	纽约州金融服务局	不正当外汇交易行为	2.05 亿美元
2018 年 7 月	美国证监会	不正当处理操作存托凭证发行	7500 万美元

资料来源：笔者根据美国政府网站公开信息整理而成。

美国以反洗钱和违反制裁规定等事由频繁实施“长臂管辖”，具有极强的伤害险和不确定性，且难以预测。从微观角度来看，美国金融制裁加重了被制裁国家金融机构的运营负担，降低其信用等级，使其在与美国金融机构竞争中处于明显的不对等地位；从宏观角度来看，美国金融制裁加剧了非常规因素的不稳定性，恶化了被制裁国家的金融环境，加重了被制裁国家金融市场的系统性金融风险，迫使被制裁国家的资本外逃，诱导避险资金流入美国，这势必提高被制裁国实体经济的融资成本，降低美国实体经济的融资成本，进而提升美国实体经济的比较优势和国际竞争力，对美国经济增长和就业有利。

第四节　反垄断

垄断作为一种经济现象，是竞争的结果，又反过来抑制竞争，拉高成本，抑制投资，损害消费者权益，降低整个社会的资源配置效率。19 世纪末，市场经济进入垄断资本主义阶段，很多国家通过立法进行反垄断，美国也不例外。

一、主要执法依据

美国反垄断的主要法律依据有《谢尔曼反托拉斯法》《联邦贸易委员会法》和《克莱顿法》。

根据《谢尔曼反托拉斯法》第 1 条的规定和美国联邦法院的解释，如果发生在美国境外的商业行为的效果及于美国并产生了有害的影响，美国同样有权管辖。

美国 1914 年《联邦贸易委员会法》[①] 授权建立联邦贸易委员会，作为负责执行各项反托拉斯法律的行政机构，其职责包括：搜集和编纂情报资料、对商业组织和商业活动进行调查、对不正当的商业活动发布命令阻止不公平竞争。

《克莱顿法》[②] 又名《克莱顿反托拉斯法》[③]，于 1914 年生效，该法是对《谢尔曼反托拉斯法》的补充，规定了 17 种非法垄断行为，包括价格歧视、搭卖合同等。《克莱顿法》主要起到一种预防垄断的作用，即凡是那些可以合理地预见可能会对竞争产生损害的行为，虽然其未产生实际损

---

① Federal Trade Commission Act.

② Clayton Act.

③ Clayton Antitrust Act of 1914.

害，也是违法的。此外，由于工人运动的发展，《克莱顿法》规定，工会和农民组织不受《谢尔曼反托拉斯法》的约束。

从性质上来看，《谢尔曼反托拉斯法》兼有民法和刑法的性质，《克莱顿法》和《联邦贸易委员会法》属于民法。另外，1936 年《罗伯逊—帕特曼法案》是对《克莱顿法》第 2 条的修正，主要目的是禁止可能削弱竞争或导致市场垄断的价格歧视。1938 年《惠勒—利法》修改了《联邦贸易委员会法》第 5 条，规定除了不正当竞争方法之外，不正当或欺骗性行为也属违法，将《联邦贸易委员会法》的适用范围扩大到直接损害消费者利益的商业行为。1950 年《赛勒—凯弗维尔反兼并法》① 和 1980 年《反托拉斯程序修订法》② 对《联邦贸易委员会法》③ 第 7 条作出修正。

基于《谢尔曼反托拉斯法》《联邦贸易委员会法》和《克莱顿法》，美国法院获得管辖国内外垄断事务的权力。在长期的司法实践中，美国反托拉斯法的理论和实践不断完善，反托拉斯法成为推行政府的经济政策、保护经济正常运转的手段。

二、典型案例

2000 年，日本三菱公司因为被指控参与了一个固定石墨电极价格的国际卡特尔，被美国司法部罚款 1. 34 亿美元。2002 年，英国佳士得拍卖行和美国苏富比拍卖行④因商定佣金的价格，被指控违反了《谢尔曼反托拉斯法》，这两家拍卖行不仅被课以巨额罚金，而且苏富比老总陶布曼还被判入狱。2007 年，英国航空公司和大韩航空承认，它们分别于 2002—2006 年和 2000—2006 年，与各自竞争对手串通操控货运费和燃油附加费，造成发货人和乘客成本提高，分别被美国司法部罚款 3 亿美元；等等。

---

① Celler – Kefauver Antimerger Act.

② Antitrust Procedural Improvements Act of 1980.

③ Federal Trade Commission Act.

④ 苏富比和佳士得曾控制着全球 95% 的拍卖市场。

另外，“铀卡特尔案”也是该领域的典型案例。1980 年，联邦第七巡回上诉法院在关于铀卡特尔（Uranium Cartel）案的判决中，指责外国企业订立的铀出口卡特尔损害了美国生产商利益。然而，订立这个卡特尔的真正原因是，美国在占世界铀市场份额 70% 的情况下，对外国铀生产商关闭了市场，迫使外国生产商不得不限制美国产品在境外销售。而美国法院却要求外国企业对美国生产商支付 3 倍损害的赔偿。该判决激怒了澳大利亚、加拿大和英国政府，纷纷指责美国搞霸权主义。后来，美国司法部以国际礼让和外交政策考虑为由，终止了调查。

三、趋势

近年来，美国以反垄断为由实施“长臂管辖”的案例有所减少，其反垄断调查的重点开始转向境内企业。2020 年 10 月 9 日，众议院司法委员会发布报告，详细记录了过去 16 个月对苹果、亚马逊、谷歌和脸书的垄断调查。2020 年 10 月 20 日，司法部宣布将联合美国 11 个州的检察官，在哥伦比亚特区地方法院对谷歌提起民事反垄断诉讼，以阻止谷歌利用其在搜索和搜索广告市场上非法获得的垄断优势进行反竞争行为。作为对比，欧盟和日本近年来以反垄断为由，实施域外管辖的案例有所增加。

第五节　上市企业内部控制要求

由于每个上市公司的性质、业务、规模等不同，其内部控制要求也不相同，主要包括合法性控制、授权分权控制、不相容职务控制、业务程序标准控制、复查核对控制、人员素质控制等，并涉及风险评估、控制活动、信息与沟通、监督、诚信和道德价值观、董事会和审计委员会、管理层理念、经营风格、组织结构、权限及职责分配等诸多要素，非常复杂，因此，上市公司的内部投入要比非上市公司高很多。而《萨班斯法案》对上市公司提出了更高的内部控制要求，如果在美国上市的外国公司不能满足《萨班斯法案》的要求，就很可能成为美国“长臂管辖”的打击对象。

一、《萨班斯法案》

2001 年 12 月，美国最大的能源公司——安然公司突然申请破产保护，此后，美国公司造假丑闻不断，规模也屡创新高，特别是 2002 年 6 月的世界通信会计丑闻事件，彻底打击了投资者对美国资本市场的信心。为了改变这一局面，美国国会和政府迅速通过了《萨班斯法案》。《萨班斯法案》的全称是《萨班斯—奥克斯利法案》（SOX）①，由参议院银行委员会主席萨班斯和众议院金融服务委员会主席奥克斯利联合提出。该法案的第一句话就是：“遵守证券法律以提高公司披露的准确性和可靠性，从而保护投资者及其他目的。”

《萨班斯法案》共 11 章，第 1—6 章主要涉及对会计职业及公司行为的监管，包括建立一个独立的“公众公司会计监管委员会”（PCAOB）等。第 7 章要求相关部门在《萨班斯法案》生效后提交若干份研究报告。第 8—11 章主要是提高对公司高管及白领犯罪的刑事责任，例如，针对安达信销毁安然审计档案事件，该法案专门制订相关法律并规定：销毁审计档案最高可判 10 年监禁，在联邦调查及破产事件中销毁档案最高可判 20 年监禁；为强化公司高管层对财务报告的责任，要求公司高管对财务报告的真实性宣誓，并就提供不实财务报告分别设定了 10 年或 20 年的刑事责任。再例如，针对造假，该法案有多项规定：故意进行证券欺诈的犯罪最高可判处入狱 25 年，对犯有欺诈罪的个人和公司的罚金最高可达 500 万美元和 2500 万美元；公司首席执行官和财务总监必须对报送财务报告的合法性和公允表达进行保证，违反此规定，将处以 50 万美元以下的罚款或者入狱 5

① Sarbanes－Oxley Act，SOX.

年；故意破坏和捏造文件以阻止、妨碍或影响调查行为被视为犯罪，将被处以罚金或判处入狱20年，或予以并罚。

二、第404条款

在《萨班斯法案》的众多条款中，第404条款不仅严厉，而且执行成本很高，非常出名。具体如图4-3所示。

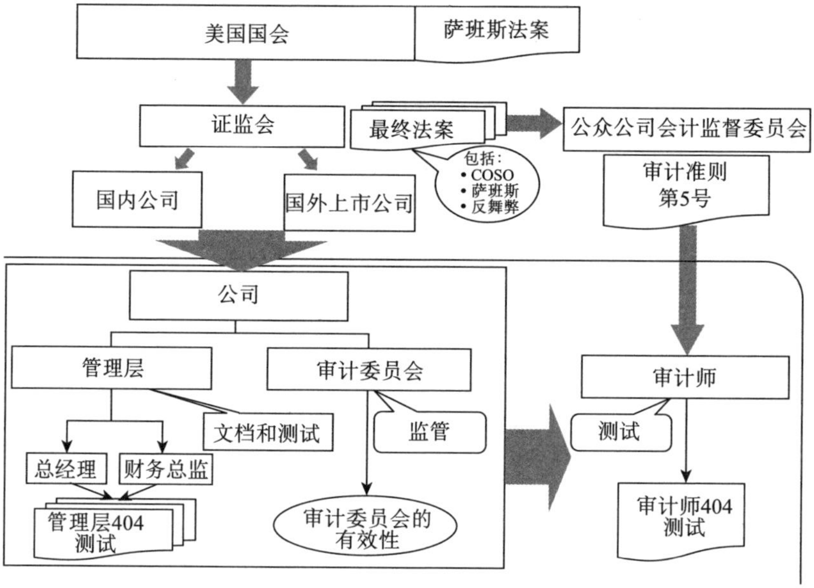

图4-3 《萨班斯法案》第404条款涉及团体及其责任

404条款明确规定，管理层应承担设立和维持内部控制职责，具体要求是：上市公司必须在年报中提供内部控制报告和内部控制评价报告；上市公司的管理层和注册会计师都需要对企业的内部控制系统作出评价；注册会计师还必须对公司管理层评估过程以及内部控制系统结论进行检查，并出具正式意见。对于上市公司来讲，实施404条款必须由公司董事、管理层、404项目小组、内审总监和其他人士监察和参与。此外，上市公司还要指出内部控制的缺陷。[①] 以上要求确实可以使公众更容易察觉上市公司的欺诈行为，也能方便监管部门执法，但增加了上市公司的负担，备受上市企业诟病。

404 条款还要求，公司要将每个岗位的职务和职责描述得很清楚，而这项工作需要大量材料和文件支持。为了达到 404 条款的要求，上市公司要保证针对交易的每个环节都有内部控制制度，包括产品销售条件、记录付款时间和人员等。对于大型上市公司而言，要完成以上工作绝非易事，组织越分散，业务越复杂，实施 404 条款的工作就越繁杂。遵循 404 条款的成本每年都会发生，第一年成本最高，包括关键内部控制的初始存档和补救等。至于 404 条款到底有多贵，国际财务执行官（FEI）曾对 321 家企业进行调查，调查结果是，对于那些需要遵守《萨班斯法案》的美国大型企业，每家企业第一年实施 404 条款的成本超过 460 万美元。这些成本包括 3.5 万小时的内部人员投入、130 万美元的外部顾问和软件费用以及 150 美元的额外审计费用。[②]

所有在美国上市的公司，只要它违反《萨班斯法案》的相关规定，就可能受到指控并受美国法院管辖，即使该公司在美国没有经营活动。由于条款繁多且复杂，上市公司即便耗费大量人力、物力用于内部控制建设，也很难完全满足要求，因此，很容易被监管机构找出纰漏，进而成为管辖对象。

2012 年，美国证监会对德勤华永、安永华明、毕马威华振、普华永道中天和立信大华 5 家中国境内会计师事务所提起诉讼，指控上述 5 家会计师事务所因拒绝提供涉嫌财务欺诈的 9 家在美国上市的中国概念公司的审计工作底稿，违反了《美国证券交易法》和《萨班斯法案》。该指控实际上加大了中国公司在美国上市的难度。消息传出后，在美国上市的中概股当时全线狂跌。

---

① Coates J. C. ," The Goals and Promise of the Sarbanes – Oxley Act", The Journal of Economic Perspectives, 2007 (21): 91 – 116.

② 陈赛珍. 解析 404 条款：萨班斯法案最大的挑战［J］. 会计师，2005（7）：12.

知识链接

美国证券交易法

《美国证券交易法》一般是指美国《1934 年证券交易法》（Securities Exchange Act of 1934），该法对世界许多国家证券法的影响极大，是许多国家证券法的蓝本。发展至今，美国联邦证券法体系主要由以下立法组成：《1933 年证券法》《1934 年证券交易法》《1935 年公共事业控股公司法》（Public Utility Holding Company Act of 1935）、《1939 年信托契约法》（Trust Indenture Act of 1939）、《1940 年投资公司法》《1940 年投资顾问法》、1970 年《证券投资者保护法》（Securities Investor Protection Act，SIPA）、2002 年《萨班斯法案》等。

此外，美国联邦各级法院的判例和美国证监会制定的规则，也是美国联邦证券法律体系的重要组成部分。

高昂的执行成本迫使一些公司退市，1999 年美国股市退市的公司只有 30 家，2004 年就达到 135 家。还有一些准备赴美国上市的公司改变了上市地点，一些市场人士认为，中国国航当年将上市地点从美国改为香港（股票代码 0753）和伦敦（交易代码 AIRC），原因之一就是“404 条款造成的高额财务费用和较为苛刻的内部控制要求”。

第六节　总结和启示

通过各种所谓的事由或借口，美国极力扩展“长臂管辖”，致使一家企业即便不是在美国设立，也不必在美国有业务经营，只要企业的经营行为与美国市场、相关机构或企业有联系，那么美国“长臂管辖”就够得着；如果美国法院认定一家企业或企业高管存在腐败、违反制裁规定等行为，即便这些行为不是发生在美国，美国“长臂管辖”也够得着。

美国“长臂管辖”还大搞双重标准，凡是不服从美国意志的国家，就经常被美国扣上“缺乏人权”“独裁”“核扩散”和“恐怖主义”等大帽子，然后，从国际舆论和道义上进行攻击，进而对其实施“长臂管辖”。

更可笑的是，如此霸凌的美国竟然把自己扮演成“受害者”的角色，给“长臂管辖”打上各种“合法、正当、正义”等标签，滥用时理直气壮。美国“长臂管辖”的事由看似冠冕堂皇（见表4－5），但其规则的制定绝大多数没有经过各国商议，也没有凭借国际法规制定，而是由美国各州的法律延伸来的，制定程序基本不符合国际法的要求。美国“长臂管辖”还有许多是非法的单边制裁，例如，尽管国际原子能机构的报告证明，伊朗遵守了《联合全面行动计划》① 的规定，但是特朗普政府还是在2018年5月撕毁了该协议，对伊朗实施单边制裁，这就是非法的单边制裁。由于美国滥用“长臂管辖”，大搞非法的单边制裁，不仅加重了被制裁国的系统性风险和经济运行成本，而且还严重干扰了国际经济和政治秩序。

表4－5　　美国实施“长臂管辖”的主要事由

事由	主要执法部门	法律依据
反腐败	证监会、司法部	《反海外腐败法》《美国法典》第18编第201节、《霍布斯法》
违反制裁规定	国务院经济制裁政策与实施办公室（SPI）、国际安全与防扩散局（ISN）、财政部OFAC、司法部、商务部、国土安全部	《与敌国贸易法》《国际经济紧急权力法》《国家紧急法》《反犯罪组织侵蚀合法组织法》《美国敌对国家制裁法案》《赫尔姆斯—伯顿法》《伊朗、朝鲜和叙利亚不扩散法》《贸易法》《出口管理条例》《武器出口管制法》《多德—弗兰克法案》《外国投资风险评估现代化法案》《美国出口管制改革法案》

① 《联合全面行动计划》（Joint Comprehensive Plan of Action）即“伊核协议”，是联合国5个常任理事国和德国这6个国家与伊朗共同签署的，是经过联合国批准的协议，解除了对伊朗的经济制裁，条件是伊朗大幅削减核计划。

续表

事由	主要执法部门	法律依据
反洗钱	财政部 OFAC、FinCEN、货币监理署、美联储、司法部刑事局	《银行保密法》《阿农齐奥—怀利反洗钱法案》《禁止洗钱法》《反洗钱和金融犯罪策略法》《美国爱国者法案》
反垄断	司法部反垄断局、联邦贸易委员会	《谢尔曼反托拉斯法》《联邦贸易委员会法案》《克莱顿法》
上市公司内部控制要求	证监会、司法部	《萨班斯法案》

资料来源：笔者根据美国政府网站公开信息整理而成。

众多“长臂管辖”案例告诫我们，在残酷的国际竞争中，不能轻信什么“政企分开”“公平竞争”，离开“看得见的手”的隐形支持，跨国企业很难在国际市场上做强做大。美国联邦机构历来支持本国大型企业到海外扩张，占领国际市场，攫取稀缺资源，获取丰厚利润。国际上的“好东西”，例如，企业、科技、能源资源等，一旦被美方看中，将很难逃脱被捕获的命运。

美国虽崇尚市场和竞争，总统经常更换，但联邦机构在打击竞争对手、维护霸主地位方面，具有缜密的战略规划和长远的政治考量，并将“长臂管辖”落实到具体的制裁行动中，落实到联邦机构与美国财团的紧密配合中。无论跨国企业规模多么大，竞争力多么强，都很难单独应对美国的“长臂管辖”。

美国政企勾结、掠夺世界的做法早已引起各国的高度警惕，很多跨国公司将“美国因素”作为其风险合规的重点，不惜花费重金准备多份应对预案。很多跨国企业的切实体会是：应对美国“长臂管辖”迫切需要各国政府出手，加强政企深度融合才能共渡难关。

第五章

美国“长臂管辖”的实现机制

美国“长臂管辖”作为域外管辖的一种形式，一般包括立法管辖、司法管辖和执法管辖[①]，涉及领域极其宽泛。面对无处不在、无所不包的美国“长臂管辖”，众多被管辖对象肯定不能坐以待毙，会竭尽所能与之周旋和博弈，所以美国“长臂管辖”要想实现预期目标并不容易。首先，需要国内立法、司法、执法部门密切协作，默契配合，形成管辖合力。例如，2018 年 4 月 16 日，美国商务部宣布对中兴实施制裁；2018 年 4 月 19 日，国会美中经济与安全审查委员会[②]就发布了《美国联邦信息通讯技术（ICT）供应链针对中国的脆弱性分析》[③] 报告，宣称中国政府和相关主体一再参与“盗窃并滥用知识产权”，以及“国家主导的经济间谍活动”[④]。其次，需要寻求海外联盟的支持，强力推动美国“长臂管辖”法案的设立、落地与执行。比如，在美国的压力下，2012 年欧盟颁布对伊朗石油禁令，禁止成员国从伊朗进口石油，并对伊朗中央银行实施制裁，建立了美欧联合制裁伊朗的合作机制。另外，2019 年 1 月，马杜罗政府申请取回委内瑞拉存放在英格兰银行的 12 亿美元黄金[⑤]，但在美国的游说下，英国拒绝了委内瑞拉的申请，理由是不知道该把黄金交给委内瑞拉哪个政府[⑥]。诸多案例表明，美国为行使“长臂管辖”建立了一个覆盖全球的庞大网络体系和复杂实现机制，可以随时随地对目标发起攻击，这是其他国家所不具备的。

美国“长臂管辖”实现机制虽然很强大，但也存在很多缺陷，例如，管辖面太宽，涉及部门众多；绝大多数国家不认可不配合，甚至强烈抵

---

① Malcolm N. Shaw, " International Law", Cambridge: Cambridge University Press, 7th edn., 2014: 469 - 473.

② US China Economic and Security Review Commission.

③ Supply Chain Vulnerabilities from China in U. S. Federal Information and Communications Technology.

④ The U. S. - China Economic and Security Review Commission, " Supply Chain Vulnerabilities from China in U. S. Federal Information and Communications Technology", Alexandria, VA, April 2018: 24.

⑤ 当时委内瑞拉存放在英格兰银行的黄金约为 31 吨，价值约 18 亿美元。

⑥ 委内瑞拉反对派领导人瓜伊多在 2019 年 1 月“自封总统”，得到了美国和英国的支持。

制；过多使用导致边际效用下降，管辖对象的承受和反制能力不断增强；投入巨大也不一定能实现管辖目标，经常到处碰壁、陷入孤立；等等。

深入剖析美国“长臂管辖”的实现机制，可以帮助企业、个人、机构和政府部门等更好地了解和掌握美国“长臂管辖”，进而提升规避、应对和反制能力。

第一节　立法方面

美国国会立法权和行政部门“准立法权”下制定的法律法规，共同奠定了“长臂管辖”的法理基础（见表5-1）。

表5-1　美国国会涉及“长臂管辖”的部分立法（1949—2018年）

法案和年份	英文或简写	主要内容	补充说明
1949年《出口管制法》	Export Control Act	在军用、民用、军民两用领域控制敏感技术出口，宣称这些技术全程拥有美国国籍，并保留对全球一切违犯者的追究权力	之后经过5次修订，已失效，但其规定制度由《国际紧急经济权力法案》相关内容继承
1970年《诈骗影响和腐败组织法》	RICO	该法本意为打击国内有组织犯罪，但有关“邮政及电信欺诈”与“银行欺诈”的规定为美国权力部门实行“长臂管辖”提供了法理依据	依据此法，全球任何企业或个人使用美国邮件服务器、美国邮政或美国银行服务开展犯罪，即可构成欺诈犯罪，可受美国管辖
1974年《美国贸易法》第301条	TRA	该法律要求美国贸易代表直接处理与他国的贸易纠纷，其中按照“301条款”规定可对其他国家采取单方面行动	即“一般301条款”，1979年、1988年、2002年多次修订
1977年《国际紧急经济权力法案》	IEEPA	该法主要涉及经济安全，授权总统处理主要或全部来自美国以外的威胁，总统可以根据该法，行使外汇管制、阻止外国投资等各项权力	取代《与敌国贸易法》，成为美国经济制裁的主要法律依据。“9·11”事件后美国国会全面扩大了这部法律的管辖与强制权力

续表

法案和年份	英文或简写	主要内容	补充说明
1977年《反海外腐败法》	FCPA	该法主要为打击跨国商业贿赂犯罪，并规范企业会计规则	1988年与1998年两次修订，并大幅拓展“长臂管辖权”
1988年《综合贸易和竞争法案》特别301条款	OTCA	专门针对那些美国认为对知识产权没有提供充分有效保护的国家和地区	该条款始见TRA第182条，OTCA第1303条对其内容做了增补
1996年《赫尔姆斯—伯顿法》	Helms - Burton Act	该法第三条规定美国公民与企业有权向美国法院起诉全球任何与古巴从事经贸往来的政府、企业和个人	1996年以来，历任美国总统都动用总统权力冻结《赫尔姆斯—伯顿法》第三条。2019年3月，美国国务院宣布将启用第三条部分内容
1996年《达马托法案》	Iran - libya Sanctions Act	惩罚向伊朗和利比亚投资的外国公司的法案。打击正在伊朗、利比亚石油、天然气行业投资4000万美元以上的外国公司	又称《伊朗—利比亚制裁法案》，至少具备法律和国际基础，是亲以色列势力强力游说的结果
2000年《伊朗、朝鲜和叙利亚不扩散法》	Iran, North Korea, Syria Nonproliferation Act	被美国政府认定与上述三国有违反制裁内容经贸往来或技术转让的其他国家的企业或个人，受美国制裁	该法最早只针对伊朗，2005年列入叙利亚，2006年列入朝鲜
2001年《美国爱国者法案》	USA Patriot Act	依据反洗钱、打击支持恐怖主义行动等条款，全面加强对跨国金融活动及其实施者的“长臂管辖”	2015年5月31日《美国爱国者法案》失效，6月2日《美国自由法案》生效
2010年《多德—弗兰克华尔街改革和消费者保护法案》	Dodd - Frank Wall Street Reform and Consumer Protection Act	扩大监管机构权力，破解“大而不能倒”的困局；设立新的消费者金融保护局；采纳所谓的“沃克尔规则”，以限制大金融机构的投机性交易	简称《多德—弗兰克法案》，特朗普一直推动国会修订该法案，目前已放松对国内金融机构的监管，但涉及“长臂管辖”的内容并未得到改变

续表

法案和年份	英文或简写	主要内容	补充说明
2010年《海外账户纳税法案》	Foreign Account Tax Compliance Act	该法要求外国金融机构向美国税务当局披露美国公民的海外账户信息	全球大批金融机构被迫在美国国税局登记并接受监管
2002年《萨班斯法案》	Sarbanes – Oxley Act	对美国《1933年证券法》《1934年证券交易法》做出大幅修订，在公司治理、会计职业监管、证券市场监管等方面作出新的规定，对在美国上市的公司提供了合规性要求	全称为《2002年公众公司会计改革和投资者保护法案》
2016年《全球马格尼茨基人权问责法》	The Global Magnitsky Human Rights Accountability Act	授权美国政府制裁全球的人权侵犯者和贪腐者，主要通过取消被制裁者领取美国签证的资格、撤销已有美国签证、冻结其在美资产、禁止其资产在美国境内交易等方式，对侵犯人权的政府官员进行制裁	执行机构是美国务院下属的民主、人权和劳工局。此法还设立一条备用的国会通道，以防止总统不作为
2017年《以制裁反击美国敌人法案》	CAATSA	被美国政府认定与上述三国有违反制裁内容经贸往来或技术转让的其他国家的企业或个人，受美国制裁	"CAATSA"包括三方面内容，分别是对俄罗斯、伊朗和朝鲜的经济制裁

资料来源：参考戚凯．美国"长臂管辖"与中美经贸摩擦［J］．外交评论，2020（2）：33. 笔者予以修订、调整和补充。

知识链接

美国自由法案

斯诺登案件曝光后，迫于国内外压力，奥巴马政府推动国会通过了《美国自由法案》，以取代之前的《美国爱国者法案》。《美国自由法案》的英文名称的全称是"Uniting and Strengthening America by Fulfilling Rights and Ending Eavesdropping, Dragnet – collection and Online

Monitoring”，意思是“通过保障公民权利并结束窃听、大规模信息搜集以及网络监控来团结和巩固美国”。

《美国自由法案》规定，国家安全局只有在确认某人或某个组织有恐怖活动嫌疑的时候，才能向电信公司索取相关数据，结束了此前情报部门对于互联网浏览信息、电子邮件和电话记录等不加区分的批量收集，但是《美国自由法案》对于收集外国情报没有做出任何实质性约束。另外，联邦调查局可以继续对频繁更换电话、从事间谍或者恐怖活动的嫌疑人进行窃听，监控“独狼”恐怖分子嫌疑人（即与外国恐怖组织没有联络，独立进行恐怖活动的个人）的条款也将保留。

总而言之，《美国自由法案》所强调的“自由”，仅仅是针对美国本土民众，仅涉及国家安全局在本土范围内的行为约束，但对国家安全局在海外的各种监听与窃听行为，并未作出任何约束。也就是说，美国大范围、大规模海外监控计划与项目不受《美国自由法案》的约束。该法案并未涉及对情报部门通过美国科技与互联网公司来窃取国外网络数据信息的限制，也没有涉及如何规范与调整美国政府部门对于国外情报信息的收集。

一、提供法理基础

国会是制定成文法的最高权力机关，经常出台规范他国实体及个人跨国经贸活动的法案，为美国“长臂管辖”提供了名目繁多的法理基础，这些法律可大体可分为一般法和特殊法两类。

一般法主要包括：1917 年《与敌国贸易法》、1961 年《对外援助法》（FAA）、1977 年《国际紧急经济权力法案》和《反海外腐败法》、1979 年《出口管理法》、2018 年《外国投资风险评估现代化法案》（FIRRMA）[①] 等。

① The Foreign Investment Risk Review Modernization Act，FIRRMA.

特别法包括：1992年《古巴民主法》、1996年《赫尔姆斯—伯顿法》、1996年《伊朗与利比亚制裁法案》[1]、2000年《贸易制裁改革和出口加强法案（古巴）》、2006年《支持伊朗自由法》、2010年《伊朗全面制裁、问责和撤资法案》和2017年《以制裁反击美国敌人法案》（CAATSA）[2]等，这些法律明确禁止外国实体与特定国家的经贸往来。

在以上众多法案中，《反海外腐败法》《萨班斯法案》和《出口管理法》是美国实施“长臂管辖”的三大重要法律武器，分别从商业腐败、内控合规、出口管制等方面，对境外实体实施“长臂管辖”。

二、扩大行政部门权力

行政部门在国会授权下，可以制定宽泛的执法规则，即“准立法权（Quasi－Legislative Power）”，放大了行政部门的“长臂管辖权”。如1963年，美国财政部颁布《古巴资产管制条例》[3]，对古巴实施经济、贸易和金融制裁和封锁，冻结古巴在美资产；商务部根据《出口管理法》制定《出口管理条例》。

美国国会还将1949年《出口管制法》和2000年《伊朗、朝鲜和叙利亚不扩散法》中的大量执法权，赋予商务部和国务院，将1974年《贸易法》和1977年《国际紧急经济权力法案》所含有的执法权力，大幅下放给总统本人及贸易代表办公室；《反海外腐败法》授予美国司法部和证监会打击海外腐败、非法证券交易的广泛权力；《银行保密法》《美国爱国者法案》等众多反洗钱法，授予财政部及其下属机构、司法部等部门处理各类跨国金融、海外税收等事务；等等。

国会对行政部门的广泛授权，不仅使行政部门在实施“长臂管辖”时有法可依，还拥有很大的自由裁量权，如“让谁依”“何时依”“依什么”

---

① Iran and Libya Sanctions Act.

② Countering America's Adversaries Through Sanctions Act，CAATSA.

③ Cuba Assets Control Regulation.

“怎么依”等，都可以依据行政部门的需要而定，具有极强的随意性。

三、涉外立法中的自私自利

笔者梳理美国“长臂管辖”立法时发现，国会立法过程中，议员们在国内议题上通常存在较大分歧，需要平衡各方利益，倾听各种声音，经常闹得不可开交，有些立法需要经历旷日持久的过程，但议员们在涉外立法问题上的分歧一般较小，只要能维护美国利益（最好能从国外获取利益），他们通常会很快达成一致，而在紧急情况下，议员们会出奇地一致，能迅速立法。例如，1996 年美国国会以 415 票对 0 票通过了《达马托法案》；在“9·11”事件之后不到两个月，2001 年 10 月 26 日，美国就以反恐为由迅速通过了《美国爱国者法案》，没有举办听证会和激烈辩论，议员的辩论时间限定在 4 个小时之内①；2017 年 5 月，众议院表决《对朝封锁与制裁现代化法》，法案以 419 票赞成、1 票反对获得通过；等等。究其原因，主要是利益置换的结果，因为国会议员是不同利益集团（尤其是财团）的代言人，他们在通过立法攫取境外利益时，极力争取美国利益的最大化，尽量将美国利益的“蛋糕”做大，不仅可以巩固自己的地位和在选民中的形象，还可以在一定程度上缓解或抵消境内利益分配的阻力和冲突，很容易达成一致。

这就造成美国涉外立法的出发点仅仅是狭隘维护（或偏袒）美方利益，方便美国行使“长臂管辖”，不尊重他国主权，肆意践踏国际关系准则。实践中被律师利用、被司法和执法部门滥用。例如，《赫尔姆斯—伯顿法》虽能最大限度地维护美方利益，但却严重损害了古巴和第三方利益，因此遭到国际社会普遍反对和抵制。

---

① 李欢欢．公民自由与国家安全的博弈：美国《爱国者法》第二部分探析［D］．苏州：苏州大学 2015：34.

四、立法威力下降

国际金融危机爆发后，美国经济实力受损严重，已经难以支撑如此庞大的“长臂管辖”体系，但立法领域扩展“长臂管辖”的欲望和动力并没有减退，动作频繁。

1. 近年“长臂管辖”立法

2010 年 3 月，美国颁布《海外账户税收合规法案》（FATCA），该法案除了要求美国纳税人主动申报海外账户及资产之外，还要求外国金融机构和非金融实体向美国国家税务局提供其美国客户的账户资料，包括各国金融机构服务的美国个人账户余额 5 万美元以上、公司账户余额 25 万美元以上的账户信息[①]。如果外国金融机构拒绝合作，那么它们在取得来源于美国的“可预提付款”时，将被扣 30% 的预提款。这里提到的“可预提付款”覆盖范围很广，包括：美国股票和债券产生的利息收入及股息红利；买卖美国股票货债券产生的总收益；贷款本金和利息；衍生品项下的支付等[②]。这意味着与美国进行的所有金融交易收益都被纳入处罚范围。FATCA 的针对对象主要是外国金融机构，包括银行、经纪自营商、保险公司、对冲基金、证券化工具和私募股权基金等，覆盖范围广泛，使美国税收和金融管辖权向域外大大延伸，属于典型的“长臂管辖”，对外国银行业甚至外国国家主权提出严峻的挑战[③]，遭到国际社会普遍反对和抵制，实施时间表也多次推后，但还是于 2014 年 7 月 1 日正式生效，全球有超过 8 万家金融机构受此法案影响。根据美国国会预计，如果完全按照 FATCA 细则实施，在未来 8—10 年内，最多能为美国政府增加 100 亿美元的税收收

---

① 刘群等．资本项目“长臂管理”国际经验借鉴［J］．中国外汇，2018（11）：67.

② 金融监管域外管辖权课题组．欧美金融监管域外管辖权扩张影响几何［J］．金融市场研究，2013（1）：125.

③ 崔晓静．美国海外账户税收合规制度及我国的应对之策［J］．法商研究，2013（1）：112.

入[①]。根据 FATCA 规定，“FATCA 参与机构”必须同意：其自身向其他非参与机构付款时，需要预提美国税款，即使该付款与美国没有联系，“转付预提所得税”依然适用。这就是说，即使一家外国金融机构与美国没有业务往来，但只要它和欧洲的“FATCA 参与机构”有业务往来，那么在它收到欧洲参与机构的付款时，仍将被征收“转付预提所得税”。FATCA 之所以如此强势，主要是因为美国金融业在全球处于主导地位，外国金融机构如果不接受其“长臂管辖”，就无法与美国金融机构进行交易。但随着各种跨境支付系统的建立、对美元使用和依赖的降低、“去中心化”数字货币的大量出现等，美国对国际金融体系的控制能力有所下降，金融制裁的效力呈逐渐下降趋势。

2017 年 8 月，特朗普签署的《以制裁反击美国敌人法案》包括 3 方面内容，分别是对俄罗斯、伊朗和朝鲜的经济制裁，主要是针对俄罗斯。与之前的有关制裁法规相比，CAATSA 扩大了对俄罗斯的行业制裁范围，并要求美国政府对非美国人（含实体）开展与俄罗斯有关的部分业务，进行附加额外（secondary）制裁。CAATSA 第 231 章还允许总统认定与俄罗斯在其军用以及情报领域有“重大合作（significant transaction）”的自然人（包括非美国主体和个人），并对其做出额外制裁。该法案还要求总统对上述制裁对象采取具体的制裁措施，并不得擅自取消制裁。2018 年 5 月，俄罗斯联邦委员会一致通过《关于影响（反制）美国和其他国家不友好行为的措施的法律》，点名针对美国予以反击。

2018 年 8 月，《外国投资风险评估现代化法案》作为《2019 财年国防授权法案》（NDAA）的一部分，由特朗普总统签署成法，表明美国从战略层面加大对外国投资美国相关项目的审查，并进一步扩大经济制裁权力，将外国投资项目置于美国监管之下，甚至包括在美国境外实施的投资项目，一些专家认为该法案的起因之一就是“中国宏芯收购德国爱思强案”。

---

① 李燕等. 美国海外账户纳税法案对中国金融监管的影响及启示［J］. 当代金融研究，2018（2）：30.

爱思强（Axitron）公司成立于1983年，是一家德国半导体设备供应商，在加利福尼亚州有一家子公司。爱思强在2016年经营困难并陷于亏损。2016年5月，中国福建宏芯基金（FGC）表示有意收购爱思强，并于7月底发布要约文件，收购金额约6.7亿欧元（7.15亿美元）。然而，时任总统奥巴马以国家安全为由，于2016年12月4日发布行政命令，禁止宏芯基金收购爱思强位于加利福尼亚州的子公司。《外国投资风险评估现代化法案》大幅扩大美国外国投资委员会（CFIUS）[①] 的审查权限，赋予其快速审查特定交易的权力，加强对来自重点关注国家投资交易的审查力度，并扩大其对特定交易活动的审查范围，例如，扩大对外国资本投资美国敏感行业进行审查的权力，将现有出口管制体系未覆盖的新兴和基础技术纳入管控范围。

知识链接

《外国投资风险评估现代化法案》（FIRRMA）试点项目

2018年10月，美国财政部宣布的FIRRMA试点项目锁定在27个行业，包括飞机制造、滚珠轴承、光学仪器、石化制造等。2020年5月21日，美国外国投资委员会（Committee on Foreign Investment in the United States，CFIUS）发布一项拟议规则，是否向CFIUS做出强制申报，将视从事关键技术、基础设施或数据的美国企业是否需要获得监管机构的出口许可而定，也就是将CFIUS强制申报与出口管制挂钩。FIRRMA将“关键技术”定义为：美国军品清单上的防务物项；商业管制清单上的物项；核设施、设备和材料；特定的试剂和毒素；由《2018年出口管制改革法案》管控的新兴和基础技术。

2019年3月，美国国务院宣布启用《赫尔姆斯—伯顿法》第三条部分

① The Committee on Foreign Investment in the United States，CFIUS.

内容。2019 年 5 月 2 日起，美国允许实施《赫尔姆斯—伯顿法》第三条的全部内容，随后就引发了“贝洛特炼油厂案”“圣卡洛斯酒店系列案”和“努涅斯银行案”等诸多案件。2019 年 5 月 24 日，欧盟和古巴认为，美国允许实施《赫尔姆斯—伯顿法》第三条违反国际法。

知识链接

贝洛特炼油厂案

2019 年 5 月 4 日，美国石油巨头埃克森美孚公司在哥伦比亚特区联邦法院对古巴国有石油公司，即西麦克斯公司和古巴石油公司，提起了总额约 2.8 亿美元的诉讼。埃克森美孚表示，作为其前身的美国标准石油公司在古巴拥有贝洛特炼油厂及其附属设施，该炼厂在 1960 年被古巴政府征收且没有给予补偿，而且已得到“外国索偿解决委员会”的确认。两家被告公司长期从该炼厂的使用中获利，因此原告按照《赫尔姆斯—伯顿法》第三条的规定，对这两家公司提起赔偿诉讼。

知识链接

圣卡洛斯酒店系列案

2019 年 6 月，美国公民玛塔等人起诉了德国的在线预定网站“优栈网”。原告宣称其亲人于 1925 年在古巴建立了圣卡洛斯酒店，该酒店后来被卡斯特罗政府征收却未给予任何补偿。“优栈网”为圣卡洛斯酒店的网上预订提供服务并从中获益，因此原告按照《赫尔姆斯—伯顿法》第三条的规定，要求该网站对其给予补偿。在该系列案中，西班牙著名酒店连锁集团梅里亚下属的一系列负责运营圣卡洛斯酒店的公司也被列为被告。

知识链接

努涅斯银行案

2019年7月，美国某私人公司在佛罗里达南区联邦地区法院向法国兴业银行、加拿大丰业银行、加拿大国民银行、西班牙对外银行等，提起了价值约8亿美元的诉讼。原告宣称其之前拥有古巴努涅斯银行100%的股权，但是该银行被卡斯特罗政府强行征收且并入古巴国家银行。上述各被告在2000年后同古巴国家银行一直保持商业往来并从中获利，因此原告按照《赫尔姆斯—伯顿法》第三条的规定，向该系列银行提起诉讼。

2020年7月，香港国安法的落地施行后不久，特朗普就签署了《香港自治法案》，中国表示坚决反对。《香港自治法案》是2019年推行的《香港人权与民主法案》的加强版，美国对中国实施“长臂管辖”的范围和效力进一步扩大。根据1992年《美国香港政策法案》[①]，香港拥有美国给予的特殊待遇即港元与美元的自由兑换，但如果美国禁止美国银行提供对港币的兑换业务，外国投资者就无法自由兑换港币，将打击港币信用和香港经济，美元很难流入香港，进而影响香港联系汇率制度、人民币离岸中心和人民币国际化进程。但是，正因为港币与美元挂钩，香港相当于美元在亚太地区的分中心，如果美国对香港实施金融制裁，将会严重影响美国的国家形象，危害美元信用和国际货币体系稳定，损人害己；等等。

2. 威力下降的原因

美国“长臂管辖”虽然立法频繁，但威力明显下降，不仅与《出口管制法》《反海外腐败法》《美国爱国者法案》等相差太远，招致国际社会反对，甚至不能引起持续关注，笔者认为主要原因有以下三点。

---

① 《美国香港政策法案》是美国国会1992年通过的法案，将香港的待遇制度化，有效期从1997年英国将香港移交给中国，到2047年香港与中国融合。当时中国政府提出严正抗议。

第一，任何政策或措施都存在边际效用递减问题，过多使用其效用必定下降，美国也不例外。因为无论美国“长臂管辖”设计得多么完善，威力多么大，即使它强如金庸小说中“葵花宝典”，只要全世界都把它作为关注、研究、剖析、应对和反制的对象，仔细揣摩，从各个角度寻找它的“命门”，尽力躲避它，攻击其弱点，那么美国“长臂管辖”的效力肯定难以完全发挥，即使能发挥也会产生很强的反噬作用，弄不好把自己变成被全世界都孤立的“阉人”。

第二，即便强如美国，也不可能包打天下，何况美国在全球的领先地位相对下降，在一些关键领域被多国弯道超车。经历新冠肺炎疫情危机后，美国的各种社会弊端再次充分暴露，不仅 GDP 负增长、失业问题严重、美元流动性泛滥、国家信用严重透支，国际影响力和号召力也明显下降，过去在西方世界一呼百应的巅峰状态一去不返。

第三，各国在与美国“长臂管辖”的斗争中虽备受伤害，但承受能力不断增强，积累了丰富的斗争经验。现在各国加强阻断立法、减少与美国联系点、联合应对和反制美国“长臂管辖”等做法，不仅束缚美国“长臂管辖”的恣意发挥，还让美国陷入孤立和保守。

第二节 司法方面

“长臂管辖”本来是一个美国国内司法问题，其本意是扩大各州法院的司法管辖权，以解决跨州民事纠纷，司法系统是美国行使“长臂管辖”的主力，但美方滥用“长臂管辖”后加重了司法系统负担，甚至导致其不堪重负，在特定时期司法“长臂管辖”会有所收缩或停滞。与立法和执法系统的高举高打略有不同，美国司法系统除了各级法院外，还有准司法系统，如美国国际贸易委员会，它们都是行使司法“长臂管辖”的主力。

一、法院系统

1. 扩展司法“长臂管辖”

在司法实践中，美国联邦法院不断调整适用标准，尽可能扩展域外管辖的长臂。由于国会的成文法比较简洁，联邦法院可以自行创造各种用于确立“长臂管辖权”的方法和标准。例如，联邦法院系统先后发明了“效果标准（Effects Doctrine）”“行为标准（Conduct Doctrine）”和“效果—行为复合标准（Effects - Conduct Doctrine）”，为扩展“长臂管辖”寻找借口。“效果标准”考察的是被告经济行为对美国造成的影响，只要法官认为被告的某种经济行为对美国产生了影响，即使该被告不是美国实体或公民、不处于美国领域内、行为未发生在美国领域内，也要受美国法院管辖。“行为标准”则宣称无论行为结果轻微与否，只要行为发生在美国领域内，就要受美国法院管辖。“效果—行为复合标准”则是对前二者的叠加使用，意味着联邦法院的法官可以拥有无限理由宣称管辖权。更让人震惊的是，美国法院为了扩展自己的司法管辖权，不惜违反国际公约，甚至背离它们历来标榜的正当程序原则。

2016 年 1 月 4 日，美国婚纱与礼服行业协会及部分美国企业向伊利诺伊州东区联邦法院提起诉讼，指控 3300 多家中国婚纱礼服电商在美国侵犯其知识产权。[①] 2016 年 1 月 14 日，眼镜品牌雷朋集团和奥克斯公司向伊利诺伊州东区联邦法院提起诉讼，指控 2001 家眼镜电商在美国出售的产品侵犯了它们的知识产权。在这两起案件中，伊利诺伊州东区联邦法院冻结了中国大批跨境电商的 Paypal 账号，要求被告商户在规定期限内应诉，否则将把中国电商在 Paypal 账户中的资金清零。早在 2012 年年底，美国婚纱与礼服行业协会就曾以侵权的名义将 45 家网站列上被告名单，其中大部分

① 早在 2012 年年底，美国婚纱与礼服行业协会就曾以侵权的名义将 45 家网站列上被告名单，其中大部分是我国出口婚纱的电商网站。

是中国出口婚纱的电商网站。[①] 伊利诺伊州东区联邦法院做出禁令后，准许原告以公布网站链接的方式，向诉讼列举的所有被告送达传票，没有严格按照《海牙送达公约》[②] 约定的司法文书送达和协助程序。大部分受诉电商由于没有收到有关信息，无法在规定时间内应诉，直到他们被冻结了Paypal 账户及资金，才发现伊利诺伊州东区法院的禁令，给其经营造成了巨大损失和不便。这不仅违背公正程序原则，还违背国际公约。

2. 争夺司法管辖权

在越来越宽泛的司法管辖原则下，美国法院（包括联邦法院和州法院）多次凌驾于他国司法管辖权之上，即便案件涉及的人员、地点等都和美国没有关系，与美国没有“联系”，但只要被认定与美国有关，美国法院就能以此作为借口受理案件，与他国法院争夺司法管辖权。

2006 年 4 月 17 日和 2007 年 1 月 29 日，在巴勒斯坦伊斯兰吉哈德和哈马斯组织实施的恐怖袭击中，有 100 多名以色列居民伤亡。从 2008 年开始，有数十位事件受害者或其家属在美国发动了一场针对中国银行的诉讼行动，包括“扎哈维（Zahavi）等诉中国银行案”“艾尔马力奇（Elimaliach）诉中国银行案”和“伍茨诉中国银行案”。这些原告都是恐怖袭击事件中的受害者及其家属，被告是中国银行，理由是中国银行曾向吉哈德、哈马斯提供银行服务，为那些组织提供了数十笔电汇业务，这些电汇业务是通过恐怖组织成员在中国银行广州分行的一个账户实施的。原告主张，中国银行明知该账户为恐怖组织所有，仍然为其提供服务，违反了以色列侵权法，要求美国法院依据以色列法律，判决中国银行承担侵权责任。中国银行总部位于中国，是依照中国法律成立的法人，其纽约分行位于纽约

---

① 《大量中国跨境电商 PayPal 账户被冻结》，http://ln.people.com.cn/n/2015/0127/c353981-23700700.html。

② 1965 年国际上通过了《关于向国外送达民事或商事司法文书和司法外文书公约》，即《海牙送达公约》。参加这个公约的国家可以凭借该公约将在成员国的法院裁定的文书送达给其他成员国的民事主体，从而简化文书送达程序。美国和中国都加入了海牙送达公约，这就是说，中美之间完全可以依照《海牙送达公约》规定的程序互送司法文书。

市，是依据纽约法律成立的独立法人。在以上几起案件中，中国银行都要求美国法院将案件移送给中国法院管辖，但都被美国法院驳回。尤其是在“伍茨诉中国银行案”中，因为中国银行与该地区缺乏“最低限度联系”，而且该法院对中国银行的送达也不适当，导致哥伦比亚特区联邦地区法院(D. D. C.)[①] 对中国银行没有属人管辖权。而哥伦比亚特区联邦地区法院在明知没有属人管辖权的情况下，还是强行将案件移送到纽约南区联邦地区法院审理，属于故意与中国法院争夺司法管辖权。目前该案还在进行中[②]。

3. 美国利益优先

美国法院实施“长臂管辖”的重要目标是保护本国政府和企业的利益，不仅对他国企业表现出较强的歧视性，还经常与他国利益发生冲突。例如，《谢尔曼反托拉斯法》主要适用于美国进口贸易，对于美国出口贸易则明显适用不足。为了便于美国产品出口，《谢尔曼反托拉斯法》在约束美国出口企业间联合方面，表现得非常宽松，甚至给予豁免。与之相反，外国产品如果出口到美国，就会受到《谢尔曼反托拉斯法》的严格约束。这种司法上的巨大差距，很容易造成这样一类案件：外国企业被美国法院判定违反《谢尔曼反托拉斯法》，但是这些外国企业在母国并没有违反母国法律，甚至是依据母国的法律行事。例如，在“维生素 C 反垄断案”[③] 中，中国的维生素生产企业限产措施是根据中国有关部门要求采取的，是合法行为，受中国法规保护，但美国法院则认为违背了《谢尔曼反托拉斯法》。

二、需重点关注的法院

1. 联邦法院系统和联邦最高法院

美国联邦法院系统由三级法院组成，底部是 94 个联邦司法区的地区法

---

① United States District Court for the District of Columbia, D. D. C.

② 沈伟. 论金融制裁的非对称性和对称性——中美金融“脱钩”的法律冲突和特质［J］. 上海经贸大学学报，2020（5）：35 -51.

③ Animal Science Products, Inc. v. Hebei Welcome Pharmaceutical Co. Ltd.

院和专门法院，中部是13个联邦巡回区的上诉法院，顶部是联邦最高法院(Supreme Court of the United States)[①]。联邦最高法院是美国联邦法院系统的最高审计和最高审判机关，是唯一由宪法规定的联邦法院。联邦最高法院有权裁定联邦和各州的法律因违宪而不能被采用。

这些联邦法院是美国“长臂管辖”的重要推动和实施者。在国际鞋业公司对华盛顿州上诉案中，联邦最高法院确立了“最低联系标准”原则，对美国“长臂管辖”的产生起到了决定性作用。另外，联邦法院系统还拥有冻结外国政府在美资产的权力，具有很强的侵略性，下面笔者以“秃鹫基金”[②] 诉阿根廷政府案来说明。

2001年，阿根廷爆发金融危机，阿根廷政府宣布无力偿还950亿美元债务。一些“秃鹫基金”乘机以超低价[③]购买大量阿根廷主权国债。2005年和2010年，阿根廷宣布债务互换方案。根据该方案，机构债权人（即持有债券额5万美元以上）可将旧债券折价66.3%，换成与阿根廷GDP挂钩的新折价债券；持有债券额不超过5万美元的个人债权人则可以全额换成等价新债券。当时，约92%的债权人接受了阿根廷政府的债务重组方案[④]，但以“秃鹫基金”为代表的机构债权人抵制该方案，成为当时有名的“钉子户”债权人。

2005年，这些“秃鹫基金”向纽约南区联邦法院上诉，要求阿根廷政府全额偿还所欠的债务本息。2010年4月，纽约南区联邦地区法院裁定由于阿根廷央行缺乏独立性，其存放在纽约联储的资产不能享受主权豁免，并下令冻结阿根廷央行在纽约联储账户上将近1亿美元的储备资产。阿根廷央行提起诉讼。2010年7月，联邦第二巡回上诉法院推翻了初审判决并

---

① 首都华盛顿的哥伦比亚特区高等法院和哥伦比亚特区上诉法院虽然具有地方法院的性质，但因为该地区的“地方”法律就是联邦法律，所以一般也纳入联邦法院的范畴。

② 秃鹫基金（Vulture hedge fund）是指那些通过收购违约债券，通过恶意诉讼，谋求高额利润的基金。

③ 当时市场估计，“秃鹫基金”的收购价格约为阿根廷违约国债票面价格的20%，甚至更低。

④ 徐奕晗等．阿根廷债务违约风波的争论与思考［J］．中国银行业，2014（7）：82.

解除了资产冻结。

2012 年 10 月，阿根廷“自由号”护卫舰停靠加纳的特马港时，被加纳当局扣留，加纳司法部门称，应美国 NML 资本公司追债诉求，查扣了这艘军舰。2012 年 11 月，纽约南区联邦地区法院裁定：阿根廷政府必须向包括“秃鹫基金”在内的未接受债务重组的债权人全额偿还 13.3 亿美元债务。此后阿根廷政府接连提请上诉。2014 年 6 月，联邦最高法院宣布：驳回阿根廷关于拒绝全额偿还所欠违约债务的上诉，并同意违约债务债权人通过司法途径，冻结阿根廷政府的海外资产。这一判决让阿根廷政府很窘迫，以至于其总统克里斯蒂娜·基什内尔因担心专机被扣押，只能租飞机出访。

2015 年 12 月，阿根廷政府与“秃鹫基金”债权人达成协议，同意向后者偿还债务，阿根廷得以重返国际资本市场。当时一些机构估计，偿付金额是“秃鹫基金”最初投资金额的 10—15 倍，让这些“钉子户”债权人赚了个盆满钵满。

2. 联邦上诉法院

联邦上诉法院①又名巡回上诉法院，是美国联邦司法系统中的中级上诉法院。联邦上诉法院主要裁定来自其联邦司法管辖区内对于地方法院判决的上诉。在全部 13 所巡回法院中，11 个是按地理位置设置的，例如，在本书经常提到的联邦第二巡回上诉法院，其司法管辖范围包括康涅狄格州、纽约州和佛蒙特州，对康涅狄格联邦地区法院、纽约联邦地区法院②和佛蒙特联邦地区法院等拥有上诉管辖权。第 12 个是哥伦比亚特区联邦上诉法院，是联邦法院系统第二重要的法院，负责处理许多与政府事务有关的上诉案件。第 13 个是联邦巡回上诉法院（CAFC）③，于 1982 年根据《美国联邦宪法》第三条设立，由美国关税和专利上诉法院和美国索赔法

① United States Court of Appeals for the Federal Circuit.

② 纽约联邦地区法院包括东部、北部、南部、西部 4 个联邦地区法院。

③ the United States Court of Appeals for the Federal Circuit, CAFC.

院上诉部门合并而成，审理来自联邦下级法院有关起诉政府的上诉案件，主要是关于税收、专利和国际贸易方面的事务。

上诉法院对推动美国“长臂管辖”的扩展也发挥了重要作用，例如，联邦第二巡回上诉法院在 1945 年“美国诉美国铝业公司案”中确立的“效果原则”，就扩展了“属地原则”，为美国“长臂管辖”向外扩展奠定了司法基础。

3. 纽约南区联邦地区法院

纽约南区联邦地区法院①是美国的一个联邦地区法院，该法院判决的案件如需上诉，需上诉至联邦第二巡回上诉法院，专利及《塔克法案》②相关的案件需上诉至联邦巡回区法院。纽约南区联邦地区法院是美国最有影响力、案件处理量最大的法院之一，其司法管辖包括曼哈顿、布朗克斯、威斯特切斯特郡、帕特南县、罗克兰县、奥兰治县、达奇斯县、沙利文县，既包括美国证监会，从而下辖众多在美或非美的上市公司，又包括众多总部或分支机构位于曼哈顿华尔街的金融机构。因此，很多涉及金融制裁、反洗钱的案件在纽约南区联邦地区法院上诉和裁决。

4. 州法院

州法院是各州所属的各级法院，具有不同的法院体系和名称，互不相属，一般分为三级：州最高法院、州上诉法院、州地方法院。各州还设有专门法院、少年法院、保释法院等。各州法院按照各州法律审理案件，州最高法院的判决是终审判决。州法院是美国“长臂管辖”的重要推动和实践者，如华盛顿州法院、伊利诺伊州法院等。

三、美国国际贸易委员会

2020 年 8 月 21 日，美国国际贸易委员会（USITC③）对大疆公司的

---

① District Court for the Southern District of New York，S. D. N. Y.

② Tucker Act.

③ United States International Trade Commission，USITC.

“337 调查”做出终裁：不发布禁令。此前相关企业声称大疆及其关联公司在对美国进出口或在美国销售的无人机及其组件侵犯其专利权的指控，被USITC 否决了①。拜登政府上台后，2021 年 1 月 21 日，USITC 开始针对加巴喷丁免疫测定试剂盒和测试条的“337 调查”；1 月 22 日，USITC 开始针对移远通信的 UMTS 和 LTE 蜂窝通信模块及产品的“337 调查”；1 月 23 日，USITC 开始针对立讯精密的特定电连接器和保持架组件及产品的“337 调查”，中国工信部随后表示反对美方打压正常商业竞争的霸凌行为。USITC 和“337 调查”再次引起广泛关注。

知识链接

USITC 对大疆公司发起的“337 调查”

2018 年 8 月 30 日，位于华盛顿州西雅图市的深圳道通子公司 Autel Robotics 请求 USITC 对大疆公司进行“337”调查。USITC 根据 Autel 主张的三项专利（美国专利号分别为 US7979174，US9260184 和 US10044013），于 2018 年 10 月 2 日开始调查。大疆于 2018 年年底在美国专利局（USPTO）专利审判和上诉委员会（PTAB）提出了多方复审（inter partes review），对 USITC 程序中涉及的所有三项专利的主张提出异议。2020 年 3 月 2 日，USITC 首席行政法法官（CALJ）Bullock 判定大疆没有侵犯 US7979174，还根据多种理由判定 US10044013 专利权主张是无效的。但 CALJ 裁定大疆部分产品侵犯了 US9260184 专利。

1. USITC 及其职责

USITC 是一个准司法联邦机构，向立法机构和执法机构提供国际贸易方面的专业意见，其前身为 1916 年创建的美国关税委员会，最高领导机构

① 早在 2017 年，美国就曾发布禁令，禁止使用大疆的军用无人机。但美军停止使用大疆无人机后，发现没有合适的产品可以替代，并且其他品牌的军用无人机也达不到美军要求，因此又购买了大疆无人机。大疆之所以有如此底气，是因为掌握着 70% 以上的专利技术。

是执行委员会，由6名委员组成，都由总统任命，经过参议院审议通过，任期为9年，主席和副主席由总统任命，任期为2年，下一任主席不得来自同一个政党，6名委员中，来自同一政党的委员不能超过3名。

USITC的职责主要是发起贸易调查，判定美国国内行业是否因外国产品的倾销或补贴而受到损害；判定进口对美国国内行业部门的影响；对某些不公平贸易措施，如对美国专利、商标或版权的侵权行为等，采取应对措施。USITC与商务部共同负责美国对外反倾销和反补贴调查工作，其中商务部负责判定被指控的倾销或补贴是否存在以及存在程度；USITC负责判定国内行业部门是否因外国倾销或补贴行为而受到损害。

2. “337调查”

“337调查”① 是USITC根据美国《1930年关税法》② 第337节（简称“337条款”③）及相关修正案进行的调查，调查对象是进口产品侵犯美国知识产权的行为以及进口贸易中的其他不公平竞争，可以直接针对外国生产商实行制裁措施，以此来阻止侵犯美国知识产权的产品进入美国市场，调查流程如图5-1所示。也就是说，“337调查”是一种具有单边制裁性质的贸易保护手段，如果USITC认定某个调查企业违反“337条款”，那么该企业生产的相关产品将被禁止进入美国市场。在美国提起“337条款”诉讼的原告既有美国公司，也有外国公司，包括在美国拥有知识产权的日本、德国或中国公司等，例如，对大疆公司提出“337调查”的就是深圳道通科技公司在西雅图市的子公司Autel Robotics；又如，2020年12月，飞利浦公司④主张上海移动通讯对美出口、在美进口或在美销售的UMTS

---

① 337 Investigations.

② Tariff Act of 1930.

③ “337”条款规定：当“进口贸易中的不公平竞争方式和不公平竞争行为”足以摧毁或实质损害美国国内产业，或阻碍此类产业的建立，或限制、垄断了美国的贸易和商业；或者侵犯了美国已经登记的有效且可执行的专利权、商标权、版权或集成电路芯片布图设计专有权，并且在这四项权利方面已经存在或有尚未建立中的国内产业，则这些不公平竞争方式或行为将被视为非法，美国应采取适当措施予以处理。

④ 发起调查的飞利浦公司包括荷兰皇家飞利浦公司和飞利浦北美公司。

和LTE蜂窝通信模组及产品侵犯其专利权，请求发起“337调查”。在2019年的47起“337调查”案件中，38起“337调查”的原告为美国本土企业；5起为韩资企业；德资企业、英资企业各2起；加拿大背景企业1起。

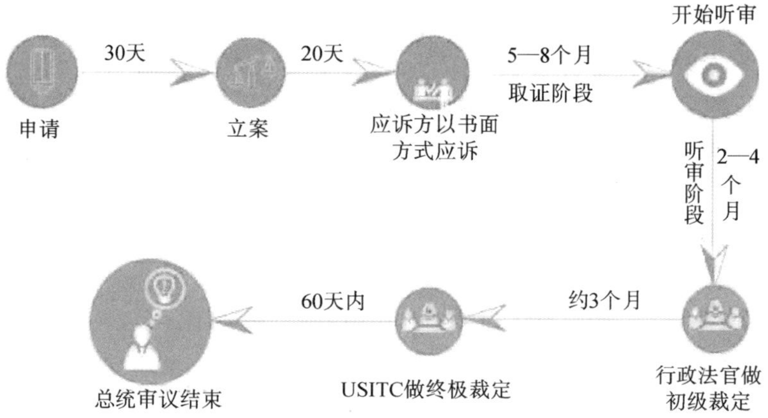

图5-1　“337调查”的流程

“337调查”是针对进口贸易中不公平行为实施的调查，实践中主要针对进口产品侵犯美国知识产权的行为。不正当贸易的法律构成要件有两个方面：在美国存在相关产业，或该产业正在建立中；损害达到了一定程度，即损害或实质损害美国的相关产业，或阻止美国相关产业的建立，或压制、操纵美国的商业和贸易。知识产权方面不正当贸易的法律构成要件也包括两个方面：进口产品侵犯美国专利权、著作权、商标权等专有权；美国存在相关产业或相关产业正在筹建中。

3. 需要注意的问题

“337调查”不要求USITC具有属人管辖权，因此外国公司即使没有在美国直接设立分公司，而是通过中间商将产品销售到美国，也可能因为进口产品涉嫌侵权而成为“337调查”的对象，这就带有比较明显的“长臂管辖”属性。与美国联邦地区法院的专利诉讼案件相比，“337调查”立案更容易，申请人只需证明在美国存在与主张知识产权相关的产业，不用证明有损害，因此具有很强的随意性。另外，专利诉讼案件的审理周期一般在2年以上，而“337调查”的调查期限为12—16个月，这就要求被调查企业拥有比较强的应对能力。

USITC发起的知识产权调查主要根据美国国内企业的申请发起，名义上是企业的市场行为，不是政府行为，但国会不断修改相关法律法规，降低知识产权调查门槛，支持国内企业申请发起知识产权调查。

近年来，中国企业成为“337调查”的重点对象。2019年，在USITC发起的47起“337调查”案件中，有27起案件涉及中国企业，在这27起案件中，共涉及中国企业117家，全部为被调查对象。2019年美国“337调查”案件主要集中在半导体电子器件、办公家居用品、医疗、专业设备等8个行业领域，其中涉中国企业案件主要分布在5个行业领域，以半导体电子器件（10起）和办公家居用品（9起）居多。

2020年10月14日，USITC决定对特定视频处理设备及其组件和数字智能电视及其下游产品启动“337调查”（调查编码：337－TA－1222），该调查由美国DivX公司于2020年9月10日提出，指控对美国出口、在美国进口或在美国销售的上述产品侵犯其专利，请求USITC发布有限排除令和禁止令，结果造成中国的TCL、韩国的三星和LG等企业涉案。

2000—2019年，美国对外发起的知识产权调查案件有756起[①]，而同期美国对贸易伙伴发起的反倾销调查是602起[②]，少于知识产权调查的数量，这反映出知识产权调查在美国贸易救济中的地位不断上升。USITC频繁发起的知识产权调查已成为美国行使“长臂管辖”的重要事由，是以保护知识产权为名打击国外竞争者，维护美国企业的国际竞争优势。

① 数据来自美国国际贸易委员会“不公平进口调查信息系统库”。

② 数据来自WTO全球反倾销数据库。

第三节 执法方面

在执法方面，美国众多行政部门围绕“长臂管辖”制定各自管辖范围内的规章制度，扩充职责、执法机构和编制，建立各种清单、许可证、审批制度和跨部门协调机制等，以保障“长臂管辖”的落实，并根据各自的贡献分配收益，动力十足。

一、多部门实施

美国国会授予联邦行政机构“长臂管辖”的准立法权和执法权，总统、国务院、司法部、财政部、商务部、国防部和国土安全部等众多机构构成一个严密的执行体系，相互配合，共同实施“长臂管辖”。

以反洗钱为例，参与反洗钱监管的部门有：财政部及其下设的国内收入署、货币监理署、FinCEN、OFAC、美国消费者金融保护局①；美联储；司法部及联邦调查局、缉毒局；金融业监管局②以及各州金融服务局等，这些部门在各自管辖领域实施反洗钱职能。

美国的出口管制大约分为两个体系，即军品出口和军民两用品出口，军品出口管制主要由国务院管辖，军民两用品出口管制主要由商务部执行，它们有各自的管制清单，企业按照管制清单的划分去相应的部门申请许可。国务院和商务部是出口管制的主要职能部门，但也需要国防部、国土安全部、司法部、能源部、财政部、联邦调查局及跨部门机构的配合和

---

① 美国金融消费者保护局隶属财政部，经费由美联储提供，成立于2011年，主要负责监管资产超过100亿美元的美国金融机构，促进公平和透明的抵押贷款、信用卡和其他消费金融产品和服务。

② 准确的说，金融业监管局是非政府机构，它成立于2007年，接受美国证监会的监管，类似中国的证券业协会，一般将其视为准政府机构。

联合管理，其中财政部的作用也很重要，对禁运国家和禁运交易等还有自己特殊的管制条例。

众多政府机构共同实施“长臂管辖”，不仅彰显联邦行政机构对“长臂管辖”的重视和决心，还能建立一个强大的“长臂管辖”网络，从多个角度审查管辖对象，增强执法能力，覆盖管辖盲点，让管辖对象承受巨大压力。此外，众多部门参与还能通过相互制约，压缩被管辖对象游说和规避空间。美国权力分立和制衡表现在方方面面，“长臂管辖”这么重要的事肯定不能例外（见表5－2）。

表5－2　　　　美国的出口管制机构及其职责

部门	职责
商务部	执行对军民两用品的出口管制；调查涉嫌违反军民两用品出口管制的违规行为
国务院	管制军品出口
国防部	为商务部和国务院的管制物项划分提供支持；为出口商提供给商务部或国务院的出口许可申请提供技术和国家安全审查
国土安全部	负责执行军品和两用品出口管制，在装运前检查出口商品及出口许可证等；调查涉嫌违反军民两用品和军品出口管制的违规行为
司法部	调查出口管制违规行为等；起诉涉嫌违反出口管制法的活动；调查涉嫌军民两用品和军品出口管制的违规行为
能源部	参与审查递交给商务部的出口许可申请，依据《出口管理条例》提供管制建议
财政部	负责对伊朗、伊拉克、朝鲜等国实施严格管制出口进行监管
联邦调查局	执法调查

资料来源：笔者根据美国政府网站公开信息整理而成。

二、执法体系

美国为实施“长臂管辖”建立了一个庞大执法体系，它们之间相互协作，默契配合，但分工不同（见表5－3）。由于涉及部门众多，再加上行政体制不同，国内一些文献在介绍和分析美国“长臂管辖”执法体系时经常出现疏漏，如有的把美国司法部划分为司法系统；有的分不清实体清单和SDN清单；有的把财政部和商务部的职能搞混；有的将USITC等同于USTR①；等等。因此，笔者认为有必要分析相关部门的“长臂管辖”职能，知己知彼才能百战不殆。

表5－3　　美国“长臂管辖”的配合体系

三权	部门	职能
立法部门	国会	制定“长臂管辖”相关法律
司法部门	法院系统	调整“长臂管辖”适用标准；延伸“长臂管辖”范围；争夺司法管辖权
	USITC	发起贸易、知识产权调查
行政部门	总统	指导“长臂管辖”整体工作，发布制裁命令，紧急状态可控制实体在美资产
	国务院	制定、指导与外交政策相协调的制裁政策，对内指导相关部门许可证审批工作，对外争取其他国家和企业的合作；下属贸易办公室、防务贸易控制理事会、国防安全与防扩散局开展贸易相关管辖
	司法部	打击海外腐败、非法证券交易；拓展“长臂管辖”的确立标准和管辖范围；下属FBI收集证据和情报；争夺管辖权
	财政部	负责跨国金融、海外税收等事务：协同国务院、法院制定制裁名单和实施相关措施；审批各类许可，监管被制裁实体、处罚违反制裁行为等
	商务部	设定实体清单等，实行军民两用、商用技术的出口管制及相应的调查和处罚
	国防部	为财政部、司法部和商务部的调查提供情报支持
	USTR	负责制定和协调美国国际贸易、商品和直接投资政策
	证监会	上市公司内控合规调查，反对造假和欺诈

资料来源：笔者根据美国政府网站公开信息整理而成。

① 美国贸易代表办公室（USTR）是美国总统办公厅内的内阁级机构。

1. 总统

特朗普任美国总统这几年娱乐色彩很浓，有人说美国总统很好玩，像个小丑，什么人都能当；有人说美国总统没什么权力，是个傀儡；等等。其实大家看到的都是表象，在“长臂管辖”方面，美国总统是很有权力的，其“长臂管辖权”既广泛又具体，具有高度的自由裁量权。

美国《国家紧急状态法》[①]《国际紧急经济权力法案》《与敌国贸易法》《美国爱国者法案》等联邦法律，都赋予美国总统行使“长臂管辖”的权力，这个权力很大。总统依据这些法律，不仅能指导“长臂管辖”整体工作，依据现实需求发起针对性很强的“长臂管辖”措施，还能按领域把自己拥有的各种“长臂管辖权”下放给相应的行政部门，如将武器禁运权授给国务卿，将军民两用品贸易制裁权授给商务部长，将金融制裁权授给财政部长等。

2. 国务院

美国国务院的地位很高，主管外交，还兼管一些内政事务，是美国“长臂管辖”的重要行使部门。国务院具体负责制定、指导与外交政策相协调的制裁政策，对内指导相关部门许可证审批工作，对外争取其他国家和企业的合作；下属经济制裁政策与实施办公室（SPI）[②]、防务贸易控制理事会、国防安全与防扩散局等美国“长臂管辖”实施机构。

3. 财政部

美国财政部负责跨国金融、海外税收等事务，主要有：协同国务院、法院制定制裁名单和实施相关措施；审批各类许可，监管被制裁实体、处罚违反制裁行为；下属 OFAC 直接管理金融制裁行动，负责拟定制裁名单和制裁措施、监督和处罚被制裁实体；FinCEN 为国内各级执法部门和国际

---

① 《国家紧急状态法》（National Emergencies Act，NEA）颁布于 1976 年，该法规定，当出现联邦法规规定的可宣布紧急状态的情况，有权宣布全国紧急状态。在紧急状态期间，总统可以为行使其特别权力颁布一些法规。一旦紧急状态终止，这些法规将随之失效。

② Office of Economic Sanctions Policy and Implementation，SPI.

上的执法部门提供情报支持。

4. 商务部

美国商务部负责国际贸易、进出口管制、贸易救济措施等，可以制定出口管制清单，实行军民两用、商用技术的出口管制及相应的调查和处罚。商务部制定“商品管制清单”（CCL），其中包括2400多种受管制的物项，并将这些物品分为十大类①，每个类别又细分为五个产品组。另外，商务部还设置“军事最终用途/用户管控措施”（MEU），这是在CCL出口物项管控基础上追加的许可管制。商务部BIS搞得实体清单更是声名狼藉。例如，2021年1月14日，美国商务部以涉嫌危害“国家安全”为由，将中海油列入实体清单，将北京天骄（Skyrizon）列入“军事最终用户”清单。从《出口管理条例》的条款中看，MEU与实体清单的法律责任和后果不相同，但美国出口商在与MEU名单上的关联企业交易时，都很慎重，以避免因为违反“红旗警示”② 而被BIS处罚，这必然给正常的货物进口或技术交流造成重大影响（见表5－4）。

表5－4　美国军民两用产品出口管理体系

组成	制度和手段
法律法规	2018年《出口管理改革法案》、1977年《国际紧急经济权力法案》
条例	《出口管理条例》
管制清单	商业管制清单（CCL）、实体清单、被拒绝者清单、未核实清单
审批机构	商务部BIS

① CCL分为十大类，包括核材料、化学制品和微生物、材料加工、电子产品、计算机、通信和信息安全、传感器和激光器、导航和航空电子、海洋探测、航空和推进系统。2018年，美国商务部拟定并公布了“新兴技术”清单的草稿，一共14大类，包括生物技术、人工智能、定位、导航和定时技术、微处理器技术、高级计算技术、数据分析技术、量子信息和传感技术、物流技术、3D打印、机器人、脑机接口技术、高超因素空气动力学、先进材料和监控技术。

② 在美国《出口管理条例》的732章节中，专门提到“红旗警示”规则，让出口方充分注意在交易中采购方可能存在的不合理反常行为，如订购了超过合理数量的产品；不愿意披露货物的最终用途；采购方订购的产品与其经营范围不一致；采购方没有任何同类产品的商业背景；采购方对所购产品功能特性完全一无所知却执意要完成合同；采购方规避回答进口产品会否被再出口等。

续表

组成	制度和手段
多边管制体制	瓦森纳安排（两用品）、导弹及其技术控制制度①、澳大利亚集团②、核供应国集团③
出口许可证	一般许可证、单项有效许可证、多次有效许可证
执法机构	美国商务部 BIS 的出口管制办公室（OEE） 国土安全部：移民海关执法局（ICE）、海关边防保护局（CBP） 司法部：联邦调查局（FBI）
处罚措施	刑事：100 万美元罚款/20 年监禁 民事：取消出口权利

资料来源：Congressional Research Service（2019）。

知识链接

军事最终用途/用户管控措施（Military End－User，MEU）

MEU 原先条款设定管控的物项是与微处理器和与之相关的软件和技术，目的是限制这些物项被用于军事用途和军事用户。也就是说，没有美国商务部的许可，MEU 条款下的相关物项不能出口和再出口，相关物项不能出口给 D1 组国家的军事用户，也不能出口给 D1 组国家用于军事用途。

原来在《出口管理条例》下针对 MEU 条款，只有军事用户或军事用途的举例说明，并没有单独的 MEU 企业清单。2020 年的 4 月 28 日，美国商务部称：将加强对美国技术出口的限制，以打击中国、俄罗斯和委内瑞拉为采取军事目的而进行的规避措施。美国认为上述国家中

① 导弹及其技术控制制度（Missile Technology Control Regime，MTCR）成立于 1987 年，是美国等西方七国建立的集团性出口控制制度，旨在防止可运载大规模杀伤性武器的导弹和无人驾驶航空飞行器及相关技术的扩散，现有 35 个成员国。

② 澳大利亚集团（Australia Group，AG）成立于 1985 年，目的是防止生化武器扩散，现有 43 个成员国（包括欧盟委员会）。

③ “核供应国集团（Nuclear Suppliers Group，NSG）”成立于 1975 年，其宗旨是确保主要核供应国协调和加强核出口控制，防止核领域敏感物项的扩散。2004 年中国加入该集团。

的一些进口企业，为了军事用途和军事目的，以民用进口方式，获取可用于发展武器、军用飞机等军事目的的美国技术，规避了美国的出口管制。据此，美国商务部扩大了对上述国家的军事用户/军事用途管控，在744章节下新增了针对中国、俄罗斯和委内瑞拉等国的特定军事用户和军事用途的管控条款。2020年11月23日，据路透社报道，特朗普政府将宣布把89家公司列入“与军事活动有联系”的企业清单，限制它们购买一系列美国商品和技术，清单上的企业包括中国商飞、航空工业等。

目前来看，被列入MEU清单的企业，不能等同于受美国实体清单制裁的企业，但在《出口管理条例》修订的中国、俄罗斯和委内瑞拉的MEU条款中，美国商务部保留了“针对特定物项出口前通知美国出口商因为物项出口到中国存在不可接受的被用于军事用途的风险，因此需要出口许可证”的权利，此处指的特定物项并不受46个追加管控物项范围的限制，未来可能进一步扩大。

需要注意的是，军事最终用户并不局限于军事组织，也可能是民用公司，部分承接军品订单的民用企业可能会受到波及，涉及领域可能有车辆制造、精密加工、通信、航空等。

5. 国防部

国防部与国务院共同执行《武器出口管制法》，负责制定“第1237条清单”，参与审查实体清单、“810授权”和出口许可证等，为财政部、司法部和商务部的调查提供情报支持等。

6. 证监会

证监会依据《萨班斯法案》等，以保护投资者利益、财务合规、反对造假和欺诈为由，对外国上市公司实施“长臂管辖”。根据《萨班斯法案》，任何在美国上市的公众公司都必须接受美国证监会至少3年一次的审核；公布资产负债表以外的财务信息；实时更换外聘审计人员等，其中的“必须接受美国证监会至少3年一次的审核”是指包括接受包括美国四大审计机构（德勤、安永、普华永道、毕马威）在内的财务审计。该法案让上市公司高度透明化，并允许审查及监督机构访问所有信息，审计机构要将所有信息向相关主管机构呈报。这意味着，在美国开展上市业务的公司，其商业机密要受到美国政府的支配和监督。一旦发现上市公司经营中有属于美国法律禁止的经营项目或禁止的商业往来，不管这些上市公司直接或间接涉事，都会成为美国“长臂管辖”的打击对象。

7. 司法部

在美国“长臂管辖”执法体系中，企业最怕司法部，司法部的检察官和联邦调查局的探员更是跨国公司高管们的噩梦，因为他们带来的伤害不只是钱财，还有人身安全。只要是美国检察官寄一封信、发一封电子邮件、打一通电话，就能让世界上任何一家企业的负责人惧怕不已①。

司法部主要负责拓展“长臂管辖”的确立标准和管辖范围，打击海外腐败、非法证券交易等，主要法律依据有《反海外腐败法》《谢尔曼反托拉斯法》《克莱顿法》《反托拉斯国际实施指南》《反海外腐败法指南》等。具体执法机构是其下属的联邦调查局、反托拉斯局、缉毒局（DEA）和刑事局的国际事务办公室（OIA）等。其中联邦调查局负责收集证据和情报，缉拿和审讯涉案人员，在毒品或组织犯罪、外国反间谍活动等方面享有最高优先权。国际事务办公室负责与外国政府沟通协调在国外的逮捕和引渡步骤。

司法部的检察官是实施“长臂管辖”的主力军，其主要职责是提出指控和审讯。例如，2013年4月皮耶鲁齐在肯尼迪国际机场被联邦调查局的探员抓捕后，送到联邦调查局的曼哈顿总部，被康涅狄格州的联邦检察官大卫·诺威克质询，之后关押在怀亚特看守所，这是一家私营公司，

---

① （法）阿里．拉伊迪．隐秘战争［M］．北京：中信出版社，2019：141.

处于司法部联邦监狱管理局的监督之下[①]，这一切都在司法部的掌控之中。

在司法部发起的国际经济案件调查中，全程由检察官主导，能上法庭的案件很少。司法部一旦盯上了某家外国企业，就会派出检察官去查处这家企业，要求企业认罪认罚。如果企业积极配合、认罪认罚，检察官就与企业通过和解结案，嫌疑人有可能得到一个相对轻一点的处罚，不必再走费时费力费钱的法庭程序。在美国，有95%的案件通过协商的方式，直接在检察官的办公室里解决。在许多国际经济案件中，法官不需要了解案情，也不需要问任何问题，他们的职责是在双方当时人达成的协议上盖章，这些法官也被戏称为“橡皮图章法官”（rubber stamp judges）[②]。

美国司法部还经常与他国争夺管辖权，极为强悍，如“西门子行贿案”。西门子是一家根据德国法律组建的公司，自2001年至2007年，西门子通过各种机制在多个国家支付了约13.6亿美元。在这笔款项中约有5.545亿美元用于不明目的，其中约有3.41亿美元直接支付给商业顾问，余下的8.055亿美元全部或部分用于向外国官员行贿。2006年，德国司法部调查西门子在全球范围内的行贿案，美国司法部从德国媒体那里得知这个消息后，立即与德国司法部争夺该案调查权，并召集西门子高管，责令他们进行内部调查。尽管该案件与美国没有任何联系，而是涉及阿根廷、孟加拉、俄罗斯、伊拉克等国，受到怀疑的西门子旗下子公司的注册地在孟加拉、阿根廷和委内瑞拉，未曾在美国证交所上市，但美国司法部仍能起诉西门子，其理由是：（1）为了在美国上市，西门子曾向美国证监会提交股权证书（美国存托凭证）；（2）几笔疑似行贿的款项通过美国境内的银行账户转移。美国司法部凭借这两条很牵强的理由，认定西门子与美国

---

① 参考（法）弗雷德里克·皮耶鲁齐，马修·阿伦. 美国陷阱［M］. 北京：中信出版社，2019：29.

② 强世功. 帝国的司法长臂——美国经济霸权的法律支撑［J］. 文化纵横，2019（4）：92.

建立了“联系”，对其提出指控。最终西门子遭受双重罚款，不仅分别向美国司法部和证监会支付了4.5亿美元和3.5亿美元罚款，还在2008年向德国政府缴纳了5.96亿欧元罚款，不仅没能享受到“一罪不二罚”的待遇，其向美国支付的罚款金额还高于向母国支付的罚款。被美方处罚后，西门子建立了合规部门，全球有数百名员工专职于合规工作。

“西门子行贿案”表明，美国司法部行使“长臂管辖”具有很强的随意性、独断性和侵略性，这是很多跨国公司高管惧怕检察官的重要原因。而司法部的检察官们转岗去美国大公司任职的也比较多，其中很多去了美国公司的合规部门，继续发挥他们在司法部积累的人脉和资源，为美国公司开辟国际市场和打击竞争对手服务，这是他们备受诟病的主要原因。

三、情报系统

美国实施“长臂管辖”需要情报系统作支撑。美国情报系统很庞大，仅政府性质的情报机构就有1000多个，而民营性质的情报承包商也有约2000个。2004年美国成立了国家情报总监办公室（DNI）①，是国家安全委员会的具体执行部门，主要职责是为总统、国家安全会议与国土安全会议提供关系国家安全的情报事务。国家情报总监办公室全面统管协调十几个重要情报机构，由总统直接指挥、管理与控制，规格很高，约有1500名雇员，其下属最大组织是国家反恐怖主义中心②。中央情报局（CIA）、联邦调查局和国家安全局（NSA）③ 等是服务美国“长臂管辖”的重要情报机构。

---

① Director of National Intelligence，DNI.

② 国家反恐怖主义中心（National Counter Terrorism Center）于2004年8月成立，接受国家情报总监办公室领导。

③ 美国国家安全局（National Security Agency，NSA）成立于1949年，是美国政府机构中最大、最神秘的情报部门，专门负责收集和分析外国及本国通讯资料，隶属于美国国防部，又称国家保密局。

知识链接

美国的情报系统

根据美国公开网站披露的信息，美国情报体系融合了军队、政府内16个独立的情报机构，包括空军的第16航空队（16AF）、陆军的情报和安全司令部（Intelligence and Security Command，INSCOM）、国防部的国防情报局（Defense Intelligence Agency，DIA）、海军陆战队情报处（Marine Corps Intelligence，MCIA）、国防部的国家地理空间情报局（National Geospatial - Intelligence Agency，NGA）、国防部的国家侦察办公室（National Reconnaissance Office，NRO）、国家安全局/中央安全局（NSA/CSS）、海军情报办公室（Office of Naval Intelligence，ONI）、能源部的情报和反情报办公室（Office of Intelligence and Counterintelligence，OICI）、海岸警卫队情报处（Coast Guard Intelligence，CGI）、国土安全部的情报和分析办公室（Office of Intelligence and Analysis，I&A）、中央情报局（CIA）、司法部的国家安全情报办公室（NSI）、联邦调查局的情报处（IB）、国务院的情报和研究局（INR）、财政部的反恐和金融情报司（TFI）等。根据《华盛顿邮报》在2017年的一篇报道，美国情报体系在10000个地区拥有1271个政府机构与1931个私营公司。这些组织从事着反恐、国土安全及情报工作，雇佣854000名持有绝密证件的雇员。根据国家情报总监办公室在2008年发表的一份报告，私人承包商在美国情报体系占人力资源的29%；而占用情报人力预算的49%。

从20世纪80年代起，美国情报部门全面参与经济领域的活动。1981年12月，里根总统签署了第12333号（ED12333）《美国情报活动》行政命令，使情报间谍可以与美国公司合作，一起谋划组织海外活动，而且无须随时向美国司法部长报告行动进展。后来里根又签署了两份命令，允许情报机构在非官方部门的掩护下开展秘密活动，即美国的情报人员可以伪装成商业机构人员，从事间谍活动。这些情报人员多次在国内和海外以诱导交易的方式，取证或获取经济情报。除了派遣情报人员参与商业活动，美国还拥有一套完善的全球监听系统，通过该系统拦截各种媒介的通信情报，包括电话、传真、电子邮件、在线通讯等。

1990 年，美国通过了《外国直接投资与国际金融数据改进法案》[①]，建立了政府机构收集信息和数据、用以审查外国投资对美国影响的机制。苏联解体后，1992 年白宫签署并发布了 NSD－67 号“国家安全指令”，为美国特工找到了新的目标方向，打击腐败与工业科技间谍成为优先事项。克林顿政府时期，美国减少了国家安全事务的财政支出，情报界不太受重视，遭遇低谷。

“9·11”事件后，情报系统再次受到重视，在打击恐怖主义的旗号下，移动电话、固定电话、电子邮件、传真、短信、互联网等都在国家安全局的监控之下。但专家们认为，国家安全局只分配了 35% 的资源用来打击恐怖主义，剩下的 65% 则是用来搜集政治、军事和经济情报[②]。经济活动成了国家安全局的优先事项，除了搜集关于外国竞争者的经济情报外，还要追捕腐败分子、监听商业信息[③]。

2005 年 11 月，美国在国外广播情报部门的基础上成立了国家情报总监开源中心（OSC）[④]，由中情局管理，隶属于国家情报总监办公室。OSC 旨在从网络、数据库、印刷媒体、广播、电视、视频、地理空间数据、照片、商业图片资料等公开来源获取情报。通过 OSC，美国力图实现“在任何国家、从任何语言”获取开源情报的能力，其中互联网是主要开源情报源。

---

① Foreign Direct Investment and International Financial Data Improvements Act.

② （法）阿里．拉伊迪．隐秘战争［M］．北京：中信出版社，2019：197.

③ Claude Delesse," NSA National Security Agency"，Tallandier，2016：84－85.

④ National Open Source Information Center，OSC.

依据美国 2008 年修订的《外国情报监视法案》（FISA）[①] 的有关规定，美国政府可以对任何海外目标之间以及海外人士和美国本土人员之间的语音及网络通讯，予以拦截与监控。正是在这一法案的规定下，包括联合国秘书长潘基文、巴西总统罗塞夫以及德国总理默克尔在内的诸多国际政要人士，都成为国家安全局的重点监控对象。2013 年经斯诺登曝光的“棱镜门”事件，进一步印证了国家安全局对于外国政府与企业的监控活动。

2018 年 3 月，美国《澄清域外合法使用数据法》（简称“CLOUD 法案”或“云法案”）生效。该法案用以指导执法部门如何依据搜查令访问境外数据。“云法案”规定任何拥有、监管或控制各种通信、记录或其他信息的公司，无论这些公司是否在美国注册，也无论这些数据信息是否存储在美国境内，只要这些公司在经营活动中与美国发生足够的“联系”，就属于美国“长臂管辖”的范围。“云法案”不仅适用于传统的“电子通讯服务”的提供者，而且适用于“远程计算服务”的提供者。这意味着，当联邦调查局、中央情报局以及市场监督和监管等部门要求“云计算服务提供商”提供信息时，对方无权拒绝。它们甚至要在没有告知用户的情况下，将其数据提供给美国相关部门。除非其用户在与云计算服务提供商的合同中加入一项特别条款，要求它们在访问前提前告知[②]。“云法案”实际上建构了一个以美国为核心来掌控全球数据的法律帝国，单方面赋予美国政府对全球绝大多数互联网数据的“长臂管辖权”[③]，对各国的“数字主权”构成巨大挑战。

---

① 20 世纪 70 年代，美国出台了《外国情报监视法案》（The Foreign Intelligence Surveillance Act，FISA），其目的是为了遏制美国国家安全局和其他情报机构滥用权利、窥探美国公民隐私的能力。FISA 设立了特别情报法院，主要用来批准情报机构的监视请求。

② （法）阿里．拉伊迪．隐秘战争［M］．北京：中信出版社，2019：204.

③ 强世功．帝国的司法长臂——美国经济霸权的法律支撑［J］．文化纵横，2019（4）：88.

知识链接

云法案（Clarifying Lawful Overseas Use of Data Act）

“云法案”出台的主要背景和动因之一是：“云储存”与数据常态化的跨境流动放大了数据储存地与数据控制者的矛盾，其制定可以追溯到“微软诉美国案”。

2013 年 12 月，纽约南区联邦地区法院签发搜查令，要求微软公司协助联邦调查局正在调查的一起毒品案件，将由其控制的毒品犯罪嫌疑人的往来电子邮件信息和其他账户信息提交给美国政府。在本案中，该名用户电子邮件的内容数据存储于微软位于爱尔兰的数据中心，而不是在美国境内，依照彼时国际刑事司法协助体制，两国之间需要签署条约对司法协助的途径和程序做出规定；同时出于对他国主权的尊重，通常不允许一国（申请国）司法机关直接在另一国（被申请国）境内采取包括调查取证等在内的执法强制措施，而需向被申请国司法机关提出申请，经被申请国司法机关批准后，由被申请国自行实施相关强制措施，再移交至申请国。

基于此，微软拒绝提供该名用户的电子邮件内容，并提出废除搜查令的动议。纽约南区联邦地区法院以搜查令是基于《储存通信保护法》签发为由，驳回了微软的动议。微软之后提出了上诉，认为依据美国联邦法律《储存通信保护法》（Stored Communications Act）所签发的搜查证只能适用于本国领土之内。2016 年 7 月 14 日，联邦第二巡回上诉法院做出了有利于微软的判决，三位法官一致认为，联邦调查局的搜查令不具有域外效力。

微软当时还有一个论点是：不应该让法院来解决这种纷争，而应由美国国会来决定。微软的诉求获得了广泛支持，至少有来自 37 个国家的 289 个组织提供了 23 份“法庭之友”文件，声援微软，其中包括了亚马逊、苹果、谷歌、脸书与 Mozilla 等科技公司，还有爱尔兰政府。

还需要注意的是，过去中情局、国土安全局、司法部、财政部、金融监管机构、出入境管理部门等各种机构之间的信息情报是相对独立、彼此封锁的，但进入21世纪后，依据《美国爱国者法案》，美国政府打破了这种封锁，让这些机构共享信息。这样，所有执法机构之间情报和信息实现了整合，赋予了美国政府在全球强大的情报监听行动能力，可以集中力量打击美国人心目中的“敌人”，无论这个“敌人”是国家、跨国公司还是个人。也就是说，美国建立了一个信息情报共享的集权体制，大大增强了美国“长臂管辖”的执行能力。

四、执法手段、程序及主要问题

1. 手段

美国“长臂管辖”的处罚手段很多，既有针对个体目标的制裁，例如，拘捕、罚款、冻结资产、禁足等，还有大量针对政府机构和企业的制裁，例如，出口管制、市场禁入、派驻独立合规官、暂停执照、吊销市场准入证、停牌或摘牌、罚款、冻结资产、账户清零、从支付系统除名、接受美国政府机构监管等。上面任何一项处罚手段不仅能对管辖对象造成严重伤害，还能严重损害其市场信用，增加其在国际市场开展业务和融资的难度。

2. 执法程序

执法机构在做出处罚前，先对企业进行合规预警，企业聘请律师事务所开展内部调查和听证，向执法机构提供内部调查报告。根据调查情况形成四种结果：一是企业内部审查合规，执法机构解除起诉；二是企业虽有违规事实，但法律性质未定，企业保证不再犯并整改、支付罚款，执法机构延缓起诉，如企业不遵守协议，可能被重新起诉；三是企业承认违法，被起诉进入司法审判，司法机构在双方达成和解的协议上盖章，表示批准；四是进行司法抗辩，让法院判定执法机构是否违宪。由于美国司法诉讼过程漫长，企业处在诉讼的不确定性中，无论是声誉还是投资者信心都会受到严重影响，并且不能保证胜诉，所以大多数企业选择服从司法部等执法机构的处罚，达成和解协议。

3. 主要问题

美国行政机构挥舞“长臂管辖”经常不尊重国际法和外国法，尽力扩张执法权，但并没有被联邦法院强力制止。例如，联邦特工从国外绑架被告人进入美国境内受审，就得到联邦法院的认可，形成了所谓的“科尔—弗里斯比规则”[①]。联邦最高法院曾认定：美国特工从墨西哥绑架墨西哥公民到美国受审，并不被国际法禁止。另外，在“凡尔都戈—乌尔基德案”[②]中，联邦最高法院判决的多数意见认定，联邦特工在墨西哥搜查凡尔都戈—乌尔基德不用遵守《美国宪法》的限制。

美国政府在推动国会立法方面也发挥重要作用。例如，“9·11 事件”后不到两个月，小布什政府就推动《美国爱国者法案》于 2001 年 10 月 26 日出台。2002 年 6 月 25 日发生了世界通信（WorldCom，简称世通）公司 38 亿美元假账事件，令美国社会异常愤怒，6 月 26 日，小布什总统承诺要推进对世界通信事件的调查，将相关人员绳之以法，同时小布什要求国会在 7 月底休会前能够提交让他签字生效的法案[③]。在小布什政府的推动下，美国参议院快速通过了《萨班斯法案》，走出了一条强制性制度变迁[④]的路径。

在行政部门的推动下进行立法，虽然能大大缩短时间，但这些法律由于出台得过于匆忙，且过于服从行政部门的利益诉求，难免存在纰漏和瑕疵，所以很容易形成套利空间。例如，《萨班斯法案》对上市公司内控合规要求很高，可以方便行政部门实施金融监管，但增加了上市公司的负

---

① 美国《刑法指南》指出：“法院通常依据科尔—弗里斯比原则（Ker – Frisbie doctrine）处理那些争议，认为联邦刑事诉讼程序中的被告人，不能基于他是被非法带入法庭的，而挑战联邦地区法院对他的管辖权。”

② United States v. Verdugo – Urquidez.

③ 高伟. 金融危机救助指引［M］. 北京：中国财政经济出版社，2019：114.

④ 强制性制度变迁是指通过行政权力和立法手段等外在强制力推行制度、变革制度的一种制度变迁方式。

担，大多数上市公司（尤其是海外上市公司）很难独自应付，只能寻求律师事务所的帮助，这就为美资律师事务所，如世达、高伟绅、谢尔曼·斯特灵、Eversheds 等，带来大量海外业务。美国律师总人数达到 130 多万，约占全世界律师总人数的 35%，2019 年美国律师服务的年增加值超过 1 万亿美元，占美国 GDP 总量的 5%，律师产业已成为美国十大支柱产业之一。另外，律师在美国政治中扮演着举足轻重的作用，在美国 200 多年的历史上，有半数以上的国会议员，70% 以上的总统、副总统、内阁成员，都是律师出身，如美国现任总统拜登。

第四节　重点执法机构及清单

美国“长臂管辖”不仅涉及部门多，而且联邦各部下设的执法机构也很多，那些执法机构又制定了各种制裁清单，很容易搞混。笔者决定将这部分内容单列出来作为一章，多费些笔墨详加分析。

国务院、财政部、司法部、商务部、证监会和国防部等是美国实施“长臂管辖”的重要部门，其中一些部门的“长臂管辖”职能是由其下属机构通过制定清单①、许可证等方式来执行的。而一些下属机构在执法方面具有相当强的独立性，特点明显，如联邦调查局、移民海关执法局、美国贸易代表办公室等。

一、国务院防务贸易控制理事会及“AECA 禁止清单”

防务贸易控制理事会（DDTC）② 是国务院政治军事局（PM）的下属

① 美国的各种制裁清单可通过美国财政部综合检索系统查询，有 PDF 和 TXT 下载，也可以在线查询。

② Directorate of Defense Trade Controls，DDTC.

机构，2003 年 1 月从原"国防贸易管制局"改组而来，主要管理"军用项目（munitions items）"出口，即武器、军火与防务技术、产品和服务出口。防务贸易控制理事会管制军用项目出口的主要法律依据是《武器出口管制法》（AECA）和《国际武器贸易条例》（ITAR）①。《国际武器贸易条例》是国务院制定的，其目的是严格规制与军事有关的技术、产品和服务的出口，主要是控制军用品和卫星出口。例如，美国波音公司和休斯电子公司在与中国进行的一次航天贸易行为中，被指定违反了《国际武器贸易条例》，2003 年 3 月，防务贸易控制理事会经过审查，对波音公司和休斯电子公司做出罚款 3200 万美元的处罚②，以了结为期 6 年的诉讼。

知识链接

美国国务院政治军事局（Bureau of Political – Military Affairs，PM）

国务院政治军事局成立于 2014 年，下设防务贸易管制理事会（DDTC）、负责公共事务和公共外交活动的国会和公共事务办公室（PM/CPA）、国际安全行动办公室（PM/ISO）、计划和倡议办公室（PM/PIA）、安全援助办公室（PM/SA）、安全谈判和协议办公室（PM/SNA）、外交政策顾问项目主任办公室（PM/POLAD）、地区安全和武器转让办公室（PM/RSAT）、武器转移和销毁办公室（PM/WRA）等 9 个下设机构。

政治军事局下设于国务院，隐去了军事敏感性，但实际上是一个培塑美军军队形象、打造美国全球影响力、亲和力的重要平台。

《国际武器贸易条例》的内容主要包括：规定军品出口管制的目的；制定军品管制清单；建立军品出口登记制度和许可证制度，即所有从事军品管制清单产品生产或出口的单位或个人，必须到防务贸易控制理事会登记注册；禁止向特定国家出口国防物品等。

① International Traffic in Arms Regulations，ITAR.

② 蔡高阳等. 美国航天产品贸易管控法律制度探析［J］. 湘潭大学学报，2012（4）：30.

防务贸易控制理事会负责管理“AECA 禁止清单”。列入“AECA 禁止清单”的各方，不得参与国防用品（包括技术数据）和国防服务的出口。如果一方被判违反或合谋违反《武器出口管制法》，就构成“法定禁止”。防务贸易控制理事会还能对违反《武器出口管制法》或《国际武器贸易条例》的行为实施“行政禁止”。面临国防物资和服务出口禁止的实体，必须向防务贸易控制理事会提出申请，在获准恢复出口资格后，才能参与受《国际武器贸易条例》管辖的出口活动。

二、国务院国际安全与防扩散局及“防扩散制裁清单”

1999 年，美国国防部将军备控制与裁军署（ACDA）① 并入国务院，此后合并了国务院与扩散有关的业务，例如，分散在各地区司（如欧洲及欧亚事务局）的业务和各功能性司（如政治军事事务局）的业务，成立了国际安全与防扩散局（ISN）②，由负责军备控制与国际安全事务的副国务卿领导，防扩散成为美国外交政策中优先任务之一，提高了国务院应对大规模杀伤性武器扩散的能力。

国际安全与防扩散局根据各项针对核、化学、生物武器等扩散活动的法律，制定“防扩散制裁清单”，被列入“防扩散制裁清单”的个人和实体等会受到不同的制裁。例如，2019 年 5 月，国际安全与防扩散局宣布对多国企业和个人实施制裁的声明，其中包括 13 个中国实体及个人、1 个伊朗实体、3 个俄罗斯实体、5 个叙利亚实体，上述实体与个人被指违反《伊朗、朝鲜和叙利亚不扩散法案》，向伊朗、叙利亚、朝鲜转移军品管控清单上的物品、技术或服务等，并实施了制裁，除非国务院另行决定，所有政府部门不得向上述外国人员采购服务、产品、技术，不得与以上人员订立服务、产品、技术采购合同；不得向以上人员提供协助，以上人员也

① 军备控制与裁军署（Arms Control and Disarmament Agency）成立于 1961 年。

② Bureau of International Security and Nonproliferation，ISN.

不能参与由美国政府提供协助的活动；等等[①]。如果该制裁不延长，一般会在 2 年内到期。

三、财政部 OFAC 及其管理的制裁清单

1. 美国“长臂管辖”的核心机构 OFAC

海外资产控制办公室（OFAC）是美国财政部下属机构（见图 5 –2），由财政部主管反恐和金融情报事务的副部长领导。OFAC 成立于 1950 年 12 月，当时朝鲜战争已爆发，杜鲁门总统曾借助 OFAC 冻结了中国和朝鲜在美国的公私财产[②]。时至今日，OFAC 仍是美国最重要的针对特定国家、地区和人员进行经济和贸易制裁的政府机构。OFAC 虽然隶属财政部，但直接对美国总统战时和国家紧急情况委员会负责，经特别立法授权后，可对美国境内的所有外国资产进行控制和冻结，同时负责在对外经济和贸易制裁事宜上与盟国进行合作。

图 5 –2　美国财政部 OFAC

近年来，OFAC 因其侵略性地适用次级制裁法而声名大噪，被美国学者描述为“手中紧握着沉重执法锤挥向美国领土之外的超长手臂”，成为

① John H. Esterline, " Politics of Arms Control: The Role and Effectiveness of the U. S. Arms Control and Disarmament Agency", American Political Science Review, Vol. 74, Issue 3. 1980: 818 –819.

② 中国政府采取针锋相对措施，发布管制美国财产和冻结美国存款的命令，同时宣布征用英国在大陆各地的公司财产（援引中共中央党史研究室．中国共产党的九十年——社会主义革命和建设时期［M］．北京：中央党史出版社，2016：367.）。

美国对外政策的重要执行者，是实施“长臂管辖”的核心机构，对美国之外的企业和机构危害很大。各类企业要重视对 OFAC 制裁风险的防范。

美国官方网站对 OFAC 职责的描述是：负责执行所有基于国家安全和对外政策的经济制裁，包括对一切恐怖主义、跨国毒品和麻醉品交易、大规模杀伤性武器等行为进行的制裁①。OFAC 根据授权，可以扣押或冻结可疑资产，拟定和调整被制裁个人与实体的名单，审查和发放许可证，调查并处罚违反制裁法的个人和实体②。美国在金融领域的“长臂管辖”就是建立在这些制裁名单基础上，任何违反 OFAC 制裁要求的行为，都会招致监管部门的重罚，并且大多是单边制裁。

OFAC 管辖范围很宽，不仅对美国管辖的人（包括美国银行、银行控股的公司和非银行子公司、美国人的外国子公司）有执法权，对“美国人”以外的外国公司也有管辖权，只要这些公司利用美国金融机构处理涉及制裁区域的美元交易。

OFAC 有权控制交易，冻结美国管辖范围内的资产，负责对禁运国家实施制裁，并禁止任何国家的企业与“黑名单”国家中的个人、企业往来，否则将招致次级制裁。这些都是很严重的制裁，有些制裁不用提前通知，所以对制裁对象的伤害很重。例如，2004 年 OFAC 根据 13224 号行政命令冻结了“哈拉曼伊斯兰基金会”③ 的资产，并宣布在对该基金会的调查结束之前冻结其财产，之前 OFAC 没有通知该基金会，也没有获得授权令。截至 2019 年 6 月 30 日，在 OFAC 发布的制裁信息中，已有 152 个中国个人和实体先后被纳入制裁名单，其中有 68 名中国人、83 个中国企业

---

① 李叙华．美国经济至此对我国港航企业的影响及其对策［J］．中国港口，2019（12）：52.

② See Terrorism and Financial Intelligence of Foreign Assets Control（OFAC），https：//www. treasury. gov/about/organizational – structure/offices/Pages/Office – of – Foreign – Assets – Control. aspx，2019 – 01 – 12.

③ 哈拉曼伊斯兰基金会是国际慈善组织，是在俄勒冈州成立的非营利组织，主要活动在一些伊斯兰国家，在当地兴建清真寺和学校，是瓦哈比四大宣教组织之一，被美国指责为“恐怖袭击”提供资助。

和 1 个军事部门。

OFAC 的处罚方式有民事处罚和刑事处罚两类。（1）民事处罚包括：罚金，每宗违规交易可被处以最高 25 万美元或交易金额两倍的罚款（取其较高者）；被列入制裁名单。（2）刑事处罚包括：罚金，每宗违法交易可被处以最高 100 万美元或交易金额 5 倍的罚款（取其较高者）；违法的自然人或违法实体的相关高管可能面临最高 20 年的监禁。

OFAC 目前主要管理两类制裁清单：一类是“特别指定国民和资产冻结人清单”，即 SDN 清单①；另一类是“综合制裁清单”②，如巴勒斯坦立法会非 SDN 清单、外国金融机构第 561 条款清单、非 SDN 涉伊朗制裁法案清单、海外逃避制裁清单、行业制裁识别清单等。

2. SDN 清单

SDN 清单是大家耳熟能详的清单，也是 OFAC 最主要的制裁清单，针对性很强（见图 5－3）。例如，2011 年利比亚战争爆发后，卡扎菲及其子女被列入 SDN 清单，其海外秘密资产被美国及其盟友全部冻结。又如，2020 年 3 月，OFAC 以违反“对伊朗的制裁规定”为由，将 13 个实体加入 SDN 清单，其中包括 3 家中国内地企业、3 家香港企业、2 家南非企业、1 家伊朗企业，3 名伊朗自然人、1 名伊拉克自然人。

SDN 清单是一份由 OFAC 发布和管理的经济制裁领域“黑名单”，主要分为三类：一是根据特定主题事务项目而设立的清单，如武器扩散、恐怖主义、毒品交易、跨过犯罪、洗钱等。二是针对特定国家和地区的制裁项目，如俄罗斯、白俄罗斯、朝鲜、古巴、伊朗、苏丹、委内瑞拉、索马里、也门、巴勒斯坦等。以上两类清单相互交织，如武器扩散清单可能涉及多个国家。三是基于特定项目的制裁，如大规模杀伤性武器、血钻石等。被列于 SDN 清单的实体将面临严重的后果，主要有：除非 OFAC 授权，否则任何美国人不得与 SDN 清单实体进行任何交易；SDN 清单实体的

① Specially Designated Nationals and Blocked Persons List，SDN List.

② Consolidated Sanctions List.

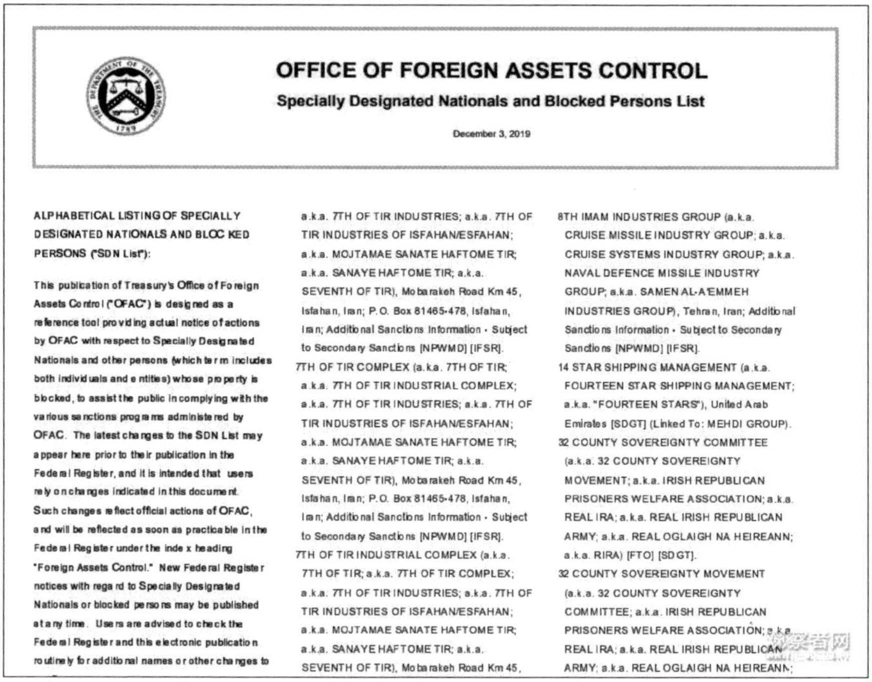

OFFICE OF FOREIGN ASSETS CONTROL

Specially Designated Nationals and Blocked Persons List

December 3, 2019

ALPHABETICAL LISTING OF SPECIALLY DESIGNATED NATIONALS AND BLOCKED PERSONS ("SDN List"):

This publication of Treasury's Office of Foreign Assets Control ("OFAC") is designed as a reference tool providing actual notice of actions by OFAC with respect to Specially Designated Nationals and other persons (which term includes both individuals and entities) whose property is blocked, to assist the public in complying with the various sanctions programs administered by OFAC. The latest changes to the SDN List may appear here prior to their publication in the Federal Register, and it is intended that users rely on changes indicated in this document. Such changes reflect official actions of OFAC, and will be reflected as soon as practicable in the Federal Register under the index heading "Foreign Assets Control." New Federal Register notices with regard to Specially Designated Nationals or blocked persons may be published at any time. Users are advised to check the Federal Register and this electronic publication routinely for additional names or other changes to

a.k.a. 7TH OF TIR INDUSTRIES; a.k.a. 7TH OF TIR INDUSTRIES OF ISFAHAN/ESFAHAN; a.k.a. MOJTAMAE SANATE HAFTOME TIR; a.k.a. SANAYE HAFTOME TIR; a.k.a. SEVENTH OF TIR), Mobarakeh Road Km 45, Isfahan, Iran; P.O. Box 81465-478, Isfahan, Iran; Additional Sanctions Information - Subject to Secondary Sanctions [NPWMD] [IFSR].

7TH OF TIR COMPLEX (a.k.a. 7TH OF TIR; a.k.a. 7TH OF TIR INDUSTRIAL COMPLEX; a.k.a. 7TH OF TIR INDUSTRIES; a.k.a. 7TH OF TIR INDUSTRIES OF ISFAHAN/ESFAHAN; a.k.a. MOJTAMAE SANATE HAFTOME TIR; a.k.a. SANAYE HAFTOME TIR; a.k.a. SEVENTH OF TIR), Mobarakeh Road Km 45, Isfahan, Iran; P.O. Box 81465-478, Isfahan, Iran; Additional Sanctions Information - Subject to Secondary Sanctions [NPWMD] [IFSR].

7TH OF TIR INDUSTRIAL COMPLEX (a.k.a. 7TH OF TIR; a.k.a. 7TH OF TIR COMPLEX; a.k.a. 7TH OF TIR INDUSTRIES; a.k.a. 7TH OF TIR INDUSTRIES OF ISFAHAN/ESFAHAN; a.k.a. MOJTAMAE SANATE HAFTOME TIR; a.k.a. SANAYE HAFTOME TIR; a.k.a. SEVENTH OF TIR), Mobarakeh Road Km 45,

8TH IMAM INDUSTRIES GROUP (a.k.a. CRUISE MISSILE INDUSTRY GROUP; a.k.a. CRUISE SYSTEMS INDUSTRY GROUP; a.k.a. NAVAL DEFENCE MISSILE INDUSTRY GROUP; a.k.a. SAMEN AL-A'EMMEH INDUSTRIES GROUP), Tehran, Iran; Additional Sanctions Information - Subject to Secondary Sanctions [NPWMD] [IFSR].

14 STAR SHIPPING MANAGEMENT (a.k.a. FOURTEEN STAR SHIPPING MANAGEMENT; a.k.a. "FOURTEEN STARS"), United Arab Emirates [SDGT] (Linked To: MEHDI GROUP).

32 COUNTY SOVEREIGNTY COMMITTEE (a.k.a. 32 COUNTY SOVEREIGNTY MOVEMENT; a.k.a. IRISH REPUBLICAN PRISONERS WELFARE ASSOCIATION; a.k.a. REAL IRA; a.k.a. REAL IRISH REPUBLICAN ARMY; a.k.a. REAL OGLAIGH NA HEIREANN; a.k.a. RIRA) [FTO] [SDGT].

32 COUNTY SOVEREIGNTY MOVEMENT (a.k.a. 32 COUNTY SOVEREIGNTY COMMITTEE; a.k.a. IRISH REPUBLICAN PRISONERS WELFARE ASSOCIATION; a.k.a. REAL IRA; a.k.a. REAL IRISH REPUBLICAN ARMY; a.k.a. REAL OGLAIGH NA HEIREANN;

图 5-3　OFAC 的 SDN 清单

任何资产若在美国境内或被美国人所有或控制，都将被自动冻结；该冻结的主体范围还扩展到由一个或多个 SDN 清单实体单独或合计、直接或间接拥有 50% 以上控制权的实体（即 50% 原则①）。

SDN 清单主要依据一些法案形成，如《与敌国贸易法》《国际紧急经济权力法案》《反恐怖融资及死刑有效法案》②《外国毒枭认定法案》③ 等。

被列入 SDN 清单的实体可以向 OFAC 递交“撤销申请”④，但需要详细说明移除理由并提交相关证据，包括为何从事某一交易、为何被列入

① “50% 原则”是指 SDN 名单及 SSI 名单的被制裁主体直接或间接控股 50% 以上股份的公司也被视为被制裁主体。相关企业在注意调查客户的母公司背景及业务领域情况的同时，也应将被筛查出的 SDN 名单及 SSI 名单相关敏感对象的直接或间接控股 50% 以上的母公司等关联公司，进行延伸尽职调查。

② Anti - Terrorism and Effective Death Penalty Act.

③ Foreign Narcotics Kingpin Designation Act.

④ Petition for Removal.

SDN 名单等，申请 OFAC 重新考虑该决定。同时，可以采取重组、辞去在被指定机构的任职或者其他可能否定指定依据的行为。OFAC 通常会在 7 个工作日内，通过电子邮件发送确认回执，随后 OFAC 可能会要求补充提供材料，用于澄清、证明相关事实。申请人可要求与 OFAC 会谈，但 OFAC 有权在完成审查前拒绝会谈。从申请人提出移除申请到 OFAC 制发书面决定，这个过程一般需要几个月。此外，从提出移除申请到 OFAC 做出书面决定前这段时间，申请人可以申请临时救济。如果有充分的解释理由，OFAC 可能会考虑对特定交易发放临时许可。

SDN 清单的制裁威力很大，纳入该清单的实体被禁止进入美国金融系统，禁止美元交易，财产和财产权益被冻结，同时禁止任何国家实体与该清单上的实体进行任何交易，否则会受到美国的次级制裁。例如，2018 年 5 月 8 日，特朗普政府宣布退出“伊核协议”①，并于 2018 年 11 月 5 日重启对伊朗能源、航运和银行等对外交易领域的制裁，特别是针对伊朗石油出口，将 700 多个实体和个人列入 SDN 清单。美国不仅对伊朗实施初级制裁，还禁止非美公司和个人与伊朗开展上述领域的交易，即实施次级制裁。

如果被列入 SDN 清单，实际上就被切断了与美国相关的业务或金融交易，因为许多交易都属于“与美国相关的交易”。例如，在通过美国金融系统进行清算的交易中，作为交易一方的非美国个人或实体如果其交易违反 OFAC 制裁，那么交易的另一方就可能成为美国管辖对象。因为只要是涉及美国金融系统的交易，不管在何时何地发生，OFAC 都可以对该交易行使管辖权。

被列入 SDN 清单的实体要高度警惕，最好立即告知交易对手，双方在实体内部各自建立“防火墙”，在交易中必须避免存在“美国连接点”。根据以往经验，交易涉及“美国连接点”后，就违反美国初级制裁的规定，

① The Joint Comprehensive Plan of Action，JCPOA.

可能会引发高管的刑事责任；如果交易不涉及“美国连接点”，顶多算是违反次级制裁的规定，不会触发刑事责任，两者区别还是很明显的。

3. 巴勒斯坦立法会非 SDN 清单

巴勒斯坦立法委员会代表巴勒斯坦境内的巴勒斯坦人行使立法等议会职能。“9·11 事件”后，哈马斯被美国宣布为恐怖组织。2006 年 1 月，在美国推动下，巴勒斯坦举行立法会选举，哈马斯战胜了法塔赫，获得组阁权，出乎美国预料。美国不接受这个结果，随即对哈马斯政府实施制裁。OFAC 认定哈马斯对于巴勒斯坦当局的交易拥有财产权益，因此 OFAC 依据恐怖主义制裁项目，禁止美国人①未经授权就参与巴勒斯坦当局的交易，这就产生了巴勒斯坦立法会非 SDN 清单②。

OFAC 依据全球恐怖主义制裁条令（美国联邦法律第 31 章 594 款）、恐怖主义制裁条令（美国联邦法律第 31 章 595 款）和外国恐怖主义组织制裁条令（美国联邦法律第 31 章 597 款）颁布的一般许可证（b）部分等法令，准许美国金融机构有权拒绝与下列对象进行交易：通过哈马斯提名选举进入巴勒斯坦立委会的成员、其他外国恐怖主义组织（FTO）、特别指定恐怖分子（SDT）、特别指定全球恐怖分子（SDGT）。即使这些个人或实体没有被列入 SDN 清单，美国金融机构也不能与其交易。

通过巴勒斯坦立法会非 SDN 清单，OFAC 名义是给金融机构授权，其实是将金融机构变成其行使“长臂管辖”的“前哨”。对金融机构而言，不仅收缩了业务，还增加了负担，是有苦难言。

4. 外国金融机构第 561 条款清单

所谓外国金融机构第 561 条款清单（简称“第 561 条款清单”）③，是 OFAC 针对伊朗进行金融制裁的特殊名单，是《伊朗金融制裁条例》（IF-

---

① 这里所指的美国人覆盖很广，包括所有美国公民和拥有美国永久居留权的外籍人士，不论其在何处，还包括所有在美国境内的个人和实体，所有美国法人实体及其海外分支机构。

② Non – SDN Palestinian Legislative Council List, NS – PLC List.

③ The List of Foreign Financial Institutions Subject to Part 561 List.

SR)[1] 第 31 章第 561 条款第 201 款和第 203 款明确的、与制裁伊朗相关、制约相关外国金融机构的清单[2]。2019 年 3 月 14 日，“第 561 条款清单”变更为外国金融机构代理行账户（Correspondent Account）或通汇账户[3]制裁清单的一部分，但其核心条款保持不变，仍然是 561 条款第 201 款和第 203 款。制裁的核心内容有：一是对特定外国金融机构在美国开立或维持的代理行账户或通汇账户，实施严格限制；二是禁止美国金融机构为外国金融机构开立或维持代理行账户或通汇账户。也就是对相关外国金融机构在美国开立的账户进行严格管制。

一旦美国财政部发现某家外国金融机构蓄意地（knowingly）参与美国联邦法律第 31 章第 561 条 201 款和 203 款明确的活动，则有权依据伊朗金融制裁法规，以及 2010 年《全面制裁伊朗、问责和撤资法》和《2012 财年国防授权法案》第 1245 章，对此类金融机构在美国开立或维护的代理账户或通汇账户，实施特定的禁止或限制措施[4]，给被制裁实体贴上“561 制裁清单”[5] 的标签，并在联邦信息公开系统上公布。

这就是说，“第 561 条款清单”的制裁目标很明确，就是将被制裁机构排除在美元支付清算系统之外。

5. 非 SDN 涉伊朗制裁法案清单

2011 年 5 月 23 日，奥巴马总统签署了第 13574 号总统行政令，“授权实施《1996 年伊朗制裁法案》中的某些制裁”。国务卿根据《全面制裁伊

---

① Iran Financial Sanctions Regulations，IFSR.

② OFAC，" 31 CFR Part 561. 203. ，Federal Register，March 15，178（51）"，http：//sanctionssearch. ofac. treas. gov/［2019 - 09 - 26］.

③ 通汇账户又称“过路账户（payable - through account）”，是美国金融机构为外国金融机构提供开立支票特权的存款账户。

④ 换句话说，“561 条款名单”明确了美国金融机构的职责：是否对某一特定外国金融机构代理账户或“通汇账户”的开立或维护实施严格的限制；是否禁止为某一特定外国金融机构开立或维护代理账户或通汇账户；是否禁止为某一特定外国金融机构开立或维护代理账户或通汇账户以及对已经开立的账户的维护是否实施严格的限制。

⑤ Part 561 List.

朗、问责和撤资法》修订的《1996伊朗制裁法案》（ISA）[①] 之前所授权力，选择并实施制裁。《1996伊朗制裁法案》要求国务卿依据总统授权，可以对涉足伊朗能源投资或精炼石油业活动的个人或实体，实施或免予制裁，就产生了“非SDN涉伊朗制裁法案清单”[②]，这是主要涉及伊朗的制裁清单，被制裁对象是没有严重到需要纳入SDN清单的实体。

国务卿选择对“非SDN涉伊朗制裁法案清单”中的个人或实体实施制裁，禁止美国金融机构为其提供贷款或授信。OFAC禁止美国金融机构在12个月内，向该清单中的个人或实体提供总计超过1000万美金的贷款或授信（除非贷款或授信用是其参加的人道主义援助活动）。这些个人或实体的名字不会出现在SDN清单上，其财产或（和）财产权益也不会被冻结。制裁清单为此创建了专门代码［NS－ISA］，以区别于［ISA］[③]。

6. 往来账户或通汇账户制裁清单

往来账户或通汇账户制裁清单（CAPTA）[④] 的法律依据为《支持乌克兰自由法》《朝鲜制裁条例》《伊朗自由与反扩散法》《伊朗金融制裁条例》《真主党金融制裁条例》以及第13846号行政命令。2019年3月14日，OFAC引入了CAPTA清单，取代原来的“第561条款清单”，涵盖所有被OFAC实施CAPTA制裁的主体。

CAPTA清单的核心目标就是将被制裁实体从美元支付结算体系中隔离或切除，被列入CAPTA清单的外国金融机构，将被禁止在美国开设或维持代理行账户或通汇账户，相关交易将被严格限制，包括：禁止或限制外国金融机构通过其在美国的代理行账户或通汇账户，提供贸易融资；将外国金融机构通过其在美国的代理行账户或通汇账户开展的业务，限制为特定业务类型，如个人汇款；对外国金融机构通过其在美国的代理行账户或通

---

① Iran Sanctions Act 1996，ISA.

② the Non－SDN Iran Sanctions Act List.

③ 那些财产或（和）财产权益因《1996伊朗制裁法案》规定的其他制裁而被冻结的个人或实体，如果出现在SDN清单上，那么代码就是［ISA］。

④ Correspondent Account of Payable－Through Account Sanctions list，CAPTA List.

汇账户开展的交易，设置货币限额或限制交易总金额；外国金融机构使用其在美国的代理行账户办理业务，必须事先获得美国金融机构的同意；禁止或限制外国金融机构通过其在美国的代理行账户，开展外汇兑换业务。

CAPTA 清单与其他清单相互独立，不包括受其他制裁措施（例如冻结制裁）约束的外国金融机构。目前在该清单项下仅有中国的昆仑银行 1 个条目。

7. 行业制裁识别清单

行业制裁识别清单（SSI）① 是 OFAC 针对俄罗斯经济部门的实体和个人而制定的识别清单，目的是禁止美国人与俄罗斯特定行业的实体和个人从事某些商业交易。

2014 年 9 月，OFAC 发布了涉及俄罗斯和乌克兰的 4 项制裁指令（Directive），禁止与 SSI 清单上的实体进行交易，包括：（1）限制对所列俄罗斯金融行业实体的新股权投资和融资；（2）禁止对所列俄罗斯能源行业实体的新融资；（3）禁止对所列俄罗斯国防行业实体的新融资；（4）禁止美国与清单中所列实体开展与俄罗斯深海、北极近海或页岩油项目开发相关的贸易，禁止与全球范围内在此类项目中拥有 33% 以上所有权或多数表决权的所列实体进行贸易。

SSI 清单列明了美国财政部长根据第 13662 号行政命令确定的俄罗斯经济行业经营的实体。与 SDN 清单中的个人和实体不同，被列入 SSI 清单的个人和实体不会面临资产冻结，美国人也未被严格禁止与其交易。然而，SSI 清单使个人和实体受到更有针对性的制裁，目的是切断其获得特定类型的融资渠道，被列入 SSI 清单的能源公司将被限制获取美国出口产品。

8. 海外逃避制裁者清单

海外逃避制裁者清单（FSE）② 包含经 OFAC 认定的、参与规避美国对

---

① Sectoral Sanctions Identifications List，SSI List.

② The Foreign Sanctions Evaders List，FSE list.

伊朗和叙利亚制裁的个人和实体。海外逃避制裁者清单列明了为美国制裁对象或代表受美国制裁对象促成欺诈性交易的非美国人。依据第 13608 号美国总统行政令[①]，准许 OFAC 有权对下述外国个人和实体采取制裁措施：(1) 违反、试图违反或合谋违反美国有关叙利亚或伊朗的制裁规定的外国实体和个人，制裁规定还包括根据核不扩散机构和反恐机构实施的制裁；(2) 协助下面这些实体和个人进行欺骗性交易的，包括：受美国有关叙利亚或伊朗制裁的个人或实体；直接或间接拥有、控制此类实体；直接或间接代表其行事、或意图代表其行事的个人或实体。这段制裁措施描述得很绕口，其实就是禁止与伊朗和叙利亚相关的海外逃避制裁者进行交易，并禁止海外逃避制裁者入境美国。

海外逃避制裁者清单是主要针对伊朗和叙利亚的制裁清单，被制裁对象是没有严重到需要纳入 SDN 清单的实体。尽管 FSE 清单并不是 SDN 清单的一部分，但 FSE 清单中的个人和公司也可能出现在 SDN 清单上。FSE 清单与 SDN 清单对约束对象做出相似的禁止性规定，例如禁止美国人与清单所列个人和实体进行交易。但是，与 SDN 清单不同的是，FSE 清单并未规定封锁或冻结清单所列个人和实体财产，除非这些个人和实体同时被列入 SDN 清单。

表 5－5　　　2020 年 OFAC 实施的部分制裁案例

时间	个人/实体	制裁措施	制裁事由
3 月	9 个实体公司和 3 个个人	列入 SDN 清单	故意从伊朗购买、销售、运输或推销化工产品，违反美国对伊朗的制裁政策（第 13846 号行政令）
5 月	Shanghai Saint Logistics Limited（物流公司）	列入 SDN 清单	此实体为伊朗马汉航空在中国的总代理并支持马汉航空的活动，违反美国针对伊朗的制裁政策

① 第 13608 号美国总统行政令的目的是：“禁止与同伊朗和叙利亚相关的海外逃避制裁者进行交易并禁止其进入美国境内。”

续表

时间	个人/实体	制裁措施	制裁事由
7月	亚马逊公司	罚款134523美元	向OFAC制裁对象提供商品和服务；未向OFAC报告需要通用许可证的几百笔交易
7月	中国4名官员和1个政府机构	列入SDN清单	违反《马格尼茨基法案》
7月	中国2名官员和1个政府机构	列入SDN清单	违反《马格尼茨基法案》
8月	11名中国大陆和香港官员	列入SDN清单	违反第13936号的行政令
8月	2个中国个人和实体	列入SDN清单	违反《外国毒枭认定法》
9月	8个中国个人和实体	列入SDN清单	参与从伊朗购买、出售、运输或者营销石油产品的重大交易，违反美国对伊朗的制裁政策（第13846号行政令）
10月	Generali Global Assistance，Inc.	罚款5864860美元，达成和解	通过其子公司为古巴交易方和旅行者提供2593起服务，违反《古巴资产管制条例》
10月	10名中国大陆及香港官员	更新制裁范围：扩至次级制裁	违反第13936号的行政令
10月	巴菲特旗下的伯克希尔·哈撒韦	罚款4144651美元	其土耳其子公司“严重”违反美国对伊朗制裁的指控达成和解
10月	4个中国个人和实体	列入SDN清单	支持伊朗石油石化产品销售，违反美国针对伊朗的制裁政策（第13846号行政令）
11月	1个中国实体	列入SDN清单	涉嫌派遣朝鲜人员务工，违反美国针对朝鲜的制裁政策
11月	中国电子进出口有限公司（CEIEC）	列入SDN清单	在数字网络监控上帮助委内瑞拉马杜罗政府，违反美国对委制裁政策（第13692号行政令）
12月	14个中国人大官员	列入SDN清单	违反第13936号“香港正常化”的行政令
12月	4个中国个人和实体	列入SDN清单	从事腐败活动，违反《马格尼茨基人权问责法案》
12月	BitGo，Inc.（加密托管服务和钱包运营商）	罚款98830美元	未对克里米亚、伊朗、叙利亚和古巴的用户尽职调查，提供数字资产方面的服务，违反美国对上述地区的制裁政策

资料来源：笔者根据OFAC公开信息整理而成。

四、财政部 FinCEN

财政部 FinCEN 成立于 1990 年 4 月，是美国金融情报中心，原来隶属于财政部恐怖主义和金融情报司（TFI）。在成立之初，FinCEN 的主要任务是提供一个政府间的多元情报及分析网络，以支持对美国洗钱、国际洗钱和其他金融犯罪的侦察、调查和起诉。

知识链接

美国财政部恐怖主义和金融情报司（Office of Terrorism and Financial Intelligence, TFI）

TFI 成立于 2004 年，是财政部管理和实施金融制裁的重要部门，其职责是减少金融系统对恐怖分子（团体和政府资助），洗钱者，毒品卡特尔和其他国家安全威胁进行非法活动的使用，由财政部一名副部长负责，拥有 700 多名员工，下设多个办公室，其中"恐怖主义融资与金融犯罪办公室"负责政策制定；OFAC 负责管理制裁项目；金融犯罪执法网络（FinCEN）负责银行保密法与反洗钱的相关监管；"财政部没收资产行政办公室"管理从制裁对象没收来的资产。

"9·11"事件后，FinCEN 被提升为财政部的一个局，以突出 FinCEN 在反恐融资中的作用。FinCEN 最核心职能是为美国国内各级执法部门和国际上的执法部门提供情报支持，通过对反洗钱信息的采集、整理、分析、传递，将反洗钱情报在执法部门间共享，以情报为纽带整合部门间的合作，在整个反洗钱监管体系中发挥着枢纽作用，成为串联各个执法部门的中心节点，协调反洗钱监管活动。

FinCEN 能利用 SWIFT、国际清算银行、美国三大信用卡公司（维萨、通用、万事达）、CHIPS 和 Fedwire 等跨境支付系统和机构，准确掌握和收集与被制裁对象交易的银行和公司名单，搜索被制裁对象经常使用的账户信息。

2016年5月，FinCEN颁布《金融机构客户尽职调查要求最终规则》①（CDD规则，又称“最终规则”），修改了《银行保密法》，进而提高财务透明度，以防止洗钱和恐怖主义融资等非法活动，并于2018年5月生效。CDD规定，受管辖的金融机构要对其客户的实际权益所有人进行尽职调查；要持续更新客户资料，以弥补各种漏洞，如犯罪分子通过匿名或间接持有账户、利用金融网站等方式，实施洗钱或恐怖主义融资活动；还要防止犯罪分子有针对性地逃避犯罪制裁。

FinCEN还建立了一个向各执法部门开放的数据库。美国法律允许FinCEN在市场上购买商业信息，补充数据库。FinCEN数据库提供的情报服务专业化程度非常高，具体分为两类。第一类是针对微观个案，根据执法机关的情报请求，在数据库中提取与之相关的所有情报信息，对其分析整理后及时进行反馈；联邦、州、地方三级执法机构也同样能在线访问FinCEN数据库，自行调查追踪案件线索。第二类比较宏观，是从分析现有洗钱及其相关的违法犯罪活动入手，研究现有洗钱犯罪活动特点，对洗钱发展趋势做出预判。FinCEN的情报能使调查人员找出横跨美国的、看似毫无联系的工商企业和银行账户之间的内在联系，并能在5分钟内给出所需要的信息，数据的多维度使FinCEN能给出被调查人员邻居的某些信息②。

五、商务部BIS及其制裁清单

商务部BIS监管《出口管理条例》的实施情况，设定实体清单，实行军民两用、商用技术的出口管制及相应的调查和处罚。BIS的前身是商务部出口管理局（BXS），2002年4月，由于美国形势变化和反恐的需要，被改组为BIS，其主要职责是对民用品及军工两用产品进行出口管制，主要依据《出口管制条例》，这一改革赋予商务部更大的出口管制权力和负责范围（见图5－4）。

---

① Customer Due Diligence Requirements for Financial Institutions，CDD.

② 王元元等．美国反洗钱监管案例研究［J］．西部金融，2018（3）：19.

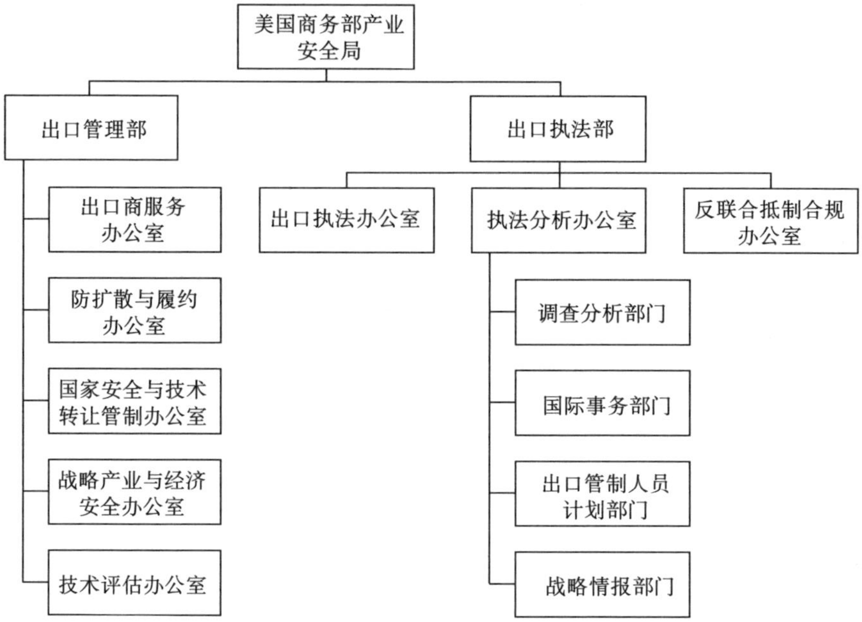

图5-4　美国商务部BIS结构图

BIS通过设置3种清单来限制美国技术的输出，分别为：被拒绝者清单（DPL）、实体清单（EL）和未核实清单（UVL）。在BIS的清单中，未核实清单较轻；被拒绝者清单影响范围较小；大家听到最多的还是实体清单。进出口企业对BIS比较熟悉，很忌惮BIS的管制清单，因为某企业一旦被列入BIS的出口管制清单，那么美国公司如果还想向这家企业出口产品，就需要通过两道关卡，一道是“许可证”，另一道“许可证再审核”，如果不能向BIS证明出口的物项对某国军事能力没有实质性贡献，就会被拒绝出口。

1. 实体清单

1990年11月，老布什总统提出“增强扩散控制倡议”①，实体清单是该协议的一部分，1997年2月美国商务部首次发布实体清单，内容包括实

① Enhanced Proliferation Control Initiative.

体（企业、研究机构、政府和私人组织、个人以及其他类型的法人）的名称、地址、受限类型等相关信息。

实体清单由美国商务部 BIS 负责管理并执行，只要被政府认为已参与或涉嫌参与违反美国国家安全或危害外交政策利益的个人和企业，就会被纳入实体清单。实体清单中的每个实体，都被规定了许可要求和许可审查政策。

“最终用户审查委员会（ERC）”① 决定是否将某个实体列入实体清单，ERC 是一个由商务部牵头的跨机构委员会，由来自商务部、国务院、国防部、能源部和财政部（如适用）的代表组成。ERC 对受《出口管理条例》管辖的物项实施许可要求，并实行“推定拒绝”② 的许可审查政策，禁止向列入清单的实体运输受《出口管理条例》管辖的物项，涉及类目十分广泛，包括有形商品、软件和技术（信息）。

依据实体清单，BIS 禁止美国出口商向该清单上的实体出口管制物项，很有威力，因为一旦被列入这个清单，就意味着失去了在美国贸易的机会，会遭到技术封锁和国际供应链隔离。尽管美国《出口管理条例》为进入清单的实体提供了申请取消的程序，但企业进入实体清单后，基本不可能从美国获得《出口管理条例》所列物项和技术。另外，由于欧盟、日本等与美国的出口管制保持一致步调，使列入实体清单企业的国际业务将受到较大冲击。

近年来，被列入实体清单的中国企业和个人的数量不断攀升，截至 2019 年年底，中国被纳入该清单的实体达到 174 个，其中，华为关联企业占据多数。另外，BIS 对华出口申请的批准率从 2017 年的 94.49% 下滑到 2018 年的 85.37%，中国获批出口许可证的数量也从 2017 年的 771 份下降

① End – User Review Committee，ERC.

② “推定拒绝（Presumption of Denial）”是指推定应当不签发许可证，除非申请人提供足以推翻该推定的证据，否则 BIS 将拒绝签发出口许可证。

到2018年的350份①。

The entities to be added to the Entity List in connection with the practice of forced labor involving Uyghurs and other Muslim minority groups in the XUAR are:

- Changji Esquel Textile Co. Ltd.
- Hefei Bitland Information Technology Co. Ltd.
- Hefei Meiling Co. Ltd.
- Hetian Haolin Hair Accessories Co. Ltd.
- Hetian Taida Apparel Co., Ltd.
- KTK Group
- Nanjing Synergy Textiles Co. Ltd.
- Nanchang O-Film Tech
- Tanyuan Technology Co. Ltd.

The entities to be added to the Entity List in connection with conducting genetic analyses used to further the repression of Uyghurs and other Muslim minorities in XUAR are:

- Xinjiang Silk Road BGI
- Beijing Liuhe BGI

图5－5　2020年7月BIS将11家中国公司列入实体清单

2. 被拒绝者清单

被拒绝者清单列出的是被剥夺出口和再出口特权的个人和实体，例如，前面提到的那些被指控违反美国出口管制的个人和实体，他（它）们大多是因为违反《国际紧急经济权力法案》，美国企业与个人不能向他（它）们出口"受管制物品"，如商品、软件或技术等，也不能参与涉及"受管制物品"的交易。此外，帮助被拒绝者规避禁令的行为也违反《出口管理条例》。在发布拒绝令前，BIS一般会与被拒绝者人交涉。被拒绝者名单上的大多数条目一般有期限，除非BIS延长期限。

被拒绝者清单听起来很严厉，但比较而言，其执行力和规范性比实体

① 转引陈波，等．美国两用物项出口管制：最新进展与可能影响［J］．国际贸易，2020（10）：65.

清单弱①，影响范围较小。

3. 未核实清单

未核实清单是依据美国《出口管理条例》第744章第六补充案中有关规定制定的清单，在该清单中列出了外国实体的名称与相应地址。这些外国实体涉及出口、再出口或在国内转让受限于《出口管理条例》物品（Items subject to the EAR），但BIS无法核实这些外国实体是否具有“善意”（bona fides）或合法性，从而无法判断这些出口物品的用途是否和出口商申报的相同，也无法判断该出口是否会违反《出口管理条例》。这一核实被称为“最终用户核实”②。如果无法完成对某个外国实体的“最终用户核实”，那么BIS就把这个实体列入未核实清单。

知识链接

受限于《出口管制条例》的物品

具体包括：(1) 在美国境内的所有物品，包括在美国对外贸易区（U. S. Foreign Trade Zone）或从一国转移到另一国，从而中转美国；(2) 美国原产地物品（U. S. origin items）；(3) 某些用美国原产技术或软件在外国制造的直接产品；(4) 由 (a) 美国境外的工厂、或者 (b) 工厂的主要部分位于美国境外的工厂，生产的用美国原产地技术或软件的直接产品；(5) (a) 外国制造的、但“包含 (incorporated)”受管制的美国原产商品的产品，或 (b) 外国制造的、与受管制的美国原产软件“捆绑 (bundled)”在一起的产品，或 (c) 外国制造的、与受管制美国原产软件混合的软件，或 (d) 外国制造的、与受管制的美国原产技术混合的技术。

---

① 周磊，等．美国对华技术出口管制的实体清单分析及其启示［J］．情报杂志，2020（7）：24.

② End－use check.

美国出口商向未核实清单中的实体出口、再出口或转移美国商品或服务前，需要进行额外的尽职调查，监控出口物项的最终用途。尽管未核实清单不是禁运，但因为麻烦，有时供应商会把它当作是禁运，未核实清单的实际效果大于法律效果。

表5－6　　美国商务部BIS制裁清单

名称	英文及缩写	内容	案例
实体清单	Entity List，EL	除非被列入EL的机构取得许可证，否则美方不得与其进行贸易及学术交流	2018年“中兴事件”；2019年全面制裁华为
被拒绝者清单	Denial People List，DPL	当参与出口、再出口的个人行为违反规定时，BIS剥夺其对美出口特权	深圳汇能、中科院长春应用化学研究所、江西航空
未核实清单	Unverified List，UVL	重点控制被限制产品的出口、再出口或专卖。一旦确认企业存在上述违规行为，就被列入EL	三安光电、陕西宏远航空锻造、中国人民大学等

资料来源：笔者根据BIS公开信息整理而成。

表5－7　　2020年BIS实施的部分制裁案例

时间	被处罚实体/个人	处罚措施	制裁事由
3月	Zimo Sheng	判处40个月监禁；列入被拒绝人名单	违反《武器出口管制法》
5月	24个中国实体和个人	列入实体清单	违反美国安全或者外交政策利益
5月	9家中国实体	列入实体清单	与《马格尼茨基法案》的问题有关
7月	11家中国实体	列入实体清单	与《马格尼茨基法案》的问题有关
8月	华为的38家分支机构	列入实体清单	违反美国国家安全和外交政策利益
8月	24家中国实体	列入实体清单	违背美国在南中国海的外交政策
10月	38家中国实体	移出未经证实名单	对列入实体核查最终用途并验证其“善意”，或实体不在中国参与从美国进口物项的经营活动
12月	60个中国实体和个人	列入实体清单	与《马格尼茨基法案》问题有关、违背美国在南中国海的外交政策等
12月	58家中国实体	列入MEU清单	避免中国运用美国技术和物项增强军事实力

资料来源：笔者根据BIS公开信息整理而成。

六、国防部国家安全局和“第 1237 条清单”

国防部下属国家安全局（NSA）[①] 又称国家保密局，成立于 1952 年，是美国政府机构中最大的情报部门，专门负责收集和分析外国及本国通讯资料，为财政部、司法部和商务部的调查提供情报支持。近年来，国家安全局因“NSA 密钥”“棱镜门”等事件而闻名于世。

国防部负责制定“第 1237 条清单”。1998 年美国通过了《1999 财年国防授权法案》[②]，根据第 1237 条，国防部长与司法部长、中央情报局局长和联邦调查局局长共同确定“中共涉军企业”清单[③]，这个清单也称“第 1237 条清单”。

“1237 条款”诞生后一直处于沉睡状态，所以影响远不如 SDN 清单大。在几名共和党参议员的提醒下，2020 年 6 月美国国防部公布了第一份“第 1237 条清单”，包括美国政府认为由中国拥有或控制的在美经营的 20 家中国公司，这里面有中国移动和中国电信等（见图 5－6）。2020 年 8 月，美国国防部又公布了第二份 11 家中国企业名单，其中包括中国联通等。2020 年 11 月，特朗普总统签署的行政令（Executive Order 13959），规定从 2021 年 1 月 11 日上午 9 点 30 分起，禁止美国主体采购“中共涉军企业”公开发行的证券、衍生证券等金融产品。

尽管“第 1237 条清单”目前较短，所列公司大多已被列入商务部实体清单中，但需要注意的是，第 1237 条清单可能进一步扩展，国防部还对第 1237 条做出了很宽泛的解释。另外，美国总统无需宣布国家紧急状态，就有权根据《国际紧急经济权力法案》对清单中的公司实施制裁，需警惕。

① National Security Agency，NSA.

② Defense Authorization Act for fiscal year 2019.

③ List of Communist Chinese Military Companies.

Qualifying Entities Prepared in Response to Section 1237 of the National Defense Authorization Act for Fiscal Year 1999 (PUBLIC LAW 105–261)

CLEARED
For Open Publication
Jun 12, 2020
Department of Defense
OFFICE OF PREPUBLICATION AND SECURITY REVIEW

Aviation Industry Corporation of China (AVIC)
China Aerospace Science and Technology Corporation (CASC)
China Aerospace Science and Industry Corporation (CASIC)
China Electronics Technology Group Corporation (CETC)
China South Industries Group Corporation (CSGC)
China Shipbuilding Industry Corporation (CSIC)
China State Shipbuilding Corporation (CSSC)
China North Industries Group Corporation (Norinco Group)
Hangzhou Hikvision Digital Technology Co., Ltd. (Hikvision)
Huawei
Inspur Group
Aero Engine Corporation of China
China Railway Construction Corporation (CRCC)
CRRC Corp.
Panda Electronics Group
Dawning Information Industry Co (Sugon)
China Mobile Communications Group
China General Nuclear Power Corp.
China National Nuclear Corp.
China Telecommunications Corp.

20-S-1496

图 5－6　2020 年 6 月 12 日美国国防部发布的 1237 清单

七、美国贸易代表办公室及“恶名市场”名单

2020 年 6 月，美国贸易代表办公室（USTR）① 对欧盟、英国、意大利、巴西、印度等 10 个贸易伙伴已执行或正在考虑的数字服务税发起“301 调查”。2021 年 1 月 14 日，USTR 公布对英国、西班牙和奥地利数字服务税的“301 调查”结果，称这三国的数字服务税“歧视”美国企业，不符合国际税收普遍原则，但未宣布关税惩罚措施。

① Office of the United States Trade Representative，USTR.

知识链接

数字服务税（digital service tax）

数字服务税是指一国对其境内的跨国公司通过境外子公司所销售的数字服务征税。数字服务税最早被提出是为了缓解互联网跨国公司对非注册地国家的税基侵蚀和利润转移问题（Base Erosion and Profit Shifting，BEPS），即跨国公司为了最大限度降低全球总体税负，利用各国税制差异和监管漏洞，通过企业职能拆分、资产内部转移定价等方式逃避纳税义务，从而造成区域税收分配不均矛盾。简单说来，就是高税国企业向其低税国关联企业销售货物、提供劳务、转让无形资产时制定低价；低税国企业向其高税国关联企业销售货物、提供劳务、转让无形资产时制定高价。

读者可能会问：USTR 和前面提到的 USITC 有什么区别？下面笔者做简要分析。

USTR 的最初名称是特别贸易代表办公室，负责 1930 年《关税法案》① 和 1962 年《贸易扩展法案》② 项下的贸易协议谈判，1980 年更名为 USTR，负责制定和协调美国国际贸易、商品和直接投资政策等。USTR 的首脑为美国贸易代表，是大使级内阁官员，直接对总统和国会负责。

从 2006 年开始，USTR 在《特别 301 报告》中确定“恶名市场”名单③，2011 年 2 月公布了第一份独立的“恶名市场”名单，将 30 多个全球互联网和实体市场列入销售假冒和盗版产品的“恶名市场”名单。进入这一名单的中国企业包括：百度、北京秀水街、浙江义乌小商品市场、香港女人街等。2020 年 5 月，USTR 列出 2019 年全球“恶名市场”名单，拼多多、淘宝等出现在这个名单中。列入“恶名市场”名单并不导致直接被处

① 《关税法案》又称《斯穆特—霍利关税法》，“The Smoot – Hawley Tariff Act”.

② The Trade Expansion Act of 1962.

③ Notorious market list.

罚，但将损害列入企业声誉，阻碍企业拓展国际市场[1]。

USTR 发布“恶名市场”名单的本意是为了协助有关机构打击侵犯知识产权的的行为，但它是美国单方面发布的，缺乏公正性，没有得到其他国家的认可，近年来更加反复无常、标准缺位，沦为美国贸易保护的推手。

此外，USTR 还根据对各国知识产权保护状况的评估情况，发布年度“特别 301 报告”[2]，将评估国家分别列入重点国家、优先观察国家、观察国家等名单，并对不同国家采取调查、报复、继续观察等反制措施。一旦被列入“重点国家”或者“优先观察国”，USTR 必须在 30 天内考虑是否对该国进行调查，这类调查一般是 6—9 个月。调查后 USTR 将考虑是否对该国采取进一步举措，如中止贸易协定、增设投资壁垒、取消免税待遇、施加惩罚性关税等。

中国连续多年被列入“优先观察国家名单”。从 20 世纪 90 年代起，“特别 301 报告”就成为中美经贸交往中的焦点。当中美双方关系转冷时，“特别 301 报告”往往会成为美国向中国施压的筹码，政治色彩很浓。

八、国家核安全局和“810 授权”

美国能源部下属的国家核安全局（NNSA）[3] 以检测核、放射性物质、大规模杀伤性武器相关设备为由，实施出口管制。2018 年 10 月 11 日，美国能源部和 NNSA 发布了《美国对中国民用核能合作政策框架》[4]，对《美

---

① 张汉东. 恶名市场与中美贸易争端［J］. 浙江经济，2017（4）：8.

② Special 301 Report.

③ National Nuclear Security Administration.

④ 从这份《政策框架》文件看，美国政府对中国民用核技术转让的限制，主要是针对轻水小堆相关的出口、非轻水先进反应堆、2018 年 1 月 1 日以后的新技术转让这 3 个方面。在设备和部件出口方面，限制主要针对与美国有直接经济竞争的设备，如华龙一号、CAP1400 的美国专有设备等。在材料出口方面，主要是提高出口许可证的申请难度。

国联邦法规》[1] 第810条款进行补充。“810条款”是指美国联邦法规第10章第3节的810条款，即美国核材料及技术出口管制条款，其中列出了出口管制范围，相关核材料在出口时需要经过能源部的授权许可。810条款主要针对中国、伊朗、朝鲜等国，不适用于美国盟国及友好国家。此次补充政策的出台，就技术、设备和材料的出口政策给出具体清单，很多专家和业内人士认为针对的就是中国核电行业。

“810授权”由国务院、国防部、能源部、商务部和核管会（NRC）[2]等5个部门负责，其中，国务院负责联系外国政府；国防部、能源部负责军用和敏感核技术出口管制，制定和执行核技术出口管制清单，包括核材料、特殊材料、特殊工艺等，也就是建造核技术出口管制的“防火墙”；商务部负责制定和实施军民两用核技术出口管制；核管会负责颁发核设备和核燃料的出口许可证。

“810授权”由出口核技术的美国公司向美国能源部申请，美国政府要得到进口国政府的担保，要保证不把进口的核技术、核材料等用于军用，保证不向第三国转让等，满足这些担保条件后，美国政府才会核发“810授权”。“810授权”由能源部部长签发，但签发前须经过国务院、国防部、能源部、商务部和核管会的会签批准，要想取得并不容易。

2007年中美企业签订合同，将引进美国AP1000技术，用于浙江三门核电厂1号机组，但工期一拖再拖，受阻的一个重要原因就是受困于“810授权”的审批。所有参与AP1000核电技术的美国公司，包括西屋、绍尔和屏蔽泵供应商EMD等，都必须获得美国政府颁发的“810授权”，才能开展相关业务，但相关美国公司迟迟拿不到这个授权。

九、其他机构

1. 美国海关

---

① Code of Federal Regulations，CFR.

② Nuclear Regulatory Commission，NRC.

美国海关[①]隶属国土安全部（DHS）[②]，分为两个部分，即移民海关执法局（ICE）[③] 和海关边境保护局（CBP）[④]，这两个机构都成立于 2003 年（即国土安全部成立后的第二年）。ICE 和 CBP 都是由原美国海关（原属财政部）和原司法部移民局（INS）[⑤] 打散后重新组建而成的。ICE 像缩小版的 FBI，近年来风头很盛，业务主要是对“人”，尤其是移民，不受地域限制，ICE 的主官是局长（director），有警察（police）和特工（agent）。CBP 是美国海关的继承者，其业务主要管“地”，任务范围主要在海关和边境，包括美国 328 个空陆水港和北方、西南边境线，在这些地盘上出现的人、货、车、机、船等都归 CBP 管，CBP 的主官是专员（commissioner）。总体感觉，ICE 比 CBP 正规。

ICE 是国土安全部下辖的主要调查机构，2003 年整合了美国在海关入境服务和移民入籍服务方面的调查部门和内陆武装警力，拥有 3 万多名员工，分布在美国 50 个州和 47 个国家，其任务主要是：抵御恐怖主义和巩固安全；管理和确保边境安全；执行移民法律；保卫虚拟网络空间安全。另外，ICE 还监督国内移民和海关法律的实施，对约 9000 项联邦设施实施保护。ICE 设有专门的调查办公室（OI）及武器和战略技术调查部门，负责调查违反有关规定的出口，防止对恐怖主义组织的非法出口和阻止它们掌握大规模毁灭性武器及其零部件。ICE 有权发出海关出口执法传票，并要求被调查者者接受询问和（或）提供有关记录。ICE 还与其他机构合作，阻止不符合美国对外政策和国家安全利益的出口[⑥]。

---

① U. S. Customs and Border Protection.

② 国土安全部（United States Department of Homeland Security，DHS）负责美国境内的边境管制、情报统筹、紧急应变以及防止恐怖活动，负责保护美国总统等重要政要的特勤局也隶属该部，于 2003 年 1 月 24 日成立，当时将 23 个机构统一至该部，工作人员多达 17 万名，是美国最大也是最年轻的联邦行政部门。

③ U. S. Immigration and Customs Enforcement，ICE.

④ U. S. Customs and Border Protection，CBP.

⑤ The U. S. Immigration and Naturalization Service，INS.（有的也将其翻译为移民归化局）。

⑥ 刘子奎．冷战后美国出口管制政策的改革和调整［J］．美国研究，2008（2）：15.

CBP 是美国国土安全部的联邦执法机构，负责征收关税并执行美国贸易、海关以及移民等方面的法律，拥有 4 万多名联邦雇员及官员。CBP 的成立使美国首次实现了由一个机构统一管理进入美国口岸的人员与货物。CBP 的首要使命是防范恐怖分子和恐怖武器进入美国，主要任务是：保护人民；保护国家经济；保卫并管理空陆水边境。CBP 比较强调经济安全任务，与美国海关原来归财政部管有关。

2. 纽约州金融服务局

联邦层面是美国“长臂管辖”的主要推动和行使者，但也有部分州独自制定法律对特定国家或实体实施“长臂管辖”，这方面的案例不多。例如，2005 年伊利诺伊州州长罗德·布拉高维杰签署《伊利诺伊州苏丹法》①，该法修改了《州存款法》② 及《伊利诺伊州养老金法规》③，对苏丹政府、营业地在苏丹或与苏丹从事商业活动的公司进行制裁。在州政府层面，纽约州金融服务局需要引起金融机构重视。

美国的公司法是州法，而一些金融方面的立法属于联邦法，如《金融服务现代化法案》《萨班斯法案》等，由联邦机构来监管。近年来一些州试图跻身金融市场监管，而联邦政府曾阻挠州政府的介入。2008 年的国际金融危机给了州政府可乘之机，他们攻击联邦政府监管失当。纽约州前检察长艾略特·斯皮策就是扩大州金融监管权的积极倡导和推动者。“科莫诉结算公司协会案”在历时四年后，2009 年联邦最高法院裁定：各州有权按照其本州的法律对全国性的银行施行监管，即使州政府执法与联邦政府在此领域的执法有重叠。此后，一些州政府，尤其是纽约州，在金融监管方面的职能得到增强，纽约州金融服务局也顺势扩展了其“长臂管辖”范围，不断将手伸向国外。纽约州金融服务局对金融机构实施的制裁，一般是与联邦政府相关部门联合或通过地方司法部门进行，罚款所得也会分给

---

① Illinois Sudan Act.

② Deposit of State Moneys Act.

③ Illinois Pension Code.

纽约州金融服务局一部分。

知识链接

科莫诉结算公司协会案（Cuomo v. Clearing House Association）

这是一场旷日持久的诉讼。2005 年，纽约州检察长斯皮策立案调查花旗集团、摩根大通等几家银行的贷款业务。几家银行区别对待白人、黑人和拉美裔人，他们所付贷款利息不同，黑人和拉美裔美人借款要付更高的利息。斯皮策的办公室向银行发函，要求它们提供相关情况。银行坚决抗争，由结算协会与货币监管办公室出面，一同向法院起诉，请求法院制止纽约检察长的调查。联邦地区法院和联邦上诉法院均判结算协会和货币监管办公室胜诉。但诉讼到联邦最高法院之后，联邦最高法院否决了前面的判决。按照 1864 年的《国家银行法》和 2004 年之后布什政府通过的法规，联邦政府有权随时查视银行的记录，该查视权归联邦政府所有，州政府不可搅局。根据宪法原则，美国宪法或联邦政府明确规定属于联邦政府的权力，州政府不得染指。联邦最高法院大法官安东尼·斯卡利亚却认为，纽约州检察长并非是在行使查视权，而是在行使其执法权，并没有染指联邦政府的“查视”权力。

纽约州金融服务局①是纽约州政府的组成部门，监管对象多样，达到 20 多种金融机构，但总体上划分为银行业和保险业两大类型②。现在，纽约州金融服务局作为美国“长臂管辖”在金融领域的一个重要行使者，频繁对各国金融机构下狠手，罚款金额巨大，很多国外金融机构深受其害。

---

① New York State Department of Financial Services，NYDFS.

② 孟飞．地方金融监管立法：纽约州的经验及启示［J］．上海金融，2019（10）：56.

表 5－8　　美国政府部分执法机构的制裁清单及制裁措施

制裁机构	清单类型	制裁措施
国务院国际安全与防扩散局	防扩散制裁清单	核武器技术出口、资金流入禁止等
国务院防务贸易控制理事会	《武器出口管制法》禁止名单	武器及相关产品的禁运、禁售；知识产权禁止等
财政部 OFAC	SDN 清单、巴勒斯坦立法会清单、外国金融机构第 561 条款清单、非 SDN 涉伊朗制裁法案清单、往来账户或通汇账户制裁清单、行业制裁识别清单、海外逃避制裁者清单	美国商品、美元获得禁止；财产冻结；拒绝入境；刑事拘捕等
商务部 BIS	实体清单、被拒绝者清单、未核实清单	业务禁止；资产冻结；对非美国人与其进行交易进行次级制裁等

资料来源：笔者根据美国政府网站公开信息整理而成。

第五节　建立国外网络和据点

一、推动法律出口

美国国会和总统积极游说其他国家政府，促使它们接受美国“长臂管辖”相关法律或制定类似法律，成为美国的“执法同盟”，从而建立庞大的“长臂管辖”执法网络。

美国出台《反海外腐败法》后，在国内遭遇强烈反对，理由是单方面禁止美国公司行贿后，将使美国公司在海外竞争中处于不利地位。为了推广《反海外腐败法》的全球适用，美国最先在联合国提出通过打击腐败的国际公约。但其他国家很快意识到这是一个法律陷阱：美国拥有庞大的司法机构和全球司法行动能力，打击腐败的国际法化，意味着赋予美国司法机构域外执法权。美国政府后来又希望国际商会接受其主张，也未成功。此后，美国绕开联合国，游说经济合作与发展组织（OECD），最终 OECD 于 1997 年通过了《反对在国际商务交易活动中行贿外国公职人员公约》[①]（简称《反贿赂公约》），自 1999 年 2 月生效。

《反贿赂公约》的条文与美国《反海外腐败法》很相近，基本上照抄了《反海外腐败法》。一些专家认为，该公约至少借鉴了《反海外腐败法》4 点：（1）在一定范围内允许外国公职人员收取酬劳；（2）限制主动行贿（追查行贿人而非受贿人）；（3）对不法行为实施一定惩戒；（4）允许跨国执法。其中“允许跨国执法”这一条就为美国“长臂管辖”提供了法律基础。美国国会批准了《反贿赂公约》，并于 1998 年出台了相关执行法律。目前该公约由 44 个国家批准通过，其中有 8 个国家是非 OECD 成员。

2000 年，美国签署了欧洲委员会制定的《腐败问题刑法公约》[②]。美国还在美洲国家组织（OAS）、国际商会（ICC）、世界银行、泛美开发银行（IADB）、IMF、非洲发展银行、欧洲理事会和联合国等国际组织谋求同样支持，这些组织也相继出台了类似公约。

跨国公司在国外贿赂严重损失公平竞争，抑制有效投资，破坏国家法治，是阻碍经济健康增长的“毒瘤”。国际反腐败需要集体行动，但囚徒困境使各国采取集体行动时面临很多问题，很多国家没有足够的动力反对海外腐败行为，加上路径依赖的持续影响，使具有强制约束力和执行力的国际条约一直难以出台。作为第一部打击海外腐败行为的法律，美国第一次将跨国贿赂犯罪化，并通过推动和签署公约的方式，让更多的国家同意和参加打击跨国贿赂，从理论上讲，应该有利于净化国际商业环境，但在

---

① OECD Convention on Combating Bribery of Foreign Public Officials in International Business Transactions.

② Criminal Law Convention on Corruption.

具体执行中出现了很多问题。例如，根据相关统计，外国公司缴纳的《反海外腐败法》罚款远高于美国公司，被控违反《反海外腐败法》的美国国内公司的平均缴纳罚款为1780万美元，而被控违反《反海外腐败法》的外国公司的平均缴纳罚款为9110万美元，是前者的5倍多①。《反海外腐败法》即便是本“好经”，也经不起这样滥用，其实早已被美国执法部门念歪了。

二、建立全球网络和支点

美国通过跨国合作，与超过100个国家和地区签订引渡协议，建立广布全球的“长臂管辖”网络和据点。美国司法部犯罪司在多国设立法律顾问，如美国司法部驻华法律顾问就经常到中国各省访问；联邦调查局和缉毒局在多国设立海外办公室，如2002年10月联邦调查局在美国驻华使馆内设立了临时办公室；等等。美国通过在全球寻求同盟，不断增加“长臂管辖”的长度、强度和范围，覆盖大部分国家和地区。

第六节 智库和基金

一些学者在分析美国“长臂管辖”案例时，详细分析了美国智库和基金发挥的作用，如美国国际研究中心、对外关系委员会、基辛格联合咨询公司、凯雷投资集团、黑石集团等。美国政客们离职后，很多选择在智库和基金等稍作休整，然后再进入大公司担任要职。这些智库和基金就成为美国企业和行政部门进行沟通的中枢，共同制定各类战略，维护美国的政治和经济

① FCPA Enforcement Actions Against Foreign Companies From OECD Convention Peer Countries, http://fcpa – professor. com/fcpa – enforcement – actions – foreign – companies – oecd – convention – peer – countries – 3 /#more – 26424.

利益[①]。

有的学者将美国智库和基金描述为美国“长臂管辖”的主谋，上天入地不所不能。那些作品读起来虽然很精彩，但在笔者看来，智库和基金都是联邦机构高官离职后发挥余热的平台，是联邦机构的代言人和前台表演者。离开联邦机构和财阀的支持，美国智库和基金就是无本之木。另外，在众多的智库和基金之间存在竞争，选择使用权则掌握在联邦机构手里。

据笔者观察，在美国行使“长臂管辖”的初期，智库和基金能发挥较大作用，但随着美国行使“长臂管辖”的经验日益丰富、手法日益娴熟，智库和基金的作用逐渐弱化，甚至被认为是多余，这种趋势在特朗普政府期间表现得尤为明显。这些基金和智库如果不能为美国联邦政府倚重，有可能被他国利用，甚至可能成为反制美国“长臂管辖”的工具。

第七节　总　　结

从美国“长臂管辖”的实现机制看，联邦层面是将“长臂管辖”伸向国外的主要始作俑者、倡导者和积极推动者，除取决于综合实力，还与美国政治制度有很大关系。

一、分权体制促使联邦层面从海外谋取利益

美国最早由13个殖民地以联邦形式组织在一起，大部分行政权集中在州层面，联邦层面掌握的公共权力和资源有限。而联邦层面作为一个政治集团是理性的，追求联邦利益优先，具有利益最大化的冲动和无限扩大权力的倾向，他们会利用各种机会扩大自己的行为边界和组织机构。当他们向下伸手受到州层面的强烈抵制后，自然会向国外伸手，利用美国霸权和综

① 参阅（法）阿里．拉伊迪．隐秘战争［M］．北京：中信出版社，2019：214.

合实力，从国外谋取利益，并根据各部门“长臂管辖”的“贡献”分赃。

在汇丰银行洗钱案中，汇丰银行支付了19.2亿美元，其中支付12.56亿美元罚金，美国司法部获得8.81亿美元，OFAC获得3.75亿美元；还支付了6.65亿美元的民事赔偿，美国货币监理署及FinCEN获得5亿美元，美联储获得1.65亿美元。法国农业信贷银行因违法有关交易规定，与美国“黑名单”上的缅甸、古巴、伊朗和苏丹开展美元业务，被美国制裁，2015年法国农业信贷银行与美国多家部门达成和解协议，接受总计7.87亿美元的罚款，这笔罚款被分为几个部分，其中向纽约州金融服务局支付3.85亿美元、向美联储支付9030万美元、向曼哈顿地区检察官办公室支付1.56亿美元，以及向哥伦比亚特区的美国检察官办公室支付1.56亿美元。在道达尔腐败案中，美国证监会获得1.53亿美元“不正当收益”，美国司法部得到2.45亿美元罚款。一些跨国公司甚至被美方多次罚款，如德意志银行等。

从某种意义上讲，美国行使“长臂管辖”权力并不是在执法，而是在全球范围内收税，是“薅羊毛”。有人统计，从2009年至2017年，美国通过“长臂管辖”收获了大量的企业罚款、数据和商业机密等，仅从欧洲就拿走了1900亿美元罚款[①]，还有一些巨型企业在“长臂管辖”打击下倒闭，并被美国企业收购。美国南伊利诺伊大学法学院教师迈克尔·科勒甚至这样评价美国“长臂管辖”：美国司法部和财政部将涉案企业当成“养肥了宰的现金奶牛”。

二、“旋转门”诱导联邦政客和雇员为企业谋取利益

研究表明，“旋转门”[②]政治机制作为一种依附于美国政治体系的利益

① 陈文玲．美国掠夺世界财富的经济武器与运作密码［J］．人民论坛·学术前沿，2020（6）．

② 所谓“旋转门”，是指个人在公共部门和私人部门之间双向转换角色、穿梭交叉为利益集团牟利的机制。“旋转门”机制可以被归为两类。第一类是由产业或民间部门进入政府的“旋转门”，这主要是指公司高级管理人员和商业利益集团游说者进入联邦政府并担任要职。在政策制定和实施的过程中，这就可能为他们曾经代表的团体谋取特别的好处。第二类是由政府进入私人部门的“旋转门”。以前的政府官员充当游说者后，利用自己与政府的联系来为所代表的团体谋取特别的利益。

交换机制，一直处于动态发展过程中，引发政治腐败等很多问题，这种制度还诱导联邦政客和雇员借助美国“长臂管辖”为企业谋取利益。联邦政客和雇员对美国企业的当期帮助越大，将来他们离开联邦部门后从企业获得的远期回报就越丰厚，这是美国特色的腐败和潜规则，人尽皆知。

例如，通用电气等大型跨国企业合规部的管理岗位就是美国司法部检察官转岗的好去处。阿尔斯通行贿案等诸多案例表明，这些检察官在司法部门任职时利用“长臂管辖”，极力为通用电气谋取利益，恣意打击通用电气的竞争对手，他们离开司法部门后转岗到通用合规部门的岗位，继续利用他们在司法部门积累的人脉，为通用电气开辟国际市场发挥作用。

而联邦政客和雇员借助“长臂管辖”获取的利益越丰厚，在国际上受到的阻力越小，那么他们对外实施“长臂管辖”的动力和欲望就越大，甚至围绕“长臂管辖”建立一套完整的语言、术语、标准、制度、体系和“黑名单”等，形成一个庞大的系统。这种正反馈机制不仅能扩展美国“长臂管辖”，使其自我强化形成惯性，锁定到既定路径上，还能不断提高联邦政客和雇员对“长臂管辖”收益的期望值，即便这种收益的期望值与实际值之间的差距越来越大，他们也不会放弃。可以预见，如果没有强大外力的干预，美国不会走出“长臂管辖”的恶性循环。

三、竭力扩大机构和编制

目前，在联邦层面的所有机构中，行政部门所拥有的“长臂管辖权”是世界上最大、最宽泛的，构建的体系也最庞杂，如司法部和证监会共同负责《海外反腐败法》的执行，二者先是创立了“代理银行账户管辖权理论”[①]，规定即使与美国全无联系的外国企业，只要通过美国的代理银行进行了过户，就受美国管辖；2011 年，司法部又提出“网络活动服务管辖论”[②]，凡使用美国网络服务器进行违法犯罪，即受管辖，从而极大地扩大

① Correspondent Bank Account Jurisdiction Theory.

② Internet Activities Service Jurisdiction Theory.

了司法部和证监会的长臂管辖职能和范围。

“长臂管辖”的职能扩展了，相关执法部门的编制也要跟着扩大。美国财政部成立了 OFAC 和 FinCEN。国土安全部里成立了 79 个情报融合中心（fusion center），其中，49 个是州一级的，26 个是城市一级的，3 个是跨区域情报融合中心①。美国司法部（包括联邦调查局、缉毒局）、移民海关执法局和中央情报局（CIA）等在海外设立大量办事处，例如，司法部犯罪司在全球 45 个国家常设法律顾问，联邦调查局在 78 个外国城市设立法律专员办公室（Legal Attache Office），缉毒局拥有 92 个海外办公室②。美国政府与全球 2/3 以上的政府签署了引渡协议；中央情报局长期在全球各地实施“非常规引渡”③；美国商务部等行政部门还依据各种禁运法令，对外国企业实行所谓“派驻专员”制度，这些专员对外国企业实施全天候监视，动辄以禁运、巨额罚款相威胁。等等。

联邦层面围绕“长臂管辖”不断扩大机构和编制，扩充雇佣人员，形成一个庞大的利益集团。即便美国“长臂管辖”损害到美国的州、地方、企业和国民的利益，他们也在所不惜，因为“吸血”已成瘾。

四、害人又害己

当然，任何事物都有两面性，美国恣意挥舞“长臂管辖”的同时，也在消耗其综合国力，透支其信用，败坏其形象。依托美国霸权的“长臂管辖”看起来简单有力，但从根本上缺少被管辖者和旁观者的承认和尊重，因此，需要投入大量人力、物力和财力才能够维持，有的“长臂管辖”投入很大也未见成效，例如美国试图改变中国经济体制、强迫欧洲在伊朗问

---

① House Homeland Security Committee，" Advancing the Homeland Security Information Sharing Environment：A Review of the National Network of Fusion Center" ［R］. 2017.

② Charles Doyle，" Extraterritorial Application of American Criminal Law"，Congressional Research Service Report 7 – 5700，October 31，2016，https：//fas. org/sgp/crs/misc/94 – 166. pdf，p. 26.

③ 例如，1987 年 9 月，美国特工在一艘位于意大利境内的游艇上绑架了黎巴嫩籍劫机嫌疑犯瓦兹·尤尼斯，并带回美国。

题服从美国单边制裁等“长臂管辖”做法，已经失败或失效了。美国前财政部副部长戴维·科恩曾指出：“美国的制裁在世界范围内引发仇美情绪，并让美国潜在的国际合作伙伴望而却步，从长远看将损害美国外交利益并威胁美国经济。”

美国“长臂管辖”打断了全世界产业链和供应链，对美国内企业产生了不利影响。一些美国企业对“长臂管辖”形成依赖后，内生动力和创新能力不足，产品、服务和管理水平等逐步下降。例如，波音公司是美国制裁空客集团的受益者，但波音 737 MAX－8 上市仅两年就接连发生坠毁，造成 346 人遇难，被全球禁飞，丢了大量订单。又如，通用电气是美国制裁阿尔斯通的获利者，但 2019 年被指控存在 380 亿美元的财务造假，造假总额超过美国前能源巨头安然公司和世界通信公司的总和，而早在 2018 年 6 月，通用电气就已从道·琼斯工业平均指数中出局①。喝了阿尔斯通那么多血，也没能阻止通用电气衰败的步伐，曾经享誉全球的跨国工业巨头已成明日黄花。这表明，在美国“长臂管辖”的“关爱”下，一些美国老牌跨国企业不仅没能焕发生机，反而衰败了；竞争力不仅没能增强，反而下降了。从长远看，美国滥用“长臂管辖”将损害美国经济基础和实力。

另外，当下作孽太多，内心必定恐慌，联邦层面对内炮制各种“威胁论”愚弄国民，对外极力追求第一和保持优先，除了向国会争取预算、维护美国霸权外，也是为了防止日后遭殃。“国虽大，好战必亡”②，不是历经苦难的悠久民族，哪能认识到“以和为贵”“己所不欲勿施于人”的价值。

五、结论

综上所述，美国“长臂管辖”根源于美国霸权，是美国霸权主义、单

---

① 作为世界级跨国工业巨头，通用电气是 1896 年建立的道·琼斯工业平均指数的最初成员之一。通用过去也曾退出道·琼斯工业平均指数。但到 2018 年，道·琼斯工业平均指数的 12 只初始成份股全部被剔除出道指成份股。

② 语出（春秋）《司马法》：“故国虽大，好战必亡；天下虽安，忘战必危。”

边主义和强权政治的体现，是美国维护国际霸主地位、掌握大国战略博弈主导权的重要方式，也是冷战后美国霸权的重要组成部分。美国“长臂管辖”是对国内法域外法权的滥用，严重影响了他国的司法主权和司法管辖权，是对国际礼让原则的公然蔑视和践踏，已沦为维护自身利益、压制竞争对手和维持优先地位的工具和武器。尽管美国通过复杂的制度设计和实施机制使“长臂管辖”披上了貌似合法的外衣，但无法掩盖其通过非战争性手段胁迫他国遵照美国规则的本质。美国滥用“长臂管辖”贻害无穷。

知识链接

“莲花号案”和域外法权

域外法权或者说是国内法的域外效力。1927 年 9 月 27 日，国际常设法院（PCIJ）就“莲花号案”做出判决，该判决对一国国内法的域外效力予以认可。

1926 年 8 月 2 日，法国“莲花号”邮轮（S. S. Lotus）在地中海的公海撞击了土耳其蒸汽船“博兹—库特号”，造成 8 名土耳其人死亡，并致使船体沉没。当“莲花号”抵达土耳其港口伊斯坦布尔时，土耳其对这起事件进行了调查，称该事件是由于“莲花号”上的负责值班人员法国海军上尉戴蒙斯的失职所致，故将其同“博兹—库特号”船长哈森·贝一并以杀人罪逮捕，并在伊斯坦布尔提出刑事诉讼。

法国政府对此进行了船旗国管辖抗辩，认为在公海上发生的犯罪打击应当由行为人所在的船旗国来管辖；而土耳其主张，只要土耳其公民受到犯罪行为的侵害，土耳其就拥有对事管辖权。

双方将纠纷交予海牙常设国际法院受理。最终国际法院做出支持土耳其的判决。法院判决书很晦涩，大体确立这样一个原则：凡是国际法无禁止即可为。这一原则也可理解为：国际法的确未否认法律的域外效力。

第六章

世界各国针对美国“长臂管辖”的斗争

现在无论是对手还是盟友，随时随地可能遭受美国“长臂管辖”直接或间接的伤害。面对美国无处不在的霸权，一些经济体为维护独立、尊严、主权和利益，不断奋起反抗，采取了诸多反制措施。国际经验表明，凡是针对经济实力强大的大国，美国发动经济制裁的成本较高，制裁成功的概率很低，且难以长久持续，因此反制美国“长臂管辖”最终要靠实力，增强自身综合实力、降低对美依赖度是反制美国“长臂管辖”的最有效措施，这方面的研究很多，本书不再赘述。当然，这不是说实力不济的国家就无能为力、只能接受美国“长臂管辖”的摆布。实际上，在与美国“长臂管辖”的长期博弈中，各国还是积累了很多应对和反制经验，取得了一定成效，值得研究和借鉴。

第一节　立法和司法上针锋相对

美国“长臂管辖”与国际法中的“司法独立”“国家主权”等基本原则相冲突，是其明显缺陷，对方可以通过国内立法，阻断美国过度延伸的法律之手，尽力阻止美国域外法律在本国司法管辖区内生效。立法机关对抗域外管辖权的方法之一是强制适用本国法，这就是说，即使申诉人和被告在合同中选择了另一个法院或管辖法律，那么依据本国法律，当事人仍然有权向本国法律规定拥有管辖权的法院提起诉讼，并适用本国相关法律。至于在司法层面的应对措施，主要是不承认外国的相关司法判决，如欧盟 1996 年制定的《反对第三国立法域外适用的条例》[①] 规定，禁止外国具有域外管辖权的法律法规在欧盟境内发生效力，其目的很明确，就是对抗第三国域外适用的经济制裁法律法规对欧盟成员国的国民、企业与他国

① EU Council Regulation No 2271/96.

合法经贸往来造成的不利影响。

一、加拿大、澳大利亚和新西兰

加拿大、澳大利亚和新西兰都是“五眼联盟”成员，但正是美国的亲密盟友最先警觉美国“长臂管辖”，并率先在立法上采取反制措施。

知识链接

五眼联盟

“五眼联盟”又名“五只眼睛（Five Eyes Alliance）”，是指“二战”后美英多项秘密协议催生的多国监听组织“UKUSA（United Kingdom－United States of America Agreement）”。该机构由美国、英国、加拿大、澳大利亚和新西兰的情报机构组成。这五个国家组成的情报间谍联盟内部实现情报信息互联互通，窃取来的他国商业数据在这些国家的政府部门和公司企业之间共享。

2020年11月底，对于五眼联盟的“无法无天”，中国外交部发言人表示，“不管他们长五只眼，还是十只眼，只要胆敢损害中国主权、安全、发展利益，小心他们的眼睛被戳瞎”。

1. 加拿大

加拿大是第一个针对美国“长臂管辖”进行阻断立法的国家。1947年，纽约北区联邦地区法院以调查垄断行为为由，要求纽约公司位于加拿大的子公司提供存放在加拿大的文件。为此，加拿大安大略省制定了《商业记录保护法》①，该法禁止在加拿大的企业和个人提供在加拿大的商业记录。后来，加拿大又出台了1970年《原子控制法》②、1976年《铀信息安

① Business Records Protection Act.

② Atomic Control Act.

全条例》[1]、1984 年《外国域外措施法》（FEMA）[2]，规定如何应对美国行政部门和司法机关提出的取证要求，以及违反规定时的法律责任[3]。

《外国域外措施法》禁止或限制有关执行《赫尔姆斯—伯顿法》诉讼程序的记录和提供信息[4]，依据该法，如果有理由相信某项行为将违反加拿大司法部长的阻止令，并且这些记录很可能被移交给外国当局，则该法案授权法院发布命令，有权暂时扣押所有记录[5]。1997 年 1 月，加拿大修订的《外国域外措施法》明确规定：对于美国按照《赫尔姆斯—伯顿法》所作的裁决，加拿大不承认也不执行。2019 年 5 月，美国解除对《赫尔姆斯—伯顿法》第三条和第四条的“冻结”后，加拿大官方表示，其《外国域外措施法》可被用于向加拿大法院提起诉讼。

2. 澳大利亚和新西兰

继加拿大之后，一些国家也出台了针对美国“长臂管辖”的阻断法令，如澳大利亚为了反制美国的诉讼或调查，通过了 1976 年《外国程序（禁止提供某些证据）法》[6]、1984 年《外国程序（过度管辖）法》[7]，1979 年还制定了《（限制执行）外国反托拉斯法判决法案》，授权总检察长颁布命令，阻止在澳大利亚承认和执行某些外国反托拉斯法判决，或降低这些判决的罚款金额。

新西兰 1980 年制定了《证据修正法案》，试图防止本国国民受到外国法律和命令的约束[8]。

---

① Uranium Information Security Regulation.

② Foreign Extraterritorial Measures Act，FEMA.

③ Keith Highet，George Kahale，Mark A.，A. Warnes，“Canada – Conflicts of Laws – Jurisdiction to Consider Constitutionality of Foreign Laws – Comity – Blocking Statutes – Federalism – Asbestos Litigation”，American Journal of International Law，1994（88）：533 – 534.

④ 徐伟功，等．美国的域外证据开示制度评析［J］．河南省政法管理干部学院学报，2005（6）：139 – 147.

⑤ 石佳友，等．美国扩大美元交易域外管辖对中国的挑战及其应对［J］．上海大学学报（社会科学版），2018（4）：17 – 33.

⑥ Foreign Proceedings（Prohibition of Certain Evidence）Act.

⑦ Foreign Proceedings（Excess of Jurisdiction）Act.

⑧ 孙南申．美国反不正当竞争法律制度的域外适用［J］．上海市政法管理干部学院学报，2002（2）：7.

二、欧盟诸国

欧洲各国在立法方面采取反制措施稍晚于加拿大，但它们认识到，面对美国霸权必须团结起来，不能单打独斗，这在一定程度上推动了欧共体和欧盟的形成。

1. 英国

英国1980年通过了《保护贸易利益法案》[①]，内容比较全面，影响了后来的欧洲立法。该法主要内容包括：第1条界定影响英国贸易利益的外国措施，规定受到外国措施影响的在英国经商的人，应向国务大臣报告，国务大臣可以发出指令，禁止在英国经商的人服从外国主管机关发布的具有域外效力且损害本国商业利益的措施；第2条规定外国法院和当局指定提供的文件和情报，国务大臣可以发出指令，禁止本国公民、商业团体、行政机关向外国主管机关提供商业文件和商业情报；第3条规定违反第1条和第2条的法律责任；第4条规定，如果外国提出在英国取证的请求，侵犯英国的管辖权或有损英国的主权，则英国法院不得执行该请求；第5条规定，本国法院不得执行外国的惩罚性判决和涉及限制竞争判决；第6条是回拨条款，规定本国公民或商业团体在外国法院败诉后，可以在英国法院对发起在外国诉讼的人提起诉讼，并获得非补偿性赔偿；第7条规定基于回拨条款所作出判决的执行[②]。其中，第6条“回拨条款”很有名，该条规定，如果被告被外国法院判处3倍赔偿，则可以在英国法院，或在与英国有司法互助协议的其他国家的法院起诉，要求对方当事人返还超过实际损害的部分。

《保护贸易利益法案》表明，英国在国际反托拉斯领域暂时放弃了礼让考虑，开始采取自卫立场。英国和纽约律师协会成员布莱斯认为，《保

---

① Protection of Trading Interests Act of 1980.

② （英）M. A. 布莱思．评英国1980年《保护贸易利益法》［J］，法学译丛，1985（3）：34－36.

护贸易利益法案》是针对美国的[①]。

2. 法国

法国反制美国“长臂管辖”的经验很丰富，不仅是“阻断法令”的重要倡导和推动者，还于2016年11月通过了《透明、反腐斗争及经济生活现代化法案》（简称“萨潘Ⅱ”法案[②]）。当空客集团遭受美国制裁时，法国司法部根据“萨潘Ⅱ”法案，认为空客集团在谈判时向法方“承认了腐败行为”，符合公共利益司法公约中的“坦白从宽”原则，让空客集团免于刑事诉讼。2020年2月，空客集团分别向法国、英国、美国司法部门支付20.83亿、9.91亿和5.25亿欧元的罚款，大部分罚款被“截留”在法国，捍卫了法国经济主权。“萨潘Ⅱ”法案还增加了举报人保护条款，给予举报人更好的保护地位。一是为所有举报人建立共同权利基础，无论举报范围和内容如何，都要保护举报人免遭报复风险；二是明确当举报人在法律规定条件下披露了受法律保护的经济、军事、安全等机密时，可免于刑事处罚；三是建立信息收集系统，以确保举报人的匿名性。法案禁止对举报人采取任何制裁、歧视或不利措施。“萨潘Ⅱ”法案对企业合规制度的要求比《反海外腐败法》和英国的《贿赂法案》还要严格，这是从源头上消除被动应对美国“长臂管辖”的隐患。

知识链接

空客集团行贿案

空客集团为扩大海外销售，其市场部门建立了“中间人体系”，雇佣200多名第三方“中间人”，每年花费数亿欧元，在斯里兰卡、马来西亚、印度尼西亚、中国台湾、加纳、尼泊尔等国家或地区，通过行

① （英）M. A. 布莱思．评英国1980年《保护贸易利益法》[J]，法学译丛，1985（3）：34.

② 1993年，时任法国经济与财政部长的米歇尔·萨潘（Michel Sapin）提交了《预防腐败与经济生活及公共程序透明法案》，成为法国历史上第一部反腐败法案。本轮《透明、反腐斗争及经济生活现代化法案》因沿袭、继承了上部反腐败法案，故称“萨潘Ⅱ”法案。

贿来寻求空客飞机买家和订单。该“中间人体系”已存在数十年。美国司法部检察官指控空客集团在世界范围内行贿，获得了美军事技术的出口许可证，法国金融检察官表示，空客集团在谈判时“承认了腐败行为”。法国和英国早在2016年就开始调查此事，美国司法部于2018年才加入调查。此次调查收集了3000万份文档，在20个国家（地区）进行了搜索或采访。

2020年2月，空客集团拨出36亿欧元（40亿美元），用于支付罚款。2018年空客集团税前利润为58亿欧元，36亿欧元对空客集团来说负担确实很重，但如果被官方起诉，罚款和法律费用将更高，所以空客集团欢迎达成此协议。

法国还建立了国家反腐败局（AFA）（见图6－1），取代原中央预防腐败局，独立于司法部与经济和财政部，员工总人数约为70人，负责人由总统直接任命，任期6年且不可延期。其主要职能为：（1）参与行政协调，收集公开腐败行为、内部交易、非法获利及挪用公款等相关信息，为预防和调查腐败提供支持；（2）为企业提供合规建议，对大型企业进行督查，落实企业具体反腐措施；（3）提高企业透明度，规定企业必须定期以书面形式，分析和评估所在行业以及业务所在地区的腐败风险，评估客户及供应商面临的腐败风险状况，建立内控或外部审查机制，以保证腐败事实无法被掩盖；（4）预防公职人员腐败，规定公职人员腐败除将受到法律追究外，还将受到失去“被选举资格”等惩处措施；（5）确保遵守“阻断法”，禁止在法国成立的企业或个人向外国传播可能影响本国的主权、安全、基本经济利益或公共秩序的文件或信息[①]。其中，第5条很重要，赋予国家反腐败局阻断他国利用反腐败行使“长臂管辖”的职能。

① 杨成玉．反制美国“长臂管辖”之道——基于法国重塑经济主权的视角［J］．欧洲研究，2020（3）：23.

图6－1　法国国家反腐败局

3. 比利时和西班牙

1993年6月，比利时制定了《关于惩治严重践踏国际人道法行为的法律》（又称《万国管辖权法》[①]），该法第七条规定：比利时法院对该法规定的灭绝种族罪、危害人类罪等犯罪具有管辖权，无论犯罪发生于何地。根据该法，比利时不仅启动了针对以色列在任总理沙龙的普遍刑事管辖程序，还启动了针对美国时任总统老布什、国务卿鲍威尔、国防部长拉姆斯菲尔德和刚果时任外交部长耶罗迪亚的普遍刑事管辖程序。

西班牙是欧洲第一个全面铺开万国管辖权[②]的国家。1985年西班牙颁布《司法组织法》，根据该法第23.4条的规定[③]和宪法法院2005年的司法裁决，西班牙曾经启动过针对美国、以色列等国在任高官的普遍刑事管辖程序。1998年，在西班牙法院的要求下，英国警方抓捕了正在英国接受医

① 因《万国管辖权法》而遭到起诉的外国现任领导人或前领导人超过30名，造成国家间摩擦，不仅使比利时与美国发生不快，也一度导致比利时与以色列关系紧张。2003年比利时废止了《万国管辖权法》。

② The jurisdiction of the nations.

③ 第23条第4款规定：“西班牙高等刑事法院有权针对西班牙公民或外国人在西班牙境外所犯的下列罪行行使管辖权：种族灭绝罪、恐怖主义犯罪、海盗罪、非法劫持航空器罪、伪造他国货币罪、与卖淫相关的犯罪、非法贩运精神药品、毒品和麻醉药品的犯罪，以及根据国际条约，应该由西班牙规定的其他犯罪。”也就是说，不论犯罪是否发生在本国领域内，犯罪人是否为本国公民，也不论是否侵害了本国以及国民的利益，作为主权国家，西班牙有权对上述明文规定的国际罪行运用本国刑法行使管辖权。

疗服务的智利前总统皮诺切特，此案曾轰动一时①。

4. 欧盟

在立法反制方面，欧盟“阻断法令”② 的影响很大。为应对《赫尔姆斯—伯顿法》《达马托法案》等法案，欧盟理事会于 1996 年 10 月通过了“1996 年阻断条例”，即“阻断法令”③，该法令分为 4 部分：抵制性立法，即严禁欧盟内居民服从美国法律；制裁性立法，即对服从美国法律而不是欧盟法律的机构和个人实施制裁；否认性立法，即欧盟不承认美国法律效力，否认以美国法律为依据的裁决；补偿性立法，即对欧盟内的企业个人遭受美国制裁的，欧盟支持他们在欧洲法院起诉美国相关机构并讨回损失。在“1996 年阻断条例”出台后的 20 多年，由于欧美双方的一系列磋商、谈判和斗争，达成了暂时的妥协和豁免，所以“1996 年阻断条例”处于沉寂状态，效果乏善可陈。

2018 年 5 月 25 日，欧盟出台《一般数据保护条例》（GDPR）④，试图将“效果原则”作为一般管辖原则，即使数据控制者或处理者在欧盟境内没有实体机构，其数据处理行为也适用该法，被称为“史上最严数据保护条例”。GDPR 规定：对于违法行为，轻者处以 1000 万欧元或者上一年度全球营收的 2% 的罚款（两者取其高）；重者处以 2000 万欧元或者企业上一年度全球营收的 4% 的罚款（两者取其高）。GDPR 还明文规定，用户拥有“被遗忘权（right to be forgotten）”，即用户个人可以要求责任方删除关于自己的数据记录。一些专家认为《一般数据保护条例》针对的就是比它早两个月的美国“云法案”。2018 年 5 月 28 日，Facebook 和谷歌等美国企业成为 GDPR 下的第一批被告。

---

① 后来，英国以皮诺切特健康状态恶化不宜引渡到西班牙受审为由，拒绝了西班牙的引渡要求，西班牙法院没能实现公审皮诺切特的愿望。

② Blocking Statute of European Union.

③ “阻断法令”不是由一部法案构成的，而是经过前后 20 多年不断地更改、增补和修订，由 1996 年的“阻断条例的提案”“1996 年阻断条例”“1996 年联合行动”“2018 年阻断条例”“2018 年实施条例”“2018 年阻断条例指南”等众多文件构成的阻断法体系。

④ “General Data Protection Regulation，GDPR”，也称《通用数据保护条例》。

2018 年 8 月 6 日，为反制美国退出“伊核协议”，欧盟恢复了“阻断法令”效力，颁布实施了一项《欧盟委员会规则》[①]，扩大了《反对第三国立法域外适用的条例》附录中具有域外管辖权的外国法律法规的范围，将美国重启的、与伊朗核协议相关的次级制裁所依据的法律法规，纳入该附录，如美国的《伊朗与利比亚制裁法案》（1996 年）、《伊朗自由与反扩散法》（2012 年）、《美国国防授权法案》（2012 年）、《减少伊朗核威胁和保障叙利亚人权法案》（2012 年）以及《伊朗贸易制裁规则》（2018 年）等[②]，以减轻美国“长臂管辖”对欧盟企业与伊朗开展合法业务的影响（见图 6－2）。

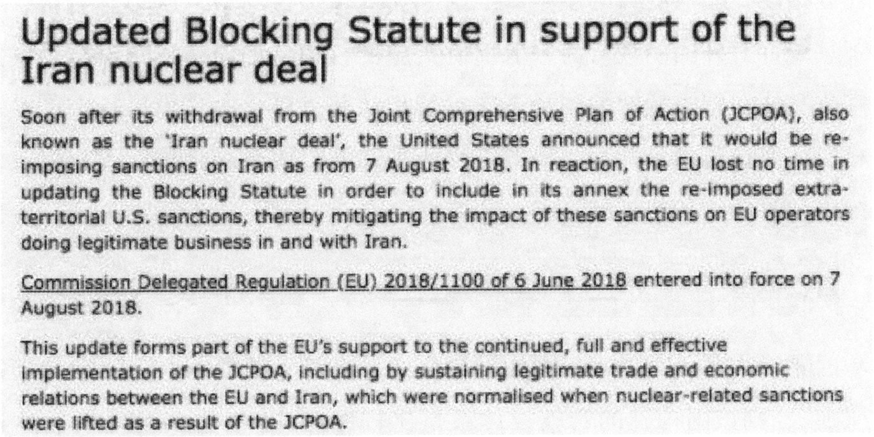

Updated Blocking Statute in support of the Iran nuclear deal

Soon after its withdrawal from the Joint Comprehensive Plan of Action (JCPOA), also known as the 'Iran nuclear deal', the United States announced that it would be re-imposing sanctions on Iran as from 7 August 2018. In reaction, the EU lost no time in updating the Blocking Statute in order to include in its annex the re-imposed extra-territorial U.S. sanctions, thereby mitigating the impact of these sanctions on EU operators doing legitimate business in and with Iran.

Commission Delegated Regulation (EU) 2018/1100 of 6 June 2018 entered into force on 7 August 2018.

This update forms part of the EU's support to the continued, full and effective implementation of the JCPOA, including by sustaining legitimate trade and economic relations between the EU and Iran, which were normalised when nuclear-related sanctions were lifted as a result of the JCPOA.

图 6－2　2018 年欧盟更新法令适用范围

客观地讲，欧洲诸国通过阻断立法反制美国“长臂管辖”的效果不是很理想，例如，面对美国行政部门的罚金、刑事起诉等，受害企业和个人要在本国提起诉讼需要越过国家豁免这一关，毕竟美国政府的执法属于主权行为，不受外国法院管辖；有的国家制定阻断法后没能严格执行，反而

① Commission Delegated Regulation（EU）2018/1100.

② European Union Law，Commission Delegated Regulation（EU）2018 /1100，6 June 2018，https：//eur－lex. europa. eu /legal－content /EN/TXT / ? uri ＝CELEX：2018R1100，last accessed on 14 April 2020.

助长了美国滥用“长臂管辖”；有的国家虽然严格执行阻断法，但美国置若罔闻，不予承认，反而使本国企业陷入两难境地；等等。即便如此，这些阻断立法也是反制美国“长臂管辖”的一条重要途径，开始被多个国家重视、模仿和完善。

三、俄罗斯

俄罗斯为应对美对俄不断升级的贸易与金融制裁，也出台了多项反制裁法。2018 年 6 月，普京总统签署了《关于影响（反制）美国和其他国家不友好行为的措施的法律》（简称《反制裁法案》）①，并于当月生效，该法明确指出，立法的目的就是为了回应美对俄公民与组织的不法侵害，赋予了总统针对外国制裁行为采取反制措施的权力，如停止或暂停与不友好国家或实体在特定领域的国际合作；禁止从其进口或向其出口特定产品和原材料；禁止其参与国家、地方工程或采购项目或私有化进程等，以及俄总统决定采取的其他措施。

四、中国

国际立法实践表明，一国如果关注的是自身主权的安全，固守“不干涉原则”，则该国构建的管辖权体系是比较保守的。一些专家认为，中国过去确立的管辖权体系就比较保守。例如，中国 1999 年《证券法》第 2 条规定：“在中国境内，股票、公司债券和国务院依法认定的其他证券的发行和交易，适用办法。”这就把《证券法》的效力严格限制在境内，实际上排除了域外效力。又如，根据《民事诉讼法》第 34 条规定，当事人可以在争议发生后或在争议发生后达成选择法院的协议，但选择的法院必须“与争议有实际联系的地点的人民法院”。《民诉法解释》第 531 条规定

---

① 该法律文件授权政府在总统许可的情况下使用终止或暂停国际合作，禁止或限制产品、原料进出口（俄罗斯和其他国家不生产的生活必需品以及公民自用品除外），禁止或限制不友好机构参与俄政府采购项目和国有资产私有化进程等，以反制不友好国家。

对实际联系地点略作扩展，但仍然坚持实际联系为“客观上的实际联系”。中国《民事诉讼法》坚持实际联系原则，限制和缩小了外国当事人协议选择包括最高人民法院国际商事法庭在内的中国法院管辖的可能性，这不利于协议管辖制度优势的发挥[①]。

近年来，中国管辖权体系比较保守的情况开始有所改观。例如，2019年中国修订的《证券法》[②] 第2条第4款规定：“在中华人民共和国境外的证券发行和交易活动，扰乱中华人民共和国境内市场秩序，损害境内投资者合法权益的，依照本法有关规定处理并追究法律责任。”该“中国版长臂管辖”条款确立了《证券法》的域外适用效力的“效果原则”，修订的初衷主要是保护“沪港通”“深港通”等模式下的投资者。在瑞幸咖啡案中，就有国内投资者向厦门中院起诉瑞幸咖啡，起诉的依据是该“长臂管辖”条款以及《证券法》第85条，在2019年11月13日至2020年4月2日期间购买或持有瑞幸咖啡股票的投资者，均可成为瑞幸咖啡虚假陈述案件的原告主体。2020年5月，香港特别行政区高等法院下令冻结瑞幸咖啡资产，限制瑞幸咖啡在开曼群岛和香港注册的实体之间出售或转让资产。

一些法律专家认为，内地法院不受理或受理后依法驳回的可能性比较大，并且根据国内虚假陈述司法解释，该案也不满足诉讼的前置程序，投资者反而面临违反外汇管制的风险。笔者认为，不管结果如何，这次《证券法》的修订都是中国立法在域外管辖领域的重要进步。通过扩大《证券法》的适用范围，有利于保护境内投资者利益，有助于中国《证券法》在国际证券司法管辖权竞争中获得有利地位，值得肯定。

---

① 沈红雨．我国法的域外适用法律体系构建与涉外民商事诉讼管辖权制度的改革——兼论不方便法院原则和禁诉令机构的构建［J］．中国应用法学，2020（5）：119.

② 2020年3月1日《证券法》施行。

第二节 构建专门机制和机构

美国滥用“长臂管辖”依托的是其全球霸权实力，尤其是军事实力，不容挑战甚至不容置疑。2018 年 12 月巴黎爆发严重骚乱，特朗普却趁机高调炮轰法国总统马克龙，指责他组建欧洲联军的想法，他说：“一战”“二战”期间欧洲联军根本没有用，最后还是美国救了欧洲。面对法国总统，特朗普都如此颐指气使，更不用说对其他国家了。普通国家虽然难以与美国全面抗衡，但并非无计可施，因为美国在多边体系中搞单边制裁存在很多漏洞和躲避通道，会被交叉的多元关系削弱。实践证明，通过在国家层面设立相关机构，集中力量和资源处理“长臂管辖”事宜，尽力绕开美元清算系统，也能躲避美国贸易与金融制裁，帮助本国企业和居民减轻美国“长臂管辖”的伤害。

一、欧盟

为了维护与伊朗的合法交易，2018 年欧盟宣布设立独立于美元支付体系的“特殊目标实体（SPV）”①，帮助欧盟企业与伊朗进行交易，欧洲许多国家响应，法、德、英三国随即宣布建立面向伊朗的“贸易互换支持工具（INSTEX）”②，该机制总部设在巴黎，其运作类似对敲交易③，以欧元结算。2019 年 11 月，比利时、丹麦、芬兰、挪威、荷兰和瑞典六国加入 INSTEX 机制。

---

① Special Purpose Vehicle，SPV.

② Instrument for Supporting Trade Exchanges，INSTEX.

③ 对敲交易是指定的买方和指定的卖方以议价的方式，对相同的证券，以相同的价格和数量，经证券商撮合而产生的交易。

2020年3月底，欧洲和伊朗利用INSTEX机制签署了一份合作协议，向伊朗出售一批医疗物品（主要是德国的医疗救助器材），涉及金额约50万欧元。在该交易中，欧洲国家和伊朗之间采取的是货物流转机制，双方资金流转不用跨境，均在本国境内银行完成（见图6－3）。

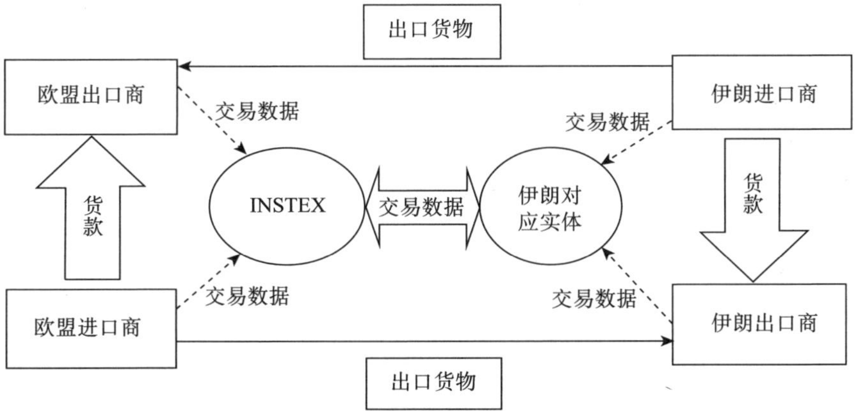

图6－3　INSTEX机制

二、俄罗斯

2014年克里米亚事件后，美国联合西方国家加大了对俄罗斯的制裁力度，俄罗斯也制定了一系列反制机制并成立机构，以削弱西方国家的制裁效应。

1. “进口替代委员会”

2015年8月，俄罗斯成立由总理负责的“进口替代委员会”，下设两个分委会，即民用经济问题分委会和国防工业问题分委会，分别指导民用经济和国防工业综合体相关事务，并把“技术性能优先”原则改为“俄罗斯制造优先”原则，确定5年内减少常规武器、通信电子、船舶制造、机床制造、重型机械制造和农业机械制造业等20个关键部门的进口，涉及国民经济的方方面面。“进口替代委员会”还为俄工业部门的某些关键领域制定了进口替代指标，例如，在程序设计领域，2014年俄办公软件进口率为97%，2020年要降至75%；在汽车制造业，2014年俄汽车自动变速箱100%进口，2020年的目标是进口率仅为20%—30%，载重轮胎的进口率要从2014年的100%降至2020年的20%；等等。同时，俄罗斯还大幅减持美国国债，大量买入黄金，以降低金融风险。

2. 成立反制裁司

为应对美国制裁，2018年7月俄总理梅德韦杰夫签署政府令，在财政部成立反制裁司，财政部负责制定和落实反制裁措施，并与各部门协调，以减少金融领域制裁等对国家和法人造成的负面影响①。

3. 金融信息传输系统和“MIR”卡

2014年年底，俄罗斯央行建立了“金融信息传输系统（SPFS）”②，以应对可能被切断与SWIFT系统联系的风险。SPFS借鉴了SWIFT的标准，相当于一个“国内版的SWIFT”。俄方称：SPFS引进了以太坊和区块链技术，比SWIFT更安全可靠。SPFS于2015年开始投入使用，成立国家支付卡系统股份公司，并于2015年12月发行了第一张基于SPFS的“MIR”银行卡（见图6－4），以替代VISA卡和Master卡。目前俄罗斯有500多家金融机构使用SPFS，海外电商已经可以接受MIR卡支付。

图6－4　MIR银行卡

① 转引白若冰．美国金融制裁新特点与应对策略［J］．中国发展观察，2020（7）：113.

② System for Transfer of Financial Messages，SPFS.

俄罗斯通过各种措施推动 SPFS 在国际范围获得应用。2017 年 7 月，中国银联国际与俄罗斯国家支付公司（NSPK）联合发行“银联—MIR 借记卡”，把 MIR 卡的使用范围从俄罗斯境内延伸到覆盖 160 多个国家和地区的银联网络，大幅提升了俄罗斯居民的用卡便利性。2018 年 12 月，中国银联又和俄罗斯 Unistream 支付系统联合推出跨国汇款服务。

2019 年 4 月，“MIR”持有者可以在吉尔吉斯斯坦境内使用该卡，包括在 ATM 机上提取现金，在标有 MIR 支付系统标识的 POS 终端上进行支付等，进行支付系统间业务结算的银行是俄罗斯外贸银行（VTB Bank）和吉尔吉斯斯坦的 BTA Bank 银行。

2019 年 6 月，俄罗斯国家杜马通过一项关于允许外国人接入 SPFS 的法案，根据该法案，俄罗斯央行可以向俄罗斯银行的法人客户及外国银行、国际组织、其他国家央行提供金融信息传输服务。俄罗斯还加强同土耳其、伊朗等国的合作，推动 SPFS 扩展至更多的非俄罗斯机构，2019 年 6 月在上合组织比什凯克峰会上，俄罗斯同中、蒙领导人会见中也提到通过 SPFS 加强合作。

笔者认为，SPFS 主要支持卢布计价的跨境支付交易，可能会限制境外机构参与该系统的需求。另外，SWIFT 的网络效应强大，很多金融机构参与 SPFS 的同时，并没有放弃 SWIFT，SPFS 只能算作是 SWIFT 的补充，而不是替代，限制了 SPFS 的应用和覆盖。

三、委内瑞拉和伊朗

2018 年 2 月，委内瑞拉正式发售基于石油的数字货币“石油币”（见图 6－5），每一枚“石油币”以奥里诺科重油带阿亚库乔（Ayacucho）区块 1 号油田的 50 亿桶石油储量作为发行基础（即抵押物），每个石油币与 1 桶石油等价，发行上限是 1 亿枚，每个“石油币”等于 60 美元，等于 3600 个玻利瓦尔（委内瑞拉法定货币）。企业用“石油币”与委内瑞拉交易，可免受美国“长臂管辖”的影响。但“石油币”启动后，美国认为

“石油币”是委内瑞拉政府债券的延伸，仍属被制裁范围。

图6－5 委内瑞拉“石油币”

伊朗也想方设法开拓渠道，在贸易和金融领域帮助其企业免受美国打压，例如用黄金替代外汇进行外贸结算，建立易货贸易机制，外国可用黄金、日用品等实物交换伊朗的石油；还启动了“哈瓦拉（Hawala System）”等非传统汇款系统。哈瓦拉系统是独立于传统银行金融渠道的非正统、非主流的汇款系统，其阿拉伯语含义是指“约定好的票据”或“交易用的账单”。该系统是基于人与人之间的信任建立起来的，省略了繁冗的文字说明以及法律文件，是涌入欧洲移民进行转账支付的主要方式，但交易成本很高。另外，伊朗有200多万海外旅居者，其中，很多有双重国籍，这增加了美国经济和金融制裁的难度。其实世界很大，多元关系极其复杂，只要动心思，办法总比问题多。

四、利用离岸天堂和加密数字货币等

一些国家还通过在开曼群岛、巴拿马、马绍尔群岛等离岸天堂设立“幌子”公司，以第三方公司名义与被制裁国进行交易。对于被制裁国，通过离岸金融中心、代理账户、代理公司等与外国金融机构单线联系，也能或多或少地躲避美国的金融制裁。当然，这些躲避方法的成本很高，如果被美国发现，那些代理账户和代理公司也会遭到金融制裁。尽管如此，对于被制裁国家和地区而言，毕竟是有法可循，还能实现国际资金往来。

朝鲜、古巴、委内瑞拉等国尝试通过比特币等加密货币进行购物或转账，以规避美国金融制裁，但在兑换成法币时容易被美方发现。例如，2020 年 3 月美国财政部 OFAC 宣布，两名中国公民①因帮助朝鲜 Lazarus 黑客团队洗钱而遭受制裁。这两位中国公民经营比特币场外兑换（OTC）业务，帮助客户将比特币兑换成法币。

一些国家建立激励机制，降低对美国商品和技术的依赖，例如，法、德等国以补贴的形式，鼓励本国企业降低对美国产品的依赖，该机制不仅能减轻美国出口管制的负面影响，减少对美国商品和技术的进口，还能损害美国企业的利益，迫使美国企业向美国政府和国会施加压力，使美国在滥用“长臂管辖”时也有所顾虑。

第三节 政治层面反制

冷战时期，政治层面的反制是应对美国“长臂管辖”的重要手段。一国外交部直接、间接提交书面意见，有助于美国法院注意到该国政府的立场，并在判决中有所考量。

一、冷战期间

20 世纪 50 年代，美国开始调查瑞士手表行业的垄断问题，认定由瑞士政府组建的卡特尔“手表制造商信息中心”② 划分市场范围，存在垄断行为，违反美国反垄断法。瑞士政府表示强烈谴责，表示美国此举严重侵

① 这两名中国公民是江苏南京的田寅寅和辽宁鞍山的李家东。

② Watchmakers of Switzerland Information Center，Inc.

犯瑞士内政，并威胁要向国际法院起诉美国，随后美国司法部表示妥协，并建议联邦法院修改命令，以免干预瑞士经济内政①。

1981年12月，美国以苏联干涉波兰内政为由，对苏联采取一系列限制措施，包括：美国企业及受美国控制的外国企业不得对苏联出口产品；所有国家不得将利用美国技术生产的产品出口到苏联。美国实施的这些“长臂管辖”措施立即遭到英国和欧共体的强烈反对，英国援引其1980年《保护贸易利益法》，禁止英国4家公司遵守美国的出口管制。欧共体认为美国的限制措施违反国际法，美国试图规制的不是美国国籍的公司，而是限制这些公司在美国境外处置资产和技术信息等行为。最后经过协商，美国于1982年11月撤销了对欧洲企业的限制②。

在莱克航空（Laker Airways Ltd）刑事调查中，澳大利亚认为美国“长臂管辖”行为严重损害其主权，表示强烈抵制，最终美国司法部以国际礼让、外交政策等为由，终止了调查③。

1986年10月，美国“奥古斯塔”号核潜艇与苏联潜艇撞击后，爆发了“东芝事件”。“东芝事件”的简要情况是：日本东芝机械公司向苏联提供了4台高性能的MBP－110型九轴五联动数控螺旋桨铣床（见图6－6）。为了掩盖这一交易，东芝公司将这些设备伪称为制造水力发电机叶片的两轴机床，骗取了日本政府颁发的出口许可证，经挪威的康士堡公司出口到苏联。很快苏联就制造出了噪音只有原来10%的潜艇螺旋桨，使苏联潜艇的噪音得到大幅降低，提升了隐身效果，导致美军潜艇无法及时探测到苏联潜艇。美国朝野震惊，极度愤怒，国会提出了一系列制裁措施：罚款、增加东芝产品的关税、5年内禁止从东芝进口商品、无限期关闭东芝在美所有工厂等。之后，日本政府积极做工作，发动与东芝有密切生意往来的

---

① John Cannon Ⅲ,“Foreign Statutory Response to Extraterritorial Application of US Antitrust Laws”, 1982（1）, Penn State International Law Review125：132－133.

② J. W. Bridge,“The Law and Politics of United States Foreign Policy Export Controls”, 1984（4）, Legal Studies 2：4－6.

③ 李庆明．论美国域外管辖：概念、实践及中国因应［J］．国际法研究，2019（3）．

美国本土大型企业对国会展开密集游说，时任日本首相中曾根康弘向美国道歉。东芝集团努力斡旋，投入1亿日元在美国50多家报纸上整版刊登“悔罪广告”；在新闻发布会上宣布发现一家法国公司最早向苏联提供高精度机床；等等。最后，美国只实施了象征性惩罚，制裁范围从东芝集团缩小至东芝机械，禁止进口时间也从5年缩至3年。挪威政府除了向美国承诺不再发生类似事件外，还关闭了康士堡公司驻苏联的办事处，驱离了一名苏联外交官。总的来说，美国当时对日本、挪威的处罚不重。我们可以假设，如果类似事件发生在当下，那么无论日本政府和企业怎样道歉和游说，美国制裁绝不会如此轻巧。这也表明，冷战期间来自苏联的对抗让美国“长臂管辖”顾虑很多，也为他国应对美国“长臂管辖”营造了空间。

图6-6 东芝大型数控螺旋桨铣床

二、冷战后

苏联解体后，美国一时独霸世界，单个国家采取政治手段很难有效威慑美国，政治层面反制美国“长臂管辖”的作用有所削弱，如20世纪90年代美国出台《赫尔姆斯—伯顿法》和《达马托法案》后，欧盟表示抗议，但失败了，迫使其出台“阻断法令”。即便如此，政治手段仍是各国反制美国“长臂管辖”的重要手段，只是一些国家（如英、日、欧盟）开始改变策略，采取多国联合、共同抵制美国“长臂管辖”的做法，有时也能奏效。

欧盟出台“阻断法令”后继续开展外交活动，一方面与美国继续进行外交沟通，另一方面与古巴进行外交斡旋，促使古美关系缓和，间接促进问题解决。1996 年 12 月 2 日，欧共体部长会议发布关于古巴问题的共同立场，正式向古巴提出建议，促使其经济自由化并提升人权状况和政治自由度，为欧美达成政治协议奠定了基础。1997 年，欧盟还在联合国大会上敦促美国尽快结束对古巴的相关制裁。最终，在 1998 年 5 月的 G8 峰会上，欧盟和美国在相关制裁法案问题上达成协议，双方相互进行了豁免。

2017 年美国出台的《以制裁反击美国敌人法案》涉及欧俄能源合作，遭到欧盟强烈反应。德国和奥地利发表联合声明并宣布：我们无法接受针对欧洲能源企业的非法域外制裁[①]。欧盟委员会主席容克批评美国干涉欧盟内部事务，指出“美国优先不能意味着置欧洲利益于最后”，并威胁将诉之于 WTO[②]。后来美方修改相关条款，照顾了欧方关切。

第四节　利用多边机制

在美国日益泛化的“长臂管辖”欺凌下，很多国家深受其害，不得不进行反抗和斗争，虽然效果有限，但也积累了不少经验，其中很重要的一条是以多边主义应对美国单边主义。

---

① Henry Foy et al. ,“Berlin Hits Back at US Move to Tighten Sanctions on Russia”, Financial Times, https: //www. ft. com/content/27e28a44 – 51b0 – 11e7 – a1f2 – db19572361bb.

② Dominik Tolksdorf,“U. S. Sanctions Law and Western Coordination on Russia Policy”, Kennan Cable, No. 29, December 2017, https: //www. wilsoncenter. org/sites/default/files/kennan _ cable _ 29 – tolksdorf. pdf.

一、典型案例

20 世纪 80 年代，尼加拉瓜在联合国和国际法院上起诉美国，1984 年 5 月，国际法院通过保护尼加拉瓜的措施，以 15∶0 的投票结果，要求美国立即停止向尼加拉瓜港口布雷，这导致美国 1985 年退出国际法院。严格地说，美国对尼加拉瓜的伤害已经超出了“长臂管辖”的范畴，但尼加拉瓜利用多边机制反制美国“长臂管辖”的做法比较成功，经常被专家们提及。

知识链接

尼加拉瓜起诉美国始末

1979 年，尼加拉瓜左翼的桑地诺民族解放阵线发动革命，推翻了索摩查政权，美国却暗地里扶持索摩查势力。尼加拉瓜决定去联合国控诉美国干涉尼加拉瓜内政的行径。

1982 年 3 月 19 日，尼加拉瓜常驻联合国代表向时任联合国秘书长德奎利亚尔递交了一封控诉美国的信函，指责美国违反联合国宪章，肆意干涉别国内政，资助旨在武装颠覆别国合法政权的组织。

1984 年年初，美国在科林托、桑地诺等多个港口布下水雷，短短几个月，数艘来自荷兰、苏联、日本、英国的商船被水雷炸毁，尼加拉瓜进出口贸易全面停顿。1984 年 4 月 9 日，尼加拉瓜政府向海牙国际法庭（International Court of Justice ，ICJ）提交了“关于美国支持尼加拉瓜反政府武装分子在尼境内及针对尼加拉瓜的军事和准军事活动案”，请求国际法庭宣布美国的行为是非法使用武力和以武力相威胁、干涉其内政和侵犯其主权，请求法院责令美国停止上述行为，并对造成的损害予以赔偿。国际法院受理了尼加拉瓜的申诉，以 15∶0 的投票结果，要求美国停止在尼加拉瓜港口布雷。法院还以 14∶1（反对者为美国法官）的投票结果判定，尼加拉瓜的政治独立和主权“应该被完全尊重，不应被任何军事或者准军事行为危害"。11 月 26 日，国际法院拒绝美国的辩解，坚持称国际法院对此案具有审判权。美国十分不满并拒绝应诉，并宣称"国际法庭不具备相应司法管辖权和裁决能力"。

但美国施压未能奏效，1985 年 1 月 18 日，美国宣布退出国际法院，指责该案件是"出于政治和宣传目的错误利用国际法庭"。之后，美国没回到国际法院。

《赫尔姆斯—伯顿法》规定了一系列扭曲贸易的措施，如禁止驶离古巴港口的船舶在美国港口装卸货物等，危害了航运自由，对欧共体部分成员国产生限制，不符合 WTO 相关规则，欧共体于 1996 年 5 月 3 日、1996 年 10 月 3 日两次向 WTO 提交文件起诉美国，要求认定《赫尔姆斯—伯顿法》违反《关税与贸易总协定》及《服务贸易总协定》中的条款。最后，欧盟与美国在 1998 年达成协议：美国同意放弃制裁欧盟违反该法的行为；欧盟同意限制对被古巴没收财产方面的投资，并放弃在 WTO 争端解决机构对美国采取措施。1996 年 11 月，联合国大会以绝对多数（137 票同意，3 票反对，25 票弃权）通过了反对美国单方面对古巴采取禁运措施的决议，并以有损全球贸易自由为由，强令美国废止《赫尔姆斯—伯顿法》。

美国颁布的《1998 财年综合拨款法》第 211 节规定，禁止美国法院承认或执行古巴公民或古巴公民的继承人提交的、与被古巴政府没收的美国公民财产有关的商标请求权。2000 年 5 月，欧盟针对《1998 财年综合拨款法》第 211 节，向 WTO 争端解决机制提起申诉，这就是有名的"欧盟诉美国《1998 年综合拨款法》第 211 节案"。该案源于一家法国公司与一家百慕大公司关于"哈瓦那俱乐部"商标的纠纷。由于该法国公司与古巴政府有合作关系，根据美国《古巴资产管控规定》，其生产的朗姆酒无法进入美国市场，但该法国公司仍然希望该商标能够得到保护，以便将来美国放松对古巴禁运后，能在美国销售该品牌的朗姆酒[①]。而《1998 年综合拨款法》第 211 节试图取消对被古巴政府没收企业的商标保护。上诉机构报告指出，WTO 成员有权确定商标和商号的所有权标准，《1998 年综合拨款法》第 211 节违反《与贸易有关的知识产权协定》（TRIPs）[②] 确立的国民待遇和最惠国待遇义务。最后，美国没有修改《综合拨款法》第 211 节，2005 年欧盟同意暂时不对美国施行报复，但保留将来采取报复举措的权利。

2019 年 1 月，美国财政部将委内瑞拉货币兑换网络体系作为制裁对象，OFAC 将包括委内瑞拉前财政部长在内的 7 人和 23 个实体列入 SDN 清单，理由是该网络为腐败政权的内部人士赚取了数十亿美元[③]。针对美国“长臂管辖”，委内瑞拉向 WTO 争端解决机构提交两份文件，即 2019 年 12 月 28 日提交的磋商请求和 2019 年 3 月 14 日提交的设立专家组请求，认为美国出台的《2014 年捍卫委内瑞拉人权及公民社会法案》[④]《国际经济紧急权力法》《委内瑞拉制裁条例》[⑤] 等国内法律法规及其行政命令，已经构成贸易限制措施，违反了《关税与贸易总协定》和《服务贸易总协定》等相关条款，并启动了 WTO 争端解决机制的磋商程序。

二、珍惜多边机制

通过多边机制反制美国“长臂管辖”成功的案例虽然不多，但已很好地说明，团结就是力量，在多边机制下反制美国“长臂管辖”合理合法，能形成强大的舆论声势，赢得国际社会的广泛支持和同情，让美国在挥舞“长臂管辖”时有所顾虑，有所羁绊，从而磨损美国“长臂管辖”的锐气。

---

① 杨永红．次级制裁及其反制——由美国次级制裁的立法与实践展开［J］．法商研究，2019（3）：170.

② Agreement on Trade – Related Aspects of Intellectual Property Rights，TRIPs.

③ 美国财政部称，委内瑞拉内部人士利用委内瑞拉财政部的权力，批准货币兑换所进行的玻利瓦尔兑美元的外汇交易，在黑市汇率和官方汇率间赚取巨额差价。

④ Venezuela Defense of Human Rights and Civil Society Act of 2014.

⑤ Venezuela Sanctions Regulations.

各国需要好好珍惜、利用和把握那些来之不易的多边机制，不管美国如何"退群"，大家都不能轻言放弃。因为对绝大多数国家而言，多边机制是保卫其国家安全和利益的外围"防护网"，很重要。脱离多边机制的普通国家，就如同离开羊群的小羊，很容易被狼吃掉。

第五节 在模仿中反制

一、模仿的必要性

美国"长臂管辖"已引起公愤，遭到国际社会普遍反对，这是事实，但我们也应看到，在经济全球化的今天，经济要素与经济活动在世界范围内的融合日益深入，跨国诉讼也日益经常化和便利化，成为全球性问题，任何一个国家都无法置身事外。另外，当今国际社会也确实面临很多单一国家无法解决的问题，如环境保护、恐怖主义、海盗、海外腐败等，而"长臂管辖"能在一定程度上促进国际法发展，填补传统属人、属地管辖在国家利益保护方面留下的部分空白，在特定情况下有助于震慑跨国犯罪行为。例如，在FIFA腐败案中，FIFA是非营利组织，总部位于瑞士，而瑞士《反腐败法》有"非营利组织不适用贪污罪"的条款，对非营利组织没有约束力，导致FIFA高官涉嫌多起腐败案都不了了之，甚至在瑞士国际体育娱乐与休闲集团（ISL）倒闭、贿赂FIFA高官名单被披露后，这些FIFA高官仍逍遥法外。瑞士最高法院调查文件显示，在1992—2000年，前FIFA主席阿维兰热和前巴西足协主席特谢拉共受贿2200万瑞士法郎。该文件认为，阿维兰热（职掌国际足联24年）仅在1997年，就从ISL集团收取了至少150万瑞士法郎，而曾任职巴西足协主席的特谢拉，则在1992—1997年先后受贿1274万瑞士法郎。这是FIFA官员被引渡到美国接受审判的重要原因之一。

另外，美国实施“长臂管辖”依据的“最低限度联系”中提出的“联系说”以及法院在域外管辖权上拥有一定自由裁量空间的思路，也被一些国家借鉴。瑞士 2010 年修订的《瑞士联邦国际私法法规》第 3 条“必要的管辖权”就规定：“本法未规定在瑞士任何地方的法院或行政机关有管辖权，而诉讼不可能在外国进行或在外国提起诉讼不合理时，由与案件有充分联系的地方的瑞士法院或行政机关管辖”，就体现了联系标准。有专家认为，从传统的属地主义和属人主义向“适度联系说”发展，是国家行使司法权趋于理性的表征①。

二、各国的模仿实践

随着形势发展，一些国家，如欧盟大部分国家、日本等，认识到“长臂管辖”的积极作用，认识到“长臂管辖”的实质是一种特殊的域外管辖，能扩大自己的管辖权，有利于维护本国在国际上的利益，并开始模仿。近年来，欧盟及法国出台了一系列有关域外管辖的经济和法律措施，就具有较强的攻击性，从立法、司法、行政等各个方面冲击着包括美国在内的外国企业。

1. 法国

2019 年 12 月，法国反垄断监管机构——竞争事务监察总署（简称“监察总署”）② 以谷歌公司“采用不透明且难以理解的操作规则、滥用在搜索广告市场中的主导地位”为由，对其罚款 1.5 亿欧元。“监察总署”的调查发现，苹果手机用户更新操作系统后可能会降低设备的运行速度，于是在 2020 年 2 月以“缺乏必要信息构成误导性商业行为”为由，对苹果公司处以 2500 万欧元的罚款。2020 年 3 月，“监察总署”以“苹果公司在分销网络中存在垄断行为、对独立经销商构成不正当竞争”为由，向苹

① 何其生．比较法视野下的国际民事诉讼［M］．北京：高等教育出版社，2015：54.

② Autorite de la Concurrence.

果公司开出 11 亿欧元的巨额罚单。同时，苹果的两家美国批发商科技数据公司（Tech Data）和英迈公司（Ingram Micro）也分别被“监察总署”处以 7611 万欧元和 6297 万欧元的罚款①。

2019 年 7 月，法国正式通过了向大型互联网企业征收数字服务税的法律草案，征税对象是包括谷歌、苹果、脸书和亚马逊等在内的 30 余家互联网企业②，数字服务税的税率是这些大型互联网企业在法国营业额的 3%，征税日期追溯至 2019 年 1 月 1 日。意大利、奥地利、英国、土耳其、西班牙和比利时等国也跟进，出台相关法案，以响应法国的倡议。奥地利从 2020 年起，对全球年收入超过 7.5 亿欧元且数字广告销售额达 2500 万欧元以上的公司，征收 5% 的数字税。德勤（Deloitte）的研究报告显示，数字服务税在 2019 年大约给法国带来 4 亿多欧元的收入，2020 年的收入估计为 5 亿欧元，主要涉及 27 家跨国互联网企业③。在这 27 家互联网企业中，美国企业占了 16 家，这 16 家美国企业在规模上更是占据压倒性优势。以上统计显示，法国数字服务税对美国企业具有很强的针对性，加重了相关企业的负担。

2. 爱尔兰

2020 年 9 月，爱尔兰数据保护委员会（DPC）④ 向脸书欧洲总部发出初步命令，主要内容是禁止脸书公司把欧洲用户的信息数据传回美国，如果脸书违反该命令，将面临 28 亿美元的巨额罚款。爱尔兰 DPC 还可能向其他美国科技巨头发布类似命令。随后脸书对爱尔兰 DPC 提起诉讼，但爱尔兰 DPC 拒绝置评。

---

① Autorité de la Concurrence, “Apple, Tech Data et Ingram Micro sanctionnés”, 16, March 2020, https://www.autoritedelaconcurrence.fr/fr/communiques-de-presse/apple-tech-data-et-ingram-micro-sanctionnes, last accessed on 15 April 2020.

② 这些企业的全球数字业务营业收入不低于 7.5 亿欧元且在法国营业收入超过 2500 万欧元。

③ Deloitte, “The French Digital Service Tax An Economic Impact Assessment”, 22 March 2019, pp. 30-35. https://taj-strategie.fr/content/uploads/2020/03/dst-impact-assessment-march-2019pdf., last accessed on 22 April 2020.

④ Data Protection Commission, DPC.

2020 年 12 月，爱尔兰 DPC 对美国科技公司推特开出 54.6 万美元的罚单，理由是推特知晓一起数据泄露事件后，没能在 72 小时之内进行记录，也没能以恰当的方式通知监管机构。

3. 欧盟

2016 年，欧盟和美国曾签订了一个名为《隐私护盾》（Privacy Shield）的框架协议[①]，在该协议内允许 Facebook、谷歌、亚马逊等美国科技公司在两个地区之间传输资料。但 2020 年 7 月欧盟法院裁定，欧美互换数据协议无效并予以推翻，因为欧盟法院认定，欧盟公民缺乏有效途径来对抗美国政府的监视，不信任美国现有用户资料保护体系。这是欧盟法院针对美国做出的大胆作为，很少有。

2020 年 10 月，据腾讯网消息，欧盟监管部门正在制定一份最多涵盖 20 家大型互联网公司的“黑名单”，可能包括 Facebook、苹果、亚马逊、谷歌。这些公司将面临更严格的规则，以限制它们在欧盟市场的影响力量[②]。看来，继中国版实体清单——《不可靠实体清单规定》发布后，欧洲版实体清单也加快了出台步伐。

4. 日本

日本成立了公平贸易委员会（JFTC）[③]，具体负责实施反垄断法和竞争政策。2018 年 3 月，JFTC 以涉嫌反垄断为由，突击检查亚马逊日本办事处；2019 年 8 月，JFTC 就“苹果公司对日本零部件制造商施加压力的行为及该公司是否滥用市场主导地位违反反垄断规则”展开调查；2019 年 9 月，JFTC 以“涉嫌违反日本反垄断和公平交易法的相关法规”为由，对宝马公司的日本法人展开调查；等等。

---

① 在 2016 年之前，欧盟使用的数据协议为《安全港（Safe Harbor）》协定，该协定持续了 15 年。2015 年 10 月，出于对美国情报机构入侵和监视欧盟个人隐私数据的担忧，欧盟法院宣布这套欧美数据传输协议无效。

② https://new.qq.com/rain/a/20201012A00XPK00.

③ Japan Fair Trade Commission，JFTC.

三、对中国的警示

当前美欧日的域外法律反制和调查正在升级，这种“以彼之道、还施彼身”的表演看似很热闹，其实很危险，很可能伤及无辜。例如，2015 年中国银行米兰分行被佛罗伦萨检查官指控，住在佛罗伦萨和附近普拉托的 297 名中国人涉嫌洗钱，总额超过 45 亿欧元（相当于 47.8 亿美元），而一半的洗钱行为是通过中国银行米兰分行操作的，都汇往中国。2017 年 2 月，中国银行同意支付 60 万欧元，与监管机构达成庭外和解，4 名中行员工因为洗钱罪获刑 2 年，缓期执行。中国银行声称，中行没有任何犯罪行为，支付罚金也不代表承认罪名。不管怎样解释，中国银行付出了代价。

以上案例表明，美国“长臂管辖”具有很强的外溢效应，并开始被其他国家模仿，加重了中国企业跨国经营的外部风险，需要提高警惕并加强防备。中国宜加快阻断立法的步伐。

第六节　利用限制条件

美国滥用“长臂管辖权”的同时，也给美国司法系统带来沉重的诉讼负担。几十年实践已充分证明，美国一国的司法能力，绝对不可能解决世界上与其相关的各类法律纠纷，更不要说那些与其无关的纠纷了。美国法院已经意识到这个问题，不得不过滤一些与美国关联不大的案件，并给美国“长臂管辖”限定了一些适用条件，主要有以下几个方面。

一、不方便法院原则

“不方便法院（forum non conveniens）”一词源于拉丁语，一般认为起源于苏格兰，主要适用于英美法系国家。《布莱克法律辞典》对不方便法院原则的解释是：当案件的审判显示出为了诉讼人和证人的便利以及司法利益，诉讼活动应当在另外的法院进行时，法院有行使其衡平法上的权力、拒绝对案件进行审判的权力。至于如何适用不方便法院原则，往往是对多种因素综合权衡的结果，是司法管辖权领域的“弹性原则”。依据不方便法院原则，即使根据一国法律或国际条约，某一法院对某一国际案例享有管辖权，但考虑到当事人、证人和律师等进行诉讼的成本，以及法院的便利和花销，由这个法院审理该案件极不合理，那么通行做法是，把这个案件的管辖权转移至他国拥有管辖权且审理较方便的法院。

在 1947 年的海湾石油公司案中，联邦最高法院首次承认联邦普通法的不方便法院原则，建立了不方便法院原则的“滥用程序”分析标准①。《美国法典》第 1404（a）规定：当美国法院受理某一案件后，如果在同一司法系统内存在另一个更为合适的审理法院时，法院可以将案件移送给另一个法院，这种移送称为“基于不方便法院的移送”。

在 1981 年的帕珀飞机公司案中，联邦最高法院对不方便法院原则做了进一步发展，将不方便法院的“滥用程序”标准转变为较为灵活的“最适当法院”② 的标准。根据美国不方便法院原则，如果法院发现受诉法院十分不便利，并且如果使原告在他能获得的另一个更为便利的法院地起诉时，美国法院将拒绝行使管辖权。这实质上是美国法院的自我约束。

至于如何理解和利用不方便法院原则，我们可以从“东方包头空难案”看出端倪。

2004 年 11 月，包头飞往上海的 MU5210 航班起飞后不久便出现事故，坠入包头市南海公园的湖中并发生爆炸，机上 47 名乘客、6 名机组人员和地面 2 人在事故中丧生。在包头空难中，发生事故的 CRJ－200 型飞机是加拿大庞巴迪公司提供的民用支线喷气飞机，发动机由美国通用电气公司

① 胡嘉．美国对外管辖协议的不方便法院审查及对我国的启示［J］．太原学院学报（社会科学版），2017（8）：31.

② 与之相类似的还有英国的“更适当法院”、澳大利亚的“明显的不适当法院”等。

生产。包头空难是发生在中国国内航线上的事故，该航班不是来自美国，且没有预定飞往美国，遇难者中没有美国公民，是典型的中国空难，却因为赔偿问题，转化为中国第一起空难国际赔偿诉讼。

由于不满意东方航空提出的赔偿标准，2005 年 8 月，包头空难案部分遇难者家属向加利福尼亚州洛杉矶郡高等法院（简称洛杉矶高院）提起诉状，要求美国通用电气公司、加拿大庞巴迪公司和中国东方航空公司承担空难事故责任。洛杉矶高院最初认为，三个被告都在美国经营和开展营业活动，并与加利福尼亚州保持着有计划的、持续的商业接触联系，而这些联系，足以满足“最低限度联系”的要求，因此美国法院对这起诉讼享有管辖权。2006 年 11 月，包头空难案进入调解阶段，双方达成 1700 万美元的赔偿金额，但调解最终失败。2007 年 3 月，东方航空向洛杉矶高院提交报告，坚持该案移至中国境内审理。洛杉矶高院根据“不方便管辖”原则做出裁定：不支持中国遇难者家属在美国诉讼，中国的法治环境足以审理这个案件，美国法院无需管辖①。

需要强调的是，不方便法院原则是英美法民事诉讼中的一项原则，不是中国民事诉讼法的内容，至于如何运用该原则，完全掌握在美国法院的手中，它们既可以依据“最低限度联系”原则接收诉讼，又可以按照不方面法院原则撤销诉讼，收放很自如。因此，在利用不方便法院原则反制美国“长臂管辖”方面，涉案企业可以尽量争取，但不宜寄予过高期望。

2016 年 2 月，佛罗里达州南区联邦地区法院判决了一起原告为中国江苏宏远药业有限公司的案件②。该案中，宏远公司与被告 DI 全球物流公司之间签订了代理协议（由宏远公司草拟），并且合同中约定了合同项下产生的纠纷由江苏省人民法院管辖的排他性（mandatory）管辖条款，且约定本合同适用中国法律。纠纷产生后，基于被告 DI 物流在中国没有财产或可

---

① 牛军，等．刍议我国涉外管辖权缺陷及完善构想——以包头空难和美国长臂管辖为视角［J］．中国民航飞行学院学报，2016（9）：73 -76.

② Jiangsu Hongyuan Pharmaceutical Co. v. DI Global Logistics Inc.

供扣押的财产，在中国法院判决后损害赔偿的执行也存在困难等原因，宏远公司以中国法院不能提供“实际救济（practical remedy）”为由，不顾先前约定的管辖协议，抹黑中国司法体制[1]，向佛罗里达州南区法院起诉。被告则请求法院以不方便法院原则驳回原告的起诉。最后，佛罗里达州南区法院支持被告 DI 物流的请求，驳回了原告宏远公司的诉讼[2]。

二、国际礼让原则

国际礼让原则通常是指基于国际交往礼仪的考虑下，基于国际交往的习惯与互惠，而采取的在外交方面的友善行为，这是解决国家间法律适用冲突的一项基本原则。国际礼让学说诞生于 17 世纪的荷兰，由荷兰学者胡伯（Huber）提出，核心思想是法院管辖权基于国家主权，要出于礼让原则互惠地适用外国法律，以体现国家间的善意、合作和相互尊重[3]。

国际礼让原则后来被引入美国，到现在美国法院仍在涉外反垄断等领域适用国际礼让原则。美国依据国际礼让原则适用情形的不同，将其分为三种形态：一是规范礼让，主要是指以限制法院地法律适用的方式礼让外国法律；二是司法礼让，是指以限制美国法院管辖权、承认外国法院判决以及外国法院提供司法协助的方式，礼让外国法院司法权；三是主权当事人礼让，是指当外国主权者涉及民事诉讼时，基于国际豁免理论，给予其财产和执行豁免特权[4]。从美国国际礼让原则的适用情况看，主要集中在反垄断领域，其适用的基本脉络是：国际礼让原则是国内法的一部分，并

---

① 彭奕．不方便法院原则在我国的发展历程与立法完善——兼评 2015 年《民事诉讼法司法解释》第 532 条［J］．南京大学法律评论，2016（2）：247.

② 胡嘉．美国对外管辖协议的不方便法院审查及对我国的启示［J］．太原学院学报（社会科学版），2017（8）：29.

③ 马倩．跨国商业贿赂管辖权冲突的应对［N］．监察日报，2014－11－24.

④ William S. Dodge, “International Comity in American Law”, 115 Columbia Law Review, 2015: 2099－2199.

不是一项国际义务①。在涉及中国公司的“维生素C反垄断案”中，国际礼让原则扮演了重要角色，并影响了案件走向。

“维生素C反垄断案”始于2005年。作为维生素C产业最大的生产国和出口国，中国有关部门曾对国内维生素C产业进行规制。中国医药保健品进出口商会（商务部下属）在2001年成立维生素C分会，对于维生素C市场进行整体协调，规定只有加入分会的企业，才可以获得维生素C的出口配额，同时在中国医药保健品进出口商会的中文网站上，公布一个行业自律协议，旨在通过控制数量和固定价格等方式，巩固维生素C药品的国际竞争力，并防止外国提出反倾销调查。

在这个背景下，2005年美国动物科学产品公司和兰尼斯公司分别在纽约东区等联邦地区法院提起诉讼，指控中国6家维生素C生产出口企业②涉嫌达成价格联盟，控量保价，从而使原告方在不公平竞争情况下，以高于市场正常价格购买维生素C产品，蒙受了巨大经济损失。2006年6月，纽约东区布鲁克林联邦地区法院对这一跨辖区的案件进行合并审理，并于2013年3月做出有罪裁决，认定中国维生素C生产企业的行为构成价格垄断，并需承担1.62亿美元的惩罚性损害赔偿金③。出于多种因素，大部分公司在一审判决前与美方达成和解协议，并给予原告赔偿，只有河北维尔康制药有限公司坚持不和解。又历时近三年，联邦第二巡回上诉法院认定：中国法律要求被告协商定价，削减维生素C出口数量，因此中国的法律体系与美国的反垄断法相冲突，这种冲突导致了被告的法律责任。根据国际礼让原则，判决撤销原一审判决，驳回原告起诉，发回原审法院并指

① William S. Dodge, “International Comity in American Law”, 115 Columbia Law Review, 2015: 2120－2124.

② 这六家中国企业分别是石药集团旗下的维生药业、华北制药集团旗下的维尔康公司、东北制药、华源集团旗下的江山制药以及中国制药集团和石家庄制药集团有限公司。

③ 在该案中，陪审团裁决维尔康与华药集团支付5400万美元的赔偿金。此外，根据美国反托拉斯法有关3倍赔偿金的规定，法官最后裁决赔偿金金额为1.62亿美元。在此之前，本案其他3家涉案中国维生素C生产商已与原告达成庭外和解，和解金额分别为1050万美元和2250万美元。

令原审法院撤销案件。“维生素 C 反垄断案”在历时 12 年后，于 2016 年结束。在该案中，中国商务部首次以“法庭之友”[①] 身份出具官方法律解释作为案件证据，指出被告所实施的行为，完全是依据中国政府要求做出的，在礼让抗辩的认定中，被联邦第二巡回上诉法院采信，发挥了重要作用。

从“维生素 C 反垄断案”我们可以看到，国际礼让原则虽能在一定程度上限制美国“长臂管辖”的扩展，但限制能力有限，因为国际礼让原则适用的尺度最终掌握在美国法院手中。“维生素 C 反垄断案”的一审法院对国际礼让做出否定回答，二审法官则做出给予国际礼让的判决意见。纽约东区联邦法院法官认为，只有内外国法律存在真实冲突的情况时，才能适用国际礼让，但是被告并不是在中国法强制下做出的不正当竞争行为，因此中美法律不构成真实冲突，国际礼让抗辩应当被否决。而联邦第二巡回上诉法院的霍尔（Hall）法官则在判决书中完全否定上述观点，最终判决认为，尽管根据原告方控诉，被告企业联合定价行为对美国市场造成不利影响，这在事实上构成美国法定义下的不正当竞争行为，然而根据被告方中国维生素 C 医药企业的抗辩，其行为是在中国法的明示要求下做出的，理应属于适用国际礼让原则的情形[②]。一审和二审的判决意见完全相左，具有很强的不确定性，让企业难以把握。

另外，需要说明的是，国际礼让原则不是义务[③]。联邦最高法院认为，从法律上看，礼让不是国家间纯粹的礼貌和好意，也不是国家的绝对义

---

① “法庭之友（Amicus Curiae）”源自拉丁文，意指法庭的朋友。法庭之友制度是指案件当事人之外的个人、团体或政府机关在法庭作出裁判（一般限于二审程序）之前就法院所面临的法律等问题向法院提供意见的制度。“法庭之友”向法庭提交意见的目的在于帮助法庭做出正确的判决，而提交的意见则表现为支持一方当事人的主张或完全从公共利益的角度出发而向法院提交法庭之友意见。

② 何叶华．美国域外反垄断中的国际礼让原则——从美国“维生素 C 案”切入［J］．河北法学，2018（3）：137.

③ Brian Pearce，“The Comity Doctrine as A Barrier to Judicial Jurisdiction U. S. – E. U. Comparison”，30 Stanford Journal of International Law，1994：527.

务，而是考虑到国际义务和管辖便利，一个国家承认另一个国家在本国领域内对本国法律保护的人实行保护。因此，礼让不仅具有法律意义，而且具有强烈的政治含义①。

三、“反域外适用推定”原则

美国法律存在“反域外适用推定”② 原则，又称“排除域外效力推定”原则，即“除非出现相反的情况，否则国会的立法只适用于美国的领土管辖范围”。这意味着，除非国会清楚地表明其意图并赋予某一规则具有域外适用效力，否则只能推定该规则主要与国内事项有关。“反域外适用推定”原则在美国具有悠久历史，理论上能在一定程度上限制美国“长臂管辖”的滥用，但一直未受到重视。直到 1991 年的阿美石油公司（Aramco）案才给该原则带来活力。

在阿美石油公司案中，原告是美国公民，在美国受雇于阿美美国分公司，后来被调到沙特继续工作。4 年后，该雇员声称由于种族、宗教和民族血统的原因被解雇，据此根据美国《权利法案》③ 第七章，对阿美石油公司提起诉讼。该案上诉到联邦最高法院后，首席大法官 Rehnquist 在为法院撰稿时承认：“国会有权在美国领土边界以外执行其法律”，因此法院的任务只有法定解释——确定国会是否打算将《权利法案》第七章的保护，适用于美国雇主在美国境外雇佣的美国公民。Rehnquist 大法官随后明确援引了“反域外适用推定”原则：“美国法律的一项长期原则是，除非出现相反的意图，否则国会的立法只适用于美国的领土管辖范围。”④ 他认为这是实现国会意图的一种合理方式，并且只有《权利法案》第七章条款本身的语言中有明确的声明适用于域外时，才能克服反域外适用推定，而该案

---

① 余劲松．跨国公司法律问题专论［M］．北京：法律出版社，2001：330.

② The presumption against extraterritoriality.

③ 《权利法案》（The Bill of Rights）又译为《人权法案》，是指美国宪法中第一至第十条宪法修正案，由詹姆斯·麦迪逊起草，于 1791 年 12 月 15 日通过。

④ E. E. O. C. v. Arabian American Oil Co.，499 U. S. 244，248（1991）.

中的相关条款没有明确的声明，因此联邦最高法院拒绝了原告将《权利法案》第七章适用于域外的请求。

阿美石油公司案后，美国联邦法院适用“反域外适用推定”原则的频率有所提高，6 年内曾 3 次将“反域外适用推定”原则适用于跨国案件。这提示他国企业和居民，在发生涉美纠纷时，应该善于运用“反域外适用推定”原则，加强自身行为的可预测性，并将其作为抗辩的理由。

理论上来讲，“反域外适用推定”以及正当程序条款等应该能限制美国“长臂管辖”行为，但由于大多数被告选择和解，所以美国司法部等行政机关的管辖权很少受到制约，很多涉外纠纷案件是在美国司法部检察官的办公室里结案的。此外，美国法院并没有将“反域外适用推定”原则适用于所有领域，只是在民事领域较多适用，驳回外国原告提起的民事诉讼。在刑事领域，美国法院极少适用“反域外适用推定”原则。美国法院认为联邦刑法可以域外适用，法院也可以行使域外刑事管辖权，行政机关有权对域外的人和事进行行政执法，甚至必要时提起刑事诉讼[①]。

① 李庆明．论美国域外管辖：概念、实践及中国因应［J］．国际法研究，2019（3）：14.

第七章

美国对中国实施的“长臂管辖”及应对之策

纵观美国对中国实施“长臂管辖”的情况，总体上与中美两国关系好坏呈负相关，中美关系好时，美国“长臂管辖”会有所收缩；中美关系坏时，美国“长臂管辖”就表现出极强的攻击性，目的性很强。

第一节　总体情况

新中国成立之初，中美两国保持着贸易往来，1949 年美国对华出口总额为 8300 万美元①。朝鲜战争爆发后，中美长期处于敌对关系，美国对中国实施封锁和制裁，还限制其他国家与中国经贸往来。

1972 年尼克松访华后，中美关系破冰改善，美对华实施的“长臂管辖”有所收缩。1979 年中美建交后，美国主动解除了部分对中国经济封锁，加强对华投资。20 世纪 80 年代，美中在高科技设备、敏感技术转让等领域进行了一些合作。1984 年，美国政府将中国列为 V 组，与西欧国家、日本同类对待②，“巴统”当年制定了向中国出口高技术的特别规定，美国商务部也颁布了补充规定，将不需要经过“巴统”审查的商品及软件的种类从 7 类提高到 27 类，并将向中国出口高技术申请许可证的时间，从 6—12 个月缩短到顶多 1 个月。③ 依此规定，从 1985 年 12 月开始，“巴统”成员国可以自行向中国出口 27 类技术产品，包括电信设备、光导纤维、电子计算机、激光器等。在这期间，名噪一时的“湖广铁路债券案”（见图 7－1）虽引起波澜，也于 1987 年 3 月划上句号。

---

① 赵学功．简论美国对华出口管制政策的演变［J］．国际经贸研究，1993（1）：59.

② 崔丕．美国的遏制战略与巴黎统筹委员会、中国委员会论纲［J］．东北师大学报，2000，（2）：55.

③ 钟宁等．美国出口管理法简介［J］．国际经济合作，1989（8）：52－54.

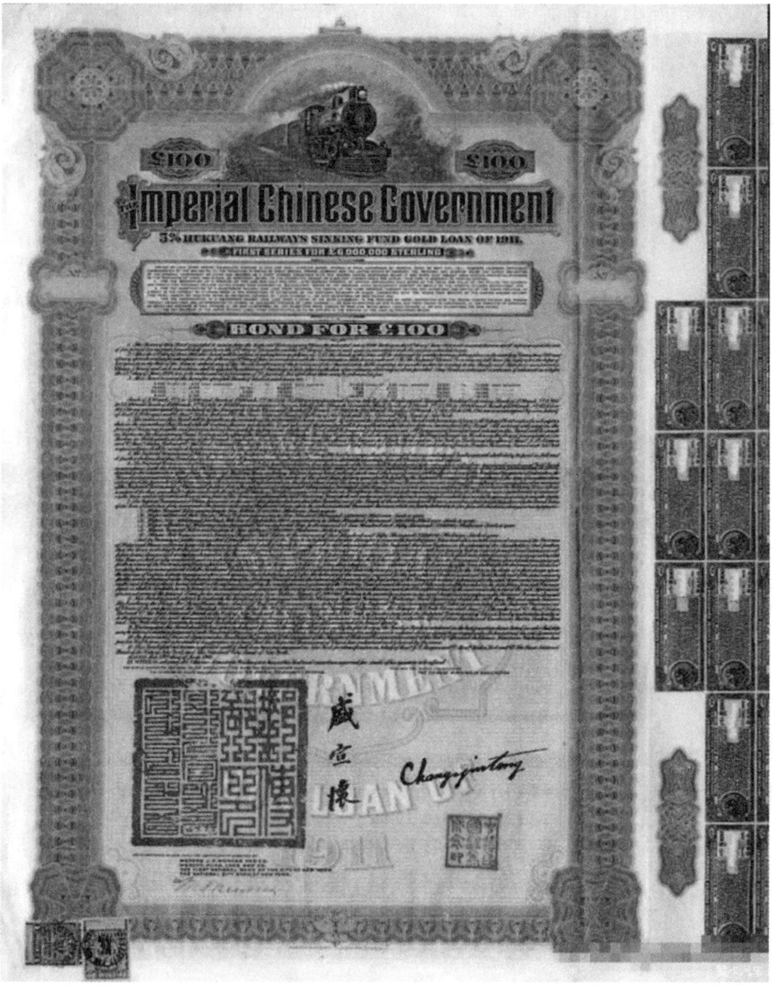

图7－1　晚清政府发行的湖广铁路债券（100英镑）

知识链接

湖广铁路债券案

1911年5月20日，清政府以修筑湖北、湖南、广东、四川等地的四段铁路为名，向英国汇丰、法国东方汇理、德国德华等银行以及美国资本家共借款600万英镑，年利率为5%，期限为40年，利息每半年支付一次，贷款于1951年6月15日到期，届时归还本金。湖广铁路债券的票面价额分为100英镑和20英镑两种，并通过金融市场分散到私人手中。债券的发行激起了民间的反对浪潮，甚至在各地爆发了“保路运动”，随后爆发了武昌起义、辛亥革命，清政府垮台。

民国政府没有拒绝承认这些债券，甚至一直按时付息到1930年12月15日。1937年，国民党政府与美国就债券纠纷进行谈判，美方要求国民党政府在1939年内付清债券的利息和本金，截至1949年，此项谈判都未达成一致，也没能产生任何有关此项内容的协议。在此期间，美国公民杰克逊（Russell Jackson）以十分低廉的价格大量收集此债券。1951年本金到期时也没有人要求偿还。

1979年5月，中美签订《解决历史上遗留下来的关于双方资产要求的协议》，该协议规定中国政府给予美国政府8050万美元，作为对美国政府和国民对中国政府提出资产要求的完全的最后解决。

1979年中美建交后不到一年，持有湖广铁路债券的杰克逊等9人代表243名持券人（后增至300多人），通过集团诉讼方式，于1979年11月5日向阿拉巴马州联邦地区法院对中国政府提出诉讼，要求中国政府偿还本息2.2亿美元。阿拉巴马州联邦地区法院居然受理，并于1979年11月13日悍然向中国外交部长黄华发来传票，要求中国政府在20天内应诉。美国法院这一做法公然违反了公认的国际法主权豁免原则。

另外，湖广铁路借款本身是一笔“恶债”，根据国际法，新政府对于旧政府的出于打击反动统治、镇压人民所借的外债不被承认，排除继承，新中国政府没有义务偿还，就退回了美国法院传票。1982年9月，阿拉巴马州联邦地区法院竟然做出了“缺席判决”，指令中国政府赔偿“湖广铁路债券案”原告的债券本息，承担诉讼费4300万美元，并称如果中国政府对判决置之不理，美国法院将扣押中国在美财产，强制执行判决。

1989年政治风波后，美方以“人权”为由，对中国采取制裁措施，包括中断高层接触、停止对华军售和技术合作等，美国“长臂管辖”开始扩展，但比较谨慎。不久，老布什总统多次表明不打算采取更多制裁，而是采取了一些比较务实的做法，例如，1989年7月至12月，两次派总统国家安全事务助理斯考克罗夫特作为特使来华进行沟通；延长中国最惠国待遇，取消一些出口禁令等，使中美贸易继续保持增长，1990年双边贸易额达到117.8亿美元，1991年达到142亿美元。东京时事社如此评论：“为了保持在与苏联对抗方面不可缺少的同中国的战略关系以及继续交换有关苏联的军事情报，加重对中国的制裁，对美国不利。”① 1990年、1994年和1996年，美国针对中国发起三次知识产权“301调查”，中美通过谈判分别达成三个知识产权协议。1993年爆发的“银河号事件”②，在当年也得以解决。

在小布什政府时期，美涉华“长臂管辖”案件增多，达到十多次。奥巴马政府时期，美国遭遇次贷危机需要中国帮助，涉华“长臂管辖”有所减缓，但中国建设银行和中国农业银行的纽约分行都曾遭美方处罚，美方还以违反制裁规定为由，处罚新疆昆仑银行和澳门汇业银行，中国外交部表示强烈抗议。

在特朗普政府时期，随着中国经济崛起和复兴步伐加快，美国涉华“长臂管辖”案例明显增加，并有变本加厉之势。2020年7月，美国国务卿蓬佩奥发表题为《共产主义中国和自由世界的未来》③ 的演讲，要求西方加速组建“国际反华联盟”。

---

① 周世俭．美国对华制裁情况回顾［J］．世界经济与政治，1995（3）：70－74.

② 1993年7月23日，美国因情报失误，出动军舰在印度洋拦截了中国的“银河号”货轮，经过外交磋商，中美双方同意在第三国（沙特阿拉伯）对货船进行检查。当年9月4日，三国共同签发调查报告，确认“银河号”没有为伊朗运载所谓的化学武器原料。

③ https：//www.state.gov/communist－china－and－the－free－worlds－future/.

第二节　主要手段

近年来，中国成为美国“长臂管辖”重点攻击对象之一，美方着重打击中国出口产业中的核心企业、高科技行业、5G 核心竞争领域等，管辖事由荒谬，管辖依据缺失，管辖手段多样，将美国霸凌主义发挥到极致。但是，中国作为世界第二大经济体，体制优势明显，应对和反制美国“长臂管辖”的“内功”深厚，且手段、资源和经验等日趋丰富，使美国“长臂管辖”屡屡受挫。美国开始改变“长臂管辖”方式，如集中打压中国高科技龙头企业、联合盟友增强制裁力量、出台专门针对中国的制裁法令等，对中国企业、机构和个人等的打击日益精准，伤害日益严重。

一、用巨额罚金重创中国企业

2016 年，美国以反洗钱为由，对中国农业银行纽约分行处以 2.15 亿美元的罚款，以“与巴拿马存在洗钱可疑交易”为由，对中国台湾兆丰银行处以 1.8 亿美元的罚款；2018 年 12 月，美国财政部 OFAC 以烟台杰瑞石油服务集团及其联属公司与伊朗保持商业关系为由，对其处以约 277.5 万美元的罚款[①]；2017 年和 2018 年，中兴通讯被美国商务部 BIS 处以近 23 亿美元的罚款及保证金；2019 年 4 月，涉嫌违反美国制裁朝鲜决定的三家中资银行，即招商银行、交通银行和浦发银行，因为“藐视法庭”，被华盛顿特区法院处以“在遵守传票前每日 5 万美元的罚金”；等等。这些罚款（金）不仅增加了中国企业负担，影响企业运营，还严重损害了中国企业的国际信用。

① OFAC 称，大约从 2014 年 10 月至 2016 年 3 月，杰瑞集团似乎至少违反了《伊朗交易和制裁条例》第 203 条和 204 条规定，通过中国向伊朗的最终用户出口或再出口美国原产货物，其中包括油田设备，如备件、连续油管管柱和泵套等。

二、限制中国企业海外业务发展

美国高度关注科技优势，不容忍信息科技领域的传统优势被别国挑战，采取各种极端措施，打压中国核心企业发展。

1. 联合盟友封锁5G技术应用

美国邀请“五眼联盟”有关国家共享情报、协同对中国的“长臂管辖”行动，2018年7月之后，成员国陆续排斥华为产品和技术。美国政府还通过劝说、警告、威胁等方式，迫使英国、德国、日本、意大利等盟友停止使用华为设备。2019年5月，在捷克布拉格召开的“5G安全会议”上，美国极力施压盟国，从“政策、技术、经济、安全、隐私”等多角度出发构建全面评估标准，让中国以华为为首的主要5G基础设备提供商们面临更多障碍。2019年11月27日，美国商务部发布《确保信息通信技术与服务供应链安全》① 的法规草案，并根据该草案，决定是否禁止与国外进行信息、通信技术与服务（ICTS）交易，还要设置审查机制。很多业内人士认为，《确保信息通信技术与服务供应链安全》针对的就是华为。

知识链接

确保信息通信技术与服务供应链安全

(Securing the Information and Communications Technology and Services Supply Chain)

根据法规草案，美国商务部可以禁止、要求暂缓或取消下列交易：（1）由受美国管辖的人进行或涉及受美国管辖财产的交易；（2）涉及与外国或其国民有利益关系的财产（包括提供技术或服务合同中的利益）的交易；（3）在2019年5月15日之后开始、待处理或完成的交

① Executive Order on Securing the Information and Communications Technology and Services Supply Chain.

易，不论适用于该交易的合同何时生效、订立或签署，也不论相关许可、批准或授权何时获得；（4）涉及由“外国对手”拥有、控制或受其管辖或指挥的人所设计、开发、制造或供应的ICTS；（5）对美国ICTS造成不适当妨害或破坏的风险，或对在美国的关键基础设施或数字经济的安全或恢复造成灾难性影响，或对美国国家或公民安全构成不可接受的风险。

2. 通过金融制裁限制中资企业海外融资

2019年9月，中远海运被制裁后，导致中远海运集团内多家企业无法在美国进行外汇交易，美国金融机构也不再为其提供信贷或付款服务，直接影响中远海运海外业务的发展。

2020年12月2日，美国众议院通过了《外国公司问责法案》（HFCAA）[①]，该法案只有三个条文，作为2002年《萨班斯法案》的修正案而存在，由美国共和党参议员约翰·肯尼迪和民主党参议员克里斯·范·霍伦一同推动起草。依据该法案，外国发行人如果连续三年不能满足美国公众公司会计监督委员会（PCAOB）对会计师事务所检查要求，其证券禁止在美交易。该法案对外国发行人提出额外披露要求，包括证明自身不被外国政府所有或控制，披露董事会里共产党官员姓名、共产党党章是否写入公司章程等，具有明显的歧视性，根本不是基于证券监管的专业要求。尽管《外国公司问责法案》覆盖范围为“外国公司”，但美国媒体和市场分析人士普遍认为，该法案主要针对在美上市的中国公司。另外PCAOB报告，截至2020年4月，全球共有4个司法管辖区的会计机构不在其全面审查能力范围之内，里面就有中国[②]。起草人约翰·肯尼迪在一份宣告《外国公司问责法案》获参议院通过的声明中，就直接表示：“给中国公司剥

① Holding Foreign Companies Accountable Act，HFCAA.

② 转引耿志强．美国金融安全审查的新趋势、影响及应对——以《外国公司问责法》为例［J］．西南金融，2021（1）：32.

削辛苦的美国人民的机会，是很愚蠢的。”2020 年 6 月 4 日，特朗普签署《保护美国投资者免受中国公司重大风险影响的备忘录》①，竟然如此呼吁：对在美上市的中国公司“应该采取坚定有序行动，叫停中国无视美国透明度要求的行为，同时又不给美国投资者和金融市场带来负面影响”。《外国公司问责法案》被视为对中概股的重大利空，这是用金融安全审查机制作为手段，为在美中资企业的金融活动设置障碍，相当于限制甚至切断中国企业在美融资的一条重要渠道②。随后部分在美上市的热门中概股（拼多多、蔚来汽车等）股价跳水。

知识链接

公众公司会计监督委员会

（Public Company Accounting Oversight Board，PCAOB）

PCAOB 是会计行业的自律性组织，它由 PCAOB 不同会员事务所的会计师组成，这些会计师要为 PCAOB 中的其他会员事务所进行年检。

由于 PCAOB 存在“长臂管辖”职能，日本和欧盟等制定了审计监管等效认定的规定，以避免 PCAOB 单方面的域外执法，希望能通过互相认可审计监管等效，来实现对等的相互监督。但反制效果有限，因为各国资本市场开放程度和融资能力存在差别，其他国家的监管机构几乎没有入境美国进行检查的需求，而其他国家的企业在美国则存在普遍的跨境融资需求，反而需要遵守美国的跨境执法。

2020 年 12 月 21 日，标普道琼斯指数（S&P Dow Jones Indices）将中国中车、中交股份、中国核建、中国铁建等 10 家公司从股票指数中剔除。

---

① Memorandum on Protecting United States Investors from Significant Risks from Chinese Companies.

② 截至 2020 年 11 月 27 日收盘，美股上市公司合计 5124 家，总市值约 541445 亿美元；在美上市的中国公司共有 262 家，市值合计约 24126 亿美元，占美股总市值比例约 4.46%。

2020 年 12 月 31 日，纽交所决定启动中国三大电信运营商[①]的退市流程，之后纽交所又宣布停止推进将三家中国电信企业摘牌，美国财长姆努钦随即反对，纽交所表示会重新考虑中止摘牌的决定，可谓一波三折。

上市公司是证券市场的基石，优质上市公司历来是各国证券市场积极争取的对象，因为这样做不仅能扩展金融业务，增加就业和税收，还能获取海外企业的信息和数据，提高本国证交所的国际声誉和地位。另外，近年来风起云涌的金融“去中心化”和上市“去中介化”，让各国证券行业承受巨大压力。美国证交所被迫反其道而行之，相当于自戕，这是宁肯自损一千、也要让中国损失八百，完全被政治、安全、风险等所谓的国家意志绑架了。在美元流动性泛滥和融资渠道多元化的今天，资金已经不稀缺，美国无法垄断国际金融市场，很多大型企业在多家证券交易所同时上市，包括此次被美国退市的中国三大电信运营商。

3. 清退美国网络中的中国应用程序和电信企业，强迫其剥离海外核心业务

2018 年 8 月，特朗普签署了《2019 财年国防授权法案》，在该法案公开版本的摘要中专设“中国”部分，禁止所有联邦机构使用中兴和华为生产的“有风险”设备；禁止联邦政府与使用华为或中兴设备及服务的美国机构存在商业往来；禁止使用与中国政府有联系的其他中国公司生产的安全设备。2019 年 3 月，美国参议院将华为列为“不受欢迎”企业，并寻找代替华为的产品。

2020 年 8 月，特朗普签署行政令，以移动应用程序 TikTok 和微信对国家安全构成威胁为由，禁止美国个人或实体与二者及其母公司进行交易。此外，美国政府要求字节跳动剥离 TikTok 业务，竞购人主要是美国企业（如甲骨文等），该手段与制裁阿尔斯通如出一辙。为了更好地打劫 Tik-

---

① 这三家公司是中国移动、中国电信和中国联通（香港）。中国移动于 1997 年在美国上市，股票代码为 CHL；中国联通于 2000 年在美国上市，股票代码为 CHU；中国电信于 2002 年在美国上市，股票代码为 CHA。

Tok，姆努钦亲自披挂上阵，明确指出：“如果甲骨文敲定的 TikTok 交易没有满足美国安全要求的条款，包括在美国保留代码，那么 TikTok 将被关闭。”其实，脸书曾推出界面和功能与 TikTok 相似度很高的短视频平台 Lasso①（见图 7－2）。Lasso 能满足美国安全要求，难道 TikTok 就不能吗？

图 7－2　Lasso 与 TikTop

2020 年 12 月 10 日，美国联邦通信委员会（FCC）再次将华为定性为“威胁美国国家安全”企业，还启动针对中国电信美国分部的审查，开始撤销中国电信在美国的运营授权。

知识链接

美国联邦通信委员会

（Federal Communications Commission，FCC）

FCC 是一家独立的政府机构，直接对美国国会负责，于 1934 年依据《联邦通讯法》（Communication Act）建立，它负责常规的州际、国际通信，比如电视机，电线、卫星、电缆等方面的工作，涉及美国 50 多个州、哥伦比亚以及美国所属地区，以确保与生命财产有关的无线电和电线通信产品的安全性。

① 2018 年 11 月，脸书推出了一款名叫“Lasso”的 app。这是一款与 TikTok 非常类似的产品，定位是年轻人群体。Lasso 通过提供数量庞大的音乐库和各种特效，让用户创造和分享有趣的短视频，包括通过标签为内容分类、关注创作者账户等，基本逻辑与 TikTok 相同。

三、实行技术封锁

在科技领域，美国对中国施行歧视性出口管制政策，限制高科技产品向中国出口，并将部分中国企业列入出口管制清单，限制它们从美国进口关键零部件。

2017 年 8 月 18 日，美国贸易代表办公室（USTR）启动对华“301 调查”，并于 2018 年 3 月 27 日公布了《基于〈1974 年贸易法〉第 301 节对中国实施的与技术转让、知识产权保护与革新有关的做法、政策和实践的调查结果》。此后，尽管中美进行了十余轮经贸磋商，美国仍然决定继续将中国列入其重点观察国名单，并于 2019 年 5 月 10 日对 2000 亿美元中国输美商品加征的关税从 10% 上调至 25%，中国商务部采取了反制措施。这是从 1998 年 301 条款在 WTO 体制中受挫后再次启用，性质很恶劣。

目前被美国商务部列入出口管制实体清单的中国机构和个人数目已超过 200 个，包括华为、海康威视、科大讯飞等一大批高科技企业。被美国商务部列入“未核实清单”的机构超过 50 家，包括中国科学院、同济大学等科研院所，这意味着美国供应商向清单上这些未核实的机构供货后，将无法再使用许可例外。

美国针对华为的制裁举措更是超常，在初步封锁后又让加拿大在 2018 年 12 月制造“孟晚舟事件”，指控华为严重违反美国制裁伊朗法令、孟晚舟作为华为 CFO 涉嫌欺诈银行，试图给予严厉制裁。孟晚舟的遭遇与皮耶鲁齐何其相似！

美国还用次级制裁震慑被制裁企业的合作伙伴，使其断供中国重点企业，对中国实行技术封锁和国际供应链隔离。2020 年 10 月，美国商务部 BIS 根据美国《出口管理条例》向部分供应商发出信函，对于向中芯国际出口的部分美国设备、配件及原物料做出出口限制，供应商必须事前申请出口许可证，才能向中芯国际继续供货。中芯国际港股随即大跌。

为了实现对中国的技术封锁，美国还启用了“无限追溯”机制。所谓

“无限追溯”，是指不管企业是否知情，只要它的最终产品被军方使用了，就要被美方追责。2020 年 5 月 12 日，美国半导体设备制造商 LAM、AMAT 等公司发出信函，要求中国国内从事军民融合或为军品供应集成电路的企业，如中芯国际和华虹半导体等，不能用美国清单厂商的半导体设备代工生产军用集成电路，同时“无限追溯”机制生效。

截至 2021 年 1 月 14 日，被美国商务部 BIS 列入实体清单的中国大陆实体（包括企业、个人和机构）共 381 个，被列入未经证实名单的中国大陆实体共 28 个，被列入被拒绝人名单的中国大陆实体共计 14 个；被美国财政部 OFAC 列入 SDN 清单的中国大陆实体（包括企业、个人和机构）为 267 个（见表 7－1）。

知识链接

福建晋华案

2017 年 12 月，美光公司在美国加州联邦法庭起诉晋华与联电，称联电通过美光台湾地区员工窃取其知识产权，包括存储芯片的关键技术，并交付晋华集成。2018 年 7 月 3 日，福州市中级人民法院裁定美光半导体销售（上海）有限公司立即停止销售、进口十余款 Crucial 英睿达固态硬盘、内存条及相关芯片，并删除其网站中关于上述产品的宣传广告、购买链接等信息。同时裁定美光半导体（西安）有限责任公司立即停止制造、销售、进口数款内存条产品。

2018 年 10 月 29 日，美国商务部以国家安全为由，宣布自 10 月 30 日起对晋华集成实施出口管制，属于被美国列入出口管制实体清单的中国企业，限制对其出口，原因是该公司新增的存储芯片生产能力将威胁到为军方提供此类芯片的美国供应商的生存能力。

2018 年 11 月 1 日，美国加州北区联邦检察官办公室以刑事诉讼起诉晋华集成和联电共谋窃取美光商业机密，起诉书中指出涉案三名曾任职美光的台湾男子，疑似在转加入联电时窃取美光技术。起诉书内容指称，晋华集成和联电所窃取的美光商业机密价值超过87.5亿美元，除了刑事以外，美国司法部还会提起民事诉讼，以阻止晋华集成和联电靠着“有争议”的商业机密，将其产品运输到美国。所有被告都被指控共谋经济间谍罪。如果罪名成立，被告企业将面临最高逾200亿美元罚款；被告个人将面临经济间谍罪最重500万美元罚款和15年徒刑、窃取营业秘密罪最重10年徒刑。

表7-1　2018—2020年部分被美国实施进出口管制的中国企业

时间	涉及企业
2018年4月	对中兴通讯制裁
2018年8月	对中国电科、中国航天科工等44家涉及军工科研单位实施技术封锁
2018年10月	将福建晋华纳入《出口管理条例》第744部分附件4的实体清单
2019年4月	BIS将中国大陆37家公司和高校列入未核实清单
2019年5月4日	将4家中国企业和2名中国公民纳入出口管制实体清单
2019年5月16日	将华为及全球属下68家机构纳入出口管制实体清单
2019年6月	天津海光、中科曙光、成都海光集成电器、成都海光微电子技术、无锡江南计算机技术研究所等
2019年8月	美国防部、总务管理局和国家航空航天局将华为、海康威视、中兴通讯、海能达、大华技术纳入临时列为禁止采购对象
2019年10月	将海康威视、旷视科技及大华科技等28家机构和企业（主要是安防监控、人工智能企业）纳入出口管制实体清单
2020年5月	达闼科技、奇虎360、砺剑天眼、云从科技等33家涉及人工智能、信息安全、激光、视频监控科技的机构
2020年7月	华大基金、碳元科技、今创集团等
2020年8月	中国交建、中国船舶等24家企业（以涉及“南海建设和军事化”为由）；Tik Top（以国家安全为由）
2020年9月	对华为芯片管制升级令生效
2020年10月	中芯国际（限制对其供货）
2020年12月	中芯国际、大疆、交建、中船重工等被纳入实体清单

续表

时间	涉及企业
2020 年 12 月	中国航空工业集团下属 7 家实体、中国航空发动机集团下属 8 家实体等被纳入“与军方有关联实体清单”

资料来源：笔者根据 BIS 公开信息整理而成。

四、以反腐败调查为由抹黑中国形象

早在 2015 年，澳门商人吴立胜在纽约被联邦调查局逮捕，被指控以虚假借口向美国转移资金、涉嫌贿赂前联大席约翰·阿什等罪名。之后，吴立胜交了 5000 万美元保释金，被软禁在其家中。法官还要求吴立胜交出所有护照、接受 GPS 监控追踪、由私人保安看守，而保安看守费用则由吴立胜支付。

党的十八大之后，中国加大了反腐败力度，社会风气和营商环境得到明显改善，大家有目共睹，但在透明国际（Transparency International）2019 年的全球清廉指数排行中，中国得分为 41，排在世界第 80 位[①]。近年来，美国针对中国的反腐败调查明显增多，在 2018 年《反海外腐败法》执法的企业案件中，约 33% 的案件涉及在中国的行贿。《反海外腐败法》历史执法案件总计 260 多件，其中 54 起涉及在中国的行贿，远超其他国家[②]。例如，2018 年松下电器的美国子公司向中国某国有航空公司高管提供退休后年薪 20 万美金的咨询职位，以促成该航空公司购买松下电器的飞行娱乐和通信系统产品，松下电器因此被指控违反《反海外腐败法》，最终支付了 2.804 亿美元的罚款[③]。2018 年 11 月，美国司法部总检察长杰

① Corruption Perceptions Index 2019 [2020 - 03 - 04], https: //www. transparency. org / cpi2019.

② 中国公司法务研究院、中国国际贸易促进委员会商事法律服务中心、方达律师事务所. 2018—2019 中国年度企业合规蓝皮书：27.

③ 人民网—日本频道. 松下电器在美子公司支付 300 亿日元罚款与美国政府和解 [EB/OL]. 2020 - 5 - 3.

夫·塞申斯宣布了一项专门针对中国的“中国行动计划”①，着重调查和起诉“中国经济间谍活动”②。

五、以人权为由对中国施压

特朗普上台后，美方频繁出台各种涉中法案，加大了在“人权”问题上对中国施压的力度，近乎疯狂。

在2019年香港修例风波③中，美方除了公开支持香港反对派外，众议院和参议院还分别在10月和11月通过《2019年香港人权与民主法案》。有学者指出，该法案扩大了美国政府介入香港问题的政策工具选项，④是将香港作为牵制中国的筹码和战略博弈的棋子⑤。

2019年10月，美国商务部以“人权”为借口，对新疆维吾尔自治区公安厅和下属18个县市公安局，以及海康威视、大华科技、科大讯飞等8家企业列入实体清单，限制这些机构从美国购买产品或零部件。2019年12月，美国众议院通过《2019年新疆维吾尔人权政策法案》，新增“美国对中国政策的更新声明”，企图在《全球马格尼茨基人权问责法》下，对中国部分高级官员和政府机构进行更多制裁。2020年9月，众议院通过《防止强迫维吾尔劳动法》，禁止从新疆进口产品。

---

① 美国司法部2018年底出台“中国行动计划”，这个对抗中国恶意行为的“专项行动”也被一些媒体和学者译为“中国倡议（China Initiative）”。

② US Department of Justice Press Release No. 18 – 1436: Attorney General Jeff Session's China Initiative Fact Sheet (2018 – 11 – 01) [2019 – 12 – 02], https://www.justice.gov/opa/speech/file/1107256/download, Dec. 2, 2019.

③ 自2019年6月以来，香港反对派和一些激进势力借和平游行集会之名，进行各种激进抗争活动。虽然特区政府已多次表示修订《逃犯条例》工作已彻底停止，但他们继续以“反修例”为幌子，得寸进尺、变本加厉，暴力行为不断升级，社会波及面越来越广。

④ 张建．美国对香港修例风波的介入：评估与影响［J］．统一战线学研究，2020（1）．

⑤ 李晓兵．评美国“香港人权与民主法案”［N］．新华每日电讯，2019－11－23．

知识链接

全球马格尼茨基人权问责法

(the Global Magnitsky Human Rights Accountability Act)

2016年12月，《全球马格尼茨基人权问责法》生效，其制裁对象是目标国侵犯人权的个人，美国将这些人列入“黑名单”，通过限制其入境美国、冻结其在美资产等方式实施制裁。这是美国从人权角度行使“长臂管辖”的创新，是通过国内法实施单边制裁，将制裁目标从国家、政府转向个人，通过制裁世界范围内所有侵犯人权的个人，从而扩大美国“长臂管辖”范围，有利于提升制裁的精准度。俄罗斯随即采取报复措施。

2020年12月，欧盟27国通过《马格尼茨基法案》(Magnitsky Act)，加入全球人权保护机制。

2020年1月28日，时值中国抗疫严峻时刻，美国众议院通过《2019年西藏政策及支持法案》①，还想在西藏设领事馆。

2020年3月26日，特朗普总统签署《2019年台北法案》②，要求美国行政部门协助台湾巩固“邦交”、参与国际组织以及增强美台双边经贸关系。

通过以上涉中法案，美方不仅利用人权向中国施压，还与中国的领土主权挂钩，在新疆、香港、台湾问题上尤其明显，直接触及中国的核心利益，对中美关系构成了重大挑战。中方对以上法案都表示强烈愤慨和坚决反对。2021年1月21日凌晨，外交部宣布，中方决定对在涉华问题上严重侵犯中国主权、负有主要责任的28名人员实施制裁，包括特朗普政府中

---

① 该法案规定，中共官员不得干涉未来包括达赖喇嘛在内的藏传佛教领袖转世，否则美方将予以制裁。

② 《2019年台北法案》又称《台湾友邦国际保护及加强倡议法》，由美国共和党籍参议员贾德纳及共和党籍众议员匡希恒相继于2019年5月23日与10月18日领衔提出参、众两院版本。

的蓬佩奥、纳瓦罗、奥布莱恩、史达伟、波廷杰、阿扎、克拉奇、克拉夫特以及博尔顿、班农等，这些人及其家属被禁止入境中国内地和香港、澳门，他们及其关联企业、机构也被限制与中国打交道、做生意。如蓬佩奥原本要去科赫公司总部或子公司担任 CEO，年薪起码上千万美元，但科赫不愿失去中国市场，拒绝接纳蓬佩奥。蓬佩奥向杜邦、美孚、美联等大财团的求职也被婉拒，最后只能去哈德逊研究所，年薪仅 8 万美元。另外，蓬佩奥儿子的职业也受到影响。正所谓善有善报，恶有恶报；不是不报，时辰未到。中方反制美国“长臂管辖”的制裁措施很有效，伤害（甚至断送）了这 28 人离开白宫后转岗的“钱程”。

第三节　未来预测

现在美国对中国实施的“长臂管辖”已完全超越法律、经济、金融、科技等专业层面，政治色彩极强，其目标很明确，就是全面遏制中国，削弱中国的综合实力，进而釜底抽薪，剥夺中国反制美国“长臂管辖”的能力。

笔者断定，这是枉费心机。在新中国成立之初，国家积贫积弱，国民经济的盘子很小，现代工业几乎空白，即便如此，美国真刀真枪热战下的“武斗”都没能打垮我们，那么时至今日，美国“长臂管辖”这种冷战思维下的“文斗”更不可能打垮我们。

中国肯定能扛住美国“长臂管辖”，这一点毋容置疑，现在要考虑的是如何明智、高效、精准地反制美国“长臂管辖”，不意气用事，不做无谓牺牲，努力降低反制成本，提高反制效率。还要考虑如何以应对和反制美国“长臂管辖”为契机，调整国民经济结构，优化生产布局，推动科技创新，尤其是突破“卡脖子”技术，培育发展新动能。总之，要通过反制使自己尽快完善起来、成熟起来、强大起来。只要中国人民团结起来，就没有克服不了的困难。

第四节 应对之策

中国发展正处在由大向强的关键期，开放经济新格局正在形成，海外利益众多且规模庞大，是世界第二大对外投资国，截至2018年年底，中国对外直接投资存量就已达到1.98万亿美元，在海外约有3万余家企业正在开展各项业务，迫切需要保护。例如，2020年4月发生的“原油宝事件”，就暴露出中国市场主体在跨境支付交易中面临的巨大风险，对中国法律法规（比如期货法等）的立法、完善、构建和域外适用提出更高要求。

知识链接

原油宝事件

4月21日，WTI原油5月期货合约出现历史上极为罕见的负值结算价-37.63美元/桶，受此影响，中国银行“原油宝”美国原油5月合约出现了“穿仓”，投资人不但本金全部亏光，还面临倒欠银行1—2倍钱的境地。

中国银行于2018年1月开办“原油宝”产品，为境内个人客户提供挂钩境外原油期货的交易服务，客户自主进行交易决策。其中，美国原油品种挂钩芝加哥商品交易所的WTI原油期货首行合约。个人客户办理“原油宝”需提交100%保证金，不允许杠杆交易。“原油宝”挂钩WTI2005，这款产品的一个隐患是，最后一个交易日设在原油期货交割日的前一天2020年4月20日22:00，此后中行关闭了交易系统。但关闭交易几小时后的4月21日凌晨2:30收盘前几分钟，原油价格跌至-37.63美元/桶，“原油宝”客户最终以每桶-37.63美元的价格平仓，导致投资者亏完本金后，还要“倒欠”银行钱。

面对美国“长臂管辖”，一个站起来的民族，可能会口吐鲜血；但一个跪着的民族，早晚会口吐白沫。如果中国不坚决抵制美国“长臂管辖”，美国必定得寸进尺，后果不堪设想。因此，中国必须坚持总体国家安全观，坚定应对和反制决心，加强内部团结，凝聚力量，统一思想，敢于发声，敢于亮剑，决不屈服于美国“长臂管辖”的淫威，同时反制和模仿相结合，增强反击美国“长臂管辖”的能力，丰富域外管辖工具，并团结国际力量，共同应对美国“长臂管辖”。具体建议有以下几个方面。

一、企业方面

企业管理者需要增强海外安全防范意识，消除侥幸心理。要增强非市场风险意识和域外法律意识，主动预判和防范美国“长臂管辖”，进行必要业务转移，防患于未然，不贪图蝇头小利，避免不必要的麻烦。

建议企业完善内部合规体系，建立合规管理团队，促进企业治理机制从粗放型向合规精致型转变，高度重视防范化解境外政治、经济、安全等各类风险；加强企业内部国际化的法务团队建设，提高企业与行业运用欧美法律的应诉能力；强化企业内部商业机密保护机制，对重点科学家和工程师、重要敏感技术或产品等给予适当的隐蔽和保护，避免境外商事活动受到美国反海外腐败、违反制裁规定等众多执法机构管辖。建议企业深入研究《美国量刑指南》（USSG）①，加强相关制度机制建设。《美国量刑指南》明确规定，如果一个组织被判有罪并被判处刑事责任，那么该组织在预防和侦查犯罪行为方面的事先努力，将直接关系到该组织的刑罚和缓刑期限②。

建议企业加强内部管理，杜绝在美机构和雇员参与洗钱、偷税漏税行为，杜绝与受制裁的实体有业务往来或参与内部交易。面对非刻意针对自

---

① U. S. Sentencing Guidelines Manual.

② 童嘉嘉．美国《反海外腐败法》域外管辖扩张及中国的法律应对［J］．东南大学学报（哲学社会科学版），2020（6）：56.

己的制裁，企业需注意不要违反美国相关制裁规定。充分了解美国“长臂管辖”适用范围，重点关注反腐败、反洗钱、制裁等领域的规定，并在内部建立涉美业务风险评估机制，尽量不触及美国“黑名单”国家或违反相关政策，并通过交易结构及合同条款安排规避制裁。

建议被制裁企业利用各种资源和条件，援引不方便法院原则和国际礼让原则等进行抗辩，并结合美国“反域外适用推定”原则，全力保护自身利益；针对企业被制裁导致的产业链断裂风险，建议企业适当超前囤积较难替代的零部件，并尽早寻找更多替代供应商；长期来看，企业需增强自身科研实力，加快自主产品研发，尽力降低对美依赖度。

二、宏观经济方面

坚持新发展理念，统筹发展和安全，促进“双循环”，尽快突破关键核心技术，增强自身经济实力，拓展应对和反制美国“长臂管辖”的实力与空间。建议发行“复兴债券”，为弥补复兴短板的“复兴工程”提供融资服务，优化货币发行方式。

三、立法和司法方面

加强涉外法制体系建设，加强国际法的运用。完善刑法、部分社会法域外适用制度等。建议全国人大参照欧盟“阻断法令”和法国“萨潘Ⅱ”法案等立法。确立积极管辖权的司法理念，增加“适当联系”标准作为国际管辖权基础，适度扩大保护性管辖，同时兼顾国际礼让。成立涉外经济事务特别法庭等。

四、金融方面

深入推进外汇管理体制改革，稳妥有序推进资本项目开放。促进人民币跨境支付系统与其他跨境支付系统的互联互通。加快央行数字货币应用和在跨境支付领域试点。与境外开展双边或多边分布式跨境支付网络试点。建立“一带一路”清算银行。建立外资银行安全审查机制。

五、国际合作方面

高举构建人类命运共同体的旗帜，加强与发达经济体和新兴经济体的协调合作，推动中日韩合作，深化东盟与中日韩“10+3”建设。维护和利用国际多边组织和机制，如G20、APEC、金砖国家和上合组织等。讲好唇亡齿寒、兔死狐悲、城门失火殃及池鱼、前事不忘后事之师等中国故事，并让世界人民牢记。

六、行政方面

针对中国被制裁企业进行交涉，提出豁免请求。对于受美国“长臂管辖”冲击的企业和行业，给予税费减免或研发补贴，维系其生存和发展。对于尚未波及的企业加强窗口指导和辅导，帮助其规避美国“长臂管辖”。推动政企深度融合。经常提示企业自律意识，合规经营。深入研究美国“长臂管辖”相关的各种法规，探索适合中国域外管辖的方式、路径和模式。研究成立专门机构处理“长臂管辖”事宜的可行性。

第八章

美国“长臂管辖”的本质、危害及演变趋势

美国“长臂管辖”是一个极其复杂的问题，并且是动态演变的，近年来更呈现出单边、非法、滥用和集中爆发的态势，随时都可能变化，不仅让世界人民胆战心惊，而且还增加了分析美国“长臂管辖”的难度。笔者虽然投入巨大精力跟踪和研究，但也只是构筑了剖析美国“长臂管辖”的一级台阶。笔者希望这级台阶能够发挥作用，为各种实体防范和规避美国“长臂管辖”、降低美国“长臂管辖”伤害、继续深入研究美国“长臂管辖”等，提供一个基础支撑。

第一节　美国“长臂管辖”的本质

通过前面的系统梳理，我们可以从各种纷繁、复杂的表象中看出：美国“长臂管辖”的本质是一种特殊的域外管辖，它发展到今天，已沦为美国霸权的衍生物，沦为维护美国霸权地位和利益的手段，是美国强权政治的集中表现，其核心目标是维护美国利益、“美国优先”和“美国第一”。美国“长臂管辖”之所以特殊，主要是因为它有雄厚的综合实力做支撑，并拥有超强的实现能力，包括前苏联、日本、德国、法国等主要经济体都曾遭受其打击，领教过其厉害。在军事打击代价越来越大的今天，美国“长臂管辖”已成为美国打击竞争对手、保持“美国优先”的廉价且高效的经济“武器”和“战术”组合，甚至成为美国军事打击反美国家的前奏。美国“长臂管辖”正霸凌着全世界，无处不在，无所不包。

美国实施“长臂管辖”的法理依据和事由看似冠冕堂皇，给“长臂管辖”打上各种“合法、正当、正义”等标签，赋予美国将其“手臂”伸出境外的无限自由裁量权，滥用起来理直气壮，其实都是美国根据自己的需求制定的，或者是倒推的，夹杂着巨大的私欲，具有极强的随意性、伤害性和不确定性，甚至要求被管辖对象服从美国的意志。无论是从法理依据，还是从一般国际秩序逻辑来看，美国“长臂管辖”都不具备正当性。因此，美国“长臂管辖”实质上就是美国凭借军事和经济实力，依据自己的国内法来干涉别国内政，目的是通过充当“世界警察”来实现自身利益最大化，而这常常会损害其他国家主权，其背后是赤裸裸的霸权主义和强权政治。

第二节　美国“长臂管辖”的危害

美国“长臂管辖”的目的就是追求美国利益的最大化，美国公共权力和国家暴力直接或间接为美国跨国企业主全球扩张开路，却将“长臂管辖”的代价转嫁给其他国家，侵犯他国利益，严重违背“一个国家不应该在另一个国家的领土上行使国家权力”国际法原则。这种狭隘的、自私自利的利益诉求是不断膨胀的、无止境的，必定加大受害国的输入性风险，威胁受害国的经济、科技和能源资源等安全。一大批国际竞争力很强的龙头企业、高新科技企业等在美国“长臂管辖”的打击下，举步维艰，或倒闭，或转型，或重组，或被美国企业收购，大多难逃美国“长臂管辖”的“魔爪”。通过对美国“长臂管辖”相关的大量案例的分析可以看出，美国对他国企业及个人提起“长臂管辖”诉讼大多是从经济角度出发，对我国企业进行经济制裁更是屡见不鲜，尤其在中国成为第二大经济体后，美国更是加紧对中国的经济制裁，甚至发动中美贸易战。中国目前正处于经济转型的关键期，高新技术产业自主研发刚刚起步；此时，新兴技术及高科技领域遭受制裁，必然对中国经济转型造成一定程度的负面影响。

此外，美国“长臂管辖”时常被其他国家相互模仿，相互攻击，严重损害正常的国际经济秩序，加重整个国际经济运行的系统性风险，提升整个国际经济的运行成本，损害全世界的福利。

美国“长臂管辖”现已形成一个庞大的体系，联邦层面是其主要的推动者，围绕“长臂管辖”不断扩充人员和编制，建立日益庞大的机构，还与美国自己的跨国企业合作，从境外攫取巨大收益以维持这一体系的运转。而这具有很强的示范效应，美国州层面开始与联邦层面合作，频繁向美国境外伸手，实施“长臂管辖”，如果不加以制止，必将成为危害世界的巨大“毒瘤”。为维护集团利益，联邦层面会竭尽所能扩展“长臂管辖”，即便美国的综合实力有所停滞，与竞争对手之间的差距不断缩小，美国“长臂管辖”的实现能力有所下降，在某些领域和特定时期不得不收缩，甚至不得不联合盟友共同行使，但它们单边行使“长臂管辖”的欲望和动力不会自行消灭，只要条件允许，它们就会利用各种机会向外扩展。这是由美国的制度基因决定的，其他国家不要对美国收缩“长臂管辖”抱有幻想。

第三节　未来演变趋势

一、美国“长臂管辖”：终将害己

美国恣意挥舞“长臂管辖”，严重伤害了包括盟友在内的广大国家和地区的利益，这些看似耀武扬威的行径虽能增加美国的短期收益，却严重消耗着美国的综合国力，损害着美国的形象、公信力和号召力，并在世界范围内引发日益浓厚的仇美情绪，让美国潜在的国际合作伙伴望而却步。各国深恶痛绝美国强盗逻辑和行径的同时，均把美国“长臂管辖”作为应对和反制的对象，极力寻找其弱点，利用其盲点，攻击其弱点，躲避其锋芒，增强对其承受力，使美国“长臂管辖”的效力难以完全发挥。这大大降低了美国“长臂管辖”的威力和效用，磨损着美国“长臂管辖”的

“剑刃”。

美国“长臂管辖”挥舞得越肆无忌惮，手臂伸得越长，反对美国“长臂管辖”的国家就越多，对美国造成巨大的反噬就越强。其实，美国滥用“长臂管辖”已超出其综合国力的承受能力，边际效用开始下降，经常骑虎难下，显现色厉内荏的疲态。无论美国如何美化“长臂管辖”，都只能增加其他国家的厌恶和反感，管辖和反管辖陷入了互不信任、相互对抗的“囚徒困境”。

笔者预计，为实现“美国第一”和“美国优先”，美国“长臂管辖”未来将着力打击威胁美国核心竞争力的领域和实体（包括国家、机构和企业等），集中“火力”打击美国的主要竞争对手；联邦机构与美国跨国企业的合作将日趋紧密，管辖方式将趋于多元化、交叉化、全覆盖，管辖依据和事由将不断泛化，为达到目的将不择手段；联邦层面各机构之间的联合和协作将更加娴熟，管辖花样将不断翻新，频打“组合拳”，以增强管辖攻击力，而智库和基金的作用将日趋弱化；必要情况下美国将联合、裹挟或胁迫盟友共同实施管辖，进而扩展管辖的覆盖范围。

美国“长臂管辖”不是“纸老虎”，它是要吃人的，是全球公害，各国要高度警惕并做好防备预案。面对这只凶猛的“真老虎”，各国当前最紧迫的是增强反霸权意识，团结起来共同应对美国强权政治的威胁，美国的霸凌行为也将因遭到各国反对而最终损害其自身利益。

二、美国未来对华战略

美国“长臂管辖”对于中国只是一个开端，目前对中国的影响也集中在经济和法律层面。随着中国的发展及中美关系的变化，美国为了维护其霸主地位，必然会通过一系列手段对中国进行全方位打压。为了制裁中国，哪怕美国自身遭受一定损失也会欣然接受，因此，中国应放弃幻想，全面提升应对能力。

近日，美国参议院制定了新的法案，这份“全面对抗中国”的法案，名为“2021 年战略竞争法案”，里面包含了诸多反华政策，说白了就是想寻找各种借口，来干涉中国内政，对中国实施制裁，并且，还要给印太地区的盟友伙伴提供支持，以求共同对抗中国。外界认为，如今美国政坛就对抗中国的问题已经形成了高度共识，美国打算像当年对付苏联那样来对付中国。

美国将中国视为最大竞争对手，不论是之前的特朗普政府，还是如今的拜登政府，都在尝试使用各种方法来阻碍中国发展。如今，美国参议院直接抛出了“全面对抗中国”的法案，打算通过立法的形式，来加大对中国打压的力度。这也让美国彻底暴露了真实面目，中国早已严阵以待，不管美国有什么样的阴谋诡计，中国都将坚决维护自身权益，美国的图谋最终都会以破产告终。

然而，中国不是当年的苏联，美国也不是当年的美国。资本主义和社会主义之间意识形态对立的全球环境已不存在了，国际社会普遍渴望和平与发展。而美国“长臂管辖”的实质是美国的霸权主义和强权政治，在高度全球化的今天，美国“长臂管辖”是逆历史潮流的，也必将走向衰亡。

应对美国“长臂管辖”，中国首先要做好自己的事情。目前做好自己的事情就是要落实以“双循环”为核心的新发展理念，这是我国新时期经济发展的必然选择。按照新发展理念的要求，“双循环”必须是在开放条件下实现的。在中美竞争的背景下，美国的“脱钩”与“去中国化”战略目的就是要把中国引入到“闭关锁国”的陷阱。因此，在新时期对外开放的路径选择中，要正确认识和把握发展与安全的辩证关系，推动制度型或规则型的对外开放，推动宏观和微观层面的对外开放，同时以“一带一路”等为平台扩大全方位的对外开放，实现高水平的对外开放。

三、中国的选择：人类命运共同体

与美国“长臂管辖”形成鲜明对比的是，中国把握时代脉搏，统筹国内国际两个大局，统筹发展和安全，推动构建新型国际关系，打造人类命运共同体，树立了良好的国际形象。中国倡议的新型国际关系追求“相互尊重、公平正义、合作共赢”，其中，相互尊重是前提，坚持国家不分大小、强弱、贫富一律平等，尊重各国人民自主选择发展道路的权利；公平正义是准则，要顺应历史潮流，摒弃丛林法则，反对干涉别国内政，推动国际秩序朝着更加公正合理的方向发展；合作共赢是核心和目标，各国要同心协力，妥善应对各种问题和挑战，以合作取代对抗，以共赢取代独占，共护和平，共促发展。

国家主席习近平在2021年博鳌亚洲论坛上发表题为《同舟共济克时艰，命运与共创未来》的主旨演讲，立足当前国际地区形势和全球风险挑战，就“人类社会应该向何处去？我们应该为子孙后代创造一个什么样的未来？”重大命题，提出要从人类共同利益出发，以负责任态度作出明智选择；倡议亚洲和世界各国要回应时代呼唤，携手共克疫情，加强全球治理，朝着构建人类命运共同体方向不断迈进；具体提出了“我们要平等协商，开创共赢共享的未来”“我们要开放创新，开创发展繁荣的未来”“我们要同舟共济，开创健康安全的未来”“我们要坚守正义，开创互尊互鉴的未来”四点倡议。习近平主席的重大倡议，回应了各国人民求和平、谋发展、促合作的普遍诉求，充分展现了大国领袖的世界情怀和责任担当。

在多边主义基础上构建人类命运共同体。人类社会已经越来越紧密地联系在一起，任何一个国家都不可能在面对全球性风险与挑战时独善其身，世界各国事实上已经形成了一个“你中有我、我中有你的命运共同体”。习近平主席强调：“我们应该秉持共商共建共享原则，坚持真正的多边主义，推动全球治理体系朝着更加公正合理的方向发展。”面对世界上层出不穷的难题挑战，解决之道在于各国都坚持真正的多边主义。真正的多边主义厉行国际法治，致力于改革和完善全球治理体系，有赖于负责任的大国积极发挥示范引领作用。各国尤其是世界大国要树立并秉持人类命运共同体的理念，发扬开放包容、合作共赢的精神，坚守和平、发展、公平、正义、民主、自由的全人类共同价值，坚定维护和践行真正的多边主义。

开放创新是通往繁荣发展的光明大道。开放创新、繁荣发展，既是各国现实发展的需要，又是我们对世界美好未来的期许。习近平主席强调，“开放是发展进步的必由之路，也是促进疫后经济复苏的关键。”在经济全球化时代，开放融通是不可阻挡的历史趋势，人为“筑墙”“脱钩”违背经济规律和市场规则，损人不利己。无论是亚洲还是世界，都需要笃行改革之路、坚定创新之志、敞开开放之怀，推动贸易和投资自由化便利化，深化互联互通伙伴关系建设，抓住新一轮科技革命和产业变革的历史机遇大力发展数字经济，共同维护经济全球化和贸易自由化的成果，同心共创繁荣发展。中国与亚洲乃至世界各国一道，开放创新、休戚与共、互利合作，必将携手走向繁荣发展的美好未来。

中国倡议的新型国际关系要合作不要对抗，要共赢不要独占，这一理念高度契合当前各国利益深度交融、人类命运紧密相连的时代现实，展现了中国负责任大国的担当、博大胸怀和远大追求，获得了国际社会广泛认同。近年来，经济全球化遭遇逆流，单边主义、保护主义上升，美国滥用“长臂管辖”助推了这种逆流，助长了逆全球化。但从长远看，经济全球化仍是历史潮流，各国分工合作、互利共赢是长期趋势。历史和实践终将见证，中国倡议的新型国际关系和人类命运共同体才是建设持久和平、普遍安全、共同繁荣、开放包容、清洁美丽世界的必由之路！

主要参考文献

一、中文部分

阿里．拉伊迪．隐秘战争［M］．法意译．北京：中信出版社，2019.

阿瑟·冯迈伦．国际私法中的管辖权之比较研究［M］．李昌译．北京：法律出版社，2015.

奥本海．奥本海国际法·上卷［M］．王铁崖，等，译．上海社会科学院出版社，2017.

白若冰．美国金融制裁新特点与应对策略［J］．中国发展观察，2020（7）.

蔡从燕．国家的“离开”“回归”与国际法的未来［J］．国际法研究，2018（4）.

曹亚伟．国内法域外适用的冲突及应对——基于国际造法的国家本位解释［J］．河北法学，2020（12）.

陈波，等．美国两用物项出口管制：最新进展与可能影响［J］．国际贸易，2020（10）.

陈赛珍．解析404条款：萨班斯法案最大的挑战［J］会计师，2005（7）.

陈文玲．美国掠夺世界财富的经济武器与运作密码［J］．人民论坛·学术前沿，2020（6）.

陈宇．从Petrobras案看美国《反海外腐败法》的域外管辖问题［J］．河北法学，2020，（5）.

崔丕．美国的遏制战略与巴黎统筹委员会、中国委员会论纲［J］．东北师大学报，2000，(2).

戴龙. 日本反垄断法的域外管辖及对我国的借鉴价值 [J]. 上海财经大学学报，2009 (5).

代中强. 美国知识产权调查引致的贸易壁垒：特征事实、影响及中国应对 [J]. 国际经济评论，2020 (3).

邓峰，等. 艾森豪威尔政府对中日贸易的政策探析 [J]. 中共党史研究，2012 (8).

杜涛. 美国联邦法院司法管辖权的收缩及其启示 [J]. 国际法研究，2014 (2).

杜涛. 国际经济制裁法律问题研究 [M]. 北京：法律出版社，2015.

冯维江. 美国全球权力的分布与消长：不对称依赖视角 [J]. 国际关系学院学报，2012 (4).

弗雷德里克. 皮耶鲁齐，马修·阿伦. 美国陷阱 [M]. 北京：中信出版社，2019.

高秋月. 美国长臂管辖权制度的形成与发展 [D]. 中南财经政法大学，2019.

高伟. 证券监管模式的国际比较与启示 [J]. 国家行政学院学报，2003 (2).

高伟. 国际金融危机 40 年解析 [M]. 北京：中国发展出版社，2018.

高伟. 人民币国际化需顺势而为 [N]. 第一财经日报，2018 -4 -3.

高伟. 金融危机救助指引 [M]. 北京：中国财经出版社，2019.

葛晓峰. 美国《出口管理条例》许可例外制度研究 [J]. 国际经济合作，2018 (3).

耿志强. 美国金融安全审查的新趋势、影响及应对——以《外国公司问责法》为例 [J]. 西南金融，2021 (1).

宫旭平. 约翰逊政府时期美国的东西方贸易管制政策 [J]. 吉林师范大学学报（人文社会科学版)，2005 (4).

龚柏华．中美贸易摩擦背景下美国单边经贸制裁及其法律应对［J］．经贸法律评论，2019（6）．

郭明磊，等．美国法院长臂管辖权在Internet案件中的扩张［J］．河北法学，2001（1）．

郭玉军，等．美国法院的“长臂管辖权”——兼论确立国际民事案件管辖权的合理性原则［J］．比较法研究，2000（3）．

何其生．比较法视野下的国际民事诉讼［M］．北京：高等教育出版社，2015.

何叶华．美国域外反垄断中的国际礼让原则——从美国“维生素C案”切入［J］．河北法学，2018（3）．

何迎新．美国长臂管辖在跨境金融监管中的运用与启示［J］．西南金融，2020（6）．

胡嘉．美国对外管辖协议的不方便法院审查及对我国的启示［J］．太原学院学报（社会科学版），2017（8）．

胡剑萍，等．美国域外经济制裁及其冲突探析［J］．世界经济与政治，2006（5）．

黄风等．国际刑事司法合作：研究与文献［M］．北京：中国政法大学出版社，2009.

黄风．金融制裁法律制度研究［M］．北京：中国法制出版社，2014.

吉菲菲．美国经济制裁及其信号表达——基于1989—1992年美国三起制裁的经验验证［J］．太平洋学报，2018（2）．

加利·克莱德·霍夫鲍尔．反思经济制裁［M］．上海：上海人民出版社，2019.

鞠海亭．网络环境下的国际民事诉讼法律问题［D］．华东政法学院，2006.

雷骅．欧洲阻断制度研究［D］．国际关系学院，2020.

理查德．D. 弗里尔．美国民事诉讼法（第二版）［M］．张利民，孙国平，赵艳敏，译．北京：商务印书馆，2013.

李丞北．系统重要性银行监管的局限与改进——基于德意志银行困境的反思［J］．新金融，2018（2）.

李旦．戴高乐主义与第五共和政体——法国政治“不能承受的轻和重”［J］．欧洲研究，2017（4）.

李国清．美国证券法域外管辖权问题研究［M］．厦门：厦门大学出版社，2008.

李欢欢．公民自由与国家安全的博弈：美国《爱国者法》第二部分探析［D］．苏州大学世界史专业2015年硕士论文．

李明双．国际工程承包企业海外反腐败风险管控［J］．国际经济合作，2014（2）.

李庆明．论美国域外管辖：概念、实践及中国因应［J］．国际法研究，2019（3）.

李双元．国际民商事诉讼程序导论［M］．北京：人民法院出版社，2004.

李秀娜．制衡与对抗：美国法律域外适用的中国应对［J］．国际法研究，2020（5）.

李旺．国际私法［M］．北京：法律出版社，2011.

李阳．从美国《对外关系法重述（第三次）》第102条看国际法渊源问题［J］．法制博览，2016（12）.

李芷歆．美国反洗钱长臂管辖权对中资银行驻美机构的影响研究［D］．华东政法大学，2019.

廖诗评．国内法域外适用及其应对——以美国法域外适用措施为例［J］．环球法律评论，2019（3）.

凌冰尧．美国次级制裁的合法性分析［J］．武大国际法评论，2020（5）.

刘东民，等．人民币国际化与中国金融安全［M］．北京：社会科学文献出版社，2018.

刘敬东．大国司法：中国国际民事诉讼制度之重构［J］．法学，2016（7）.

刘宁元．自我约束的单边方法和国际协调——以美国反垄断法域外管辖实践为视角［J］．政治与法律，2011（11）.

刘萍．白尔丁号事件与法国在华治外法权的废除［J］．近代史研究，2018（2）.

刘群，等．资本项目“长臂管理”国际经验借鉴［J］．中国外汇，2018（11）.

刘宵仑，等．美国反海外贿赂行为法［M］．北京：中国财政经济出版社，2006.

刘瑛，刘正洋．301 条款在 WTO 体制外适用的限制——兼论美国单边制裁措施违反国际法［J］．武大国际法评论，2019（3）.

罗伯特．基欧汉，约瑟夫．奈．权力与相互依赖（第三版）［M］．北京：北京大学出版社，2002.

罗艳华，等．美国人权制裁的新动态及其影响——以《全球马格尼茨基人权问责法》为例［J］，国际政治研究，2019（3）.

吕德．国际公法与国际关系［M］．上海：上海社会科学院出版社，2017.

M. A. 布莱思．评英国 1980 年《保护贸易利益法》［J］，法学译丛，1985（3）.

马更新．《外国公司问责法案》的美式“安全观”及中国应对方案［J］．商业经济与管理，2020（9）.

马倩．跨国商业贿赂管辖权冲突的应对［N］．监察日报，2014－11－24.

毛术文．人民币国际化清算的法律问题研究［D］．中南财经政法大学，2018.

毛欣铭．美国经济制裁的WTO可诉行与合规性研究［D］．中国政法大学，2020.

孟飞．地方金融监管立法：纽约州的经验及启示［J］．上海金融，2019（10）.

磨惟伟．美国打压竞争对手的惯常手法及对中国网络科技企业的防范启示［J］．中国信息安全，2020（10）.

牛军，等．刍议我国涉外管辖权缺陷及完善构想——以包头空难和美国长臂管辖为视角［J］．中国民航飞行学院学报，2016（9）.

彭爽，等．论美国的出口管制体制［J］．经济资料译丛，2015（2）.

彭岳．美国证券法域外管辖的最新发展及其启示［J］．现代法学，2011（6）.

戚凯．美国“长臂管辖”与中美经贸摩擦［J］．外交评论，2020（2）.

覃斌武，高颖．美国民事诉讼管辖权祖父案件——彭诺耶案的勘误与阐微［J］．西部法学评论，2015（6）.

冉刚．司法实践视角下的跨国商业贿赂域外管辖——兼论我国域外管辖制度完善［J］．国际法研究，2020（6）.

人民银行南京分行课题组．日本支付清算系统监管现状及启示［J］．现代金融，2019（3）.

任泽平．美国的“长臂管辖”有多长［EB/OL］．新浪财经意见领袖专栏作家，2020－9－7.

强世功．敌国的司法长臂：美国经济霸权的法律支撑［J］．文化纵横，2019（4）.

尚微，等．美国巨额监管处罚的主体、对象、内容和趋势［J］．金融监管，2018（5）.

邵怿．论域外数据执法管辖权的单方扩张［J］．社会科学，2020（10）.

沈国琴，等．美国情报融合进程中的隐私权保护发展研究［J］．情报资料工作，2019（3）．

沈红雨．我国法的域外适用法律体系构建与涉外民商事诉讼管辖权制度的改革——兼论不方便法院原则和禁诉令机构的构建［J］．中国应用法学，2020（5）．

沈伟．论金融制裁的非对称性和对称性——中美金融“脱钩”的法律冲突和特质［J］．上海经贸大学学报，2020（5）．

斯蒂芬．S. 罗奇．中美贸易战争：相互依存所产生的典型冲突［J］．中央社会主义学院学报，2020（1）．

宋杰．进取型管辖权体系的功能及其构建［J］．上海经贸大学学报，2020（9）．

宋焱槟，王潮端．区块链技术在当代支付领域的应用分析［J］．福建金融，2019（6）．

陶士贵，等．国际话语权分布、国家利益博弈与国际金融制裁［J］．上海经济研究，2016（8）．

田广兰．大数据时代的数据主体权利及其未决问题——以欧盟《一般数据保护条例》为分析对象［J］．中国人民大学学报，2020（6）．

童嘉嘉．美国《反海外腐败法》域外管辖扩张及中国的法律应对［J］．东南大学学报（哲学社会科学版），2020（6）．

王朝阳．一叶知秋：美元体系的挑战从跨境支付开始［J］．国际经济评论，2020（2）．

王红燕．对国际刑法中普遍管辖权的认识——以刚果诉比利时逮捕令案为切入点［J］．法制与社会，2014（10）．

王君祥．英国反贿赂法［M］．北京：中国方正出版社，2014.

王群．当代中国战略安全与军控外交［M］．北京：世界知识出版社，2018.

王如意．市场改革视野下的证券法修订［J］．法制与社会，2020（21）．

王淑敏．国际投资中的次级制裁问题研究——以乌克兰危机引发的对俄制裁为切入点［J］．法商研究，2015（1）．

王桃．美国长臂管辖原则探析及中国应对［D］．吉林大学，2020.

王晓晔，等．国际卡特尔与我国反垄断法的域外适用［J］．比较法研究，2017（3）．

王学棉．美国民事诉讼管辖权探究——兼论对 Personal Jurisdiction 的翻译［J］．比较法研究，2012（6）．

王宇辰．美国《出口管制条例》的域外适用新动向［J］．对外经贸，2019（9）．

王元元，等．美国反洗钱监管案例研究［J］．西部金融，2018（3）．

王震．对新形势下美国对华“长臂管辖”政策的再认识［J］．上海对外经贸大学学报，2020（11）．

外交部条法司．联合国反腐败公约及相关法律条文［M］．北京：法律出版社，2004.

魏佳．德意志银行危机成因解析［J］．新金融，2020（5）．

魏志鹏．中美贸易战背景下美国长臂管辖适用研究［D］．辽宁大学，2020.

吴琼．监管跨国公司侵犯人权案的新突破——美国《外国人侵权法令》介评［J］．比较法研究，2009（5）．

吴文浩．跨国史视野下中国废除治外法权的历程（1919—1931）［J］．近代史研究，2020（2）．

吴振洲．狱中日［M］．北京：中国水利水电出版社，2010.

夏亮．论美国法下民事诉讼中的“对物管辖”与“对物诉讼”［J］．上海对外经贸大学学报，2015（1）．

肖永平．提升中国司法的国际公信力：共建“一带一路”的抓手［J］．武大国际法评论，2017（1）．

徐飞彪．美长臂管辖的起源、扩张及应对［J］．中国外汇，2019（14）．

许晔，等.《瓦森纳协议》对外国高科技出口的限制［J］. 科技管理研究，2012（24）.

杨成玉. 马克龙欧盟改革倡议的内涵、思路与前景［J］. 法国研究，2020（2）.

杨成玉. 反制美国“长臂管辖”之道——基于法国重塑经济主权的视角［J］. 欧洲研究，2020（3）.

杨荣珍. 美国《国际紧急状态经济权力法案》的运用及影响［J］. 国际贸易，2020（9）.

杨永红. 次级制裁及其反制——由美国次级制裁的立法与实践展开［J］. 法商研究，2019（3）.

叶涛. 美国政府反洗钱机制及其启示［J］. 经济研究参考，2006（27）.

叶研，等. 论美国“赫尔姆斯—伯顿法”第三编［J］. 拉丁美洲研究，2020（8）.

尹云霞. 企业能动性与反腐败“辐射型执法效应”——美国 FCPA 合作机制的启示［J］. 交大法学，2016（2）.

余劲松. 跨国公司法律问题专论［M］. 北京：法律出版社，2001.

袁泉. 不方便法院原则三题［J］. 中国法学，2003（6）.

詹姆斯·J·麦克那提. 全球外汇交易市场的发展与趋势［J］. 中国货币市场. 2004（01）.

张辉. 论中国对外经济制裁法律制度的构建——不可靠实体清单引发的思考［J］. 比较法研究，2019（5）.

张家铭. “霸权长臂”：美国单边域外制裁的目的与实施［J］. 太平洋学报，2020（2）.

张劲松. 论欧盟对美国经济法域外效力的法律阻却［J］. 欧洲，2001（2）.

张利民. 国际民诉中禁诉令的运用及我国禁诉令制度的构建［J］. 法学，2007（3）.

张梦怡．国际法管辖原则与国内法管辖原则之对比分析［J］．法制博览，2016（2）．

张志新，等．美国长臂管辖下中国出口波动效应分析——基于中国贸易伙伴前 15 名国家 2004—2018 年数据验证［J］．当代经济管理，2020（8）．

赵学功．简论美国对华出口管制政策的演变［J］．国际经贸研究，1993（1）．

智研．9. 11 事件后美国反恐立法分析——以《美国爱国者法案》为例［J］．法制与社会，2009（11）．

资中筠．战后美国外交史［M］．北京：世界知识出版社，1993.

郑联盛．美国金融制裁：框架、清单、模式与影响［J］．国际经济评论，2020（5）．

中共中央党史研究室．中国共产党的九十年［M］．北京：中央党史出版社，2016.

中国共产党简史［M］．北京：人民出版社、中共党史出版社，2021.

中国人民银行重庆营管部反洗钱团队．2018 年全球反洗钱大事记［EB/OL］．新浪博客，2019－1－19.

钟声．美国“长臂管辖”过于霸道［N］．人民日报，2012. 8. 3.

钟艳慧，等．美国“长臂管辖”制度下中国企业面临的新型法律风险与应对措施［J］．国际贸易，2019（3）．

周鲠生．国际法［M］．北京：商务印书馆，1981.

周磊，等．美国对华技术出口管制的实体清单分析及其启示［J］．情报杂志，2020（7）．

周世俭．美国对华制裁情况回顾［J］．世界经济与政治，1995（3）．

周雨环．《伊朗制裁法案》及其演变［D］．西北大学，2018.

朱奇武．论湖广铁路债券案［J］．中国政法大学学报，1984（3）．

朱巧慧．美国反域外适用推定原则［D］．苏州大学，2019.

二、英文部分

Akbar Adibi, Homayoun Habibi, "The Challenge of the Economic Independence and the Sovereignty of States: A Review of the Problem of Legitimacy of Economic Sanctions in the Reality of the International Legal Order", Russian Law Journal, Vol. 5, 2017.

Alice Ross, "DeutscheWoos 13 Wealth Bankers from Credit Suisse", Financial Times, July 17, 2019.

Andrew Rocks, "Whoops! The Imminent Reconliciation of U. S. Securities Laws with International Comity after Morrison v. National Australia Bank and the Drafting Error in the Dodd – Frank Act", Villanova Law Review, Vol. 56, 2011, p. 163.

Andrea Terzi, "The rise of national central banks' TARGET balances in the euro area: a comment", European Journal of Economics and Economic Policies: Intervention, Vol. 16, Issue 2, 2019: 161 – 168.

Anthony M. Solis, "The Long Arm of US Law: The Helms – Burton Act", Loyola of Los Angeles International and Comparative Law Review, Vol. 4, 1997, p. 728.

Austen L. Parrish, "The Effects Test: Extraterritoriality's Fifth Business", Vanderbilt Law Review, 2008.

Austen L. Parrish, "Kiobel, Unilateralism and the Retreat from Extraterritoriality", Maryland Journal of International Law, Vol. 28, 2013.

B. Zorina Khan, "Antitrust and Innovation before the Sherman Act", Antitrust Law Journal, Vol. 77, Issue 3, 2011: 757 – 786.

Bliss Burdett Pak, Jasper Kim, "Domestic Law and International Relations: USA PATRIOT Act, Section 311, and the North Korean Human Rights Act of 2004", The Korean Journal of Defense Analysis, Vol. 19, Issue 3, 2007.

Brandon Garrett, “Too Big to Jail: How Prosecutors Compromise with Corporations”, Harvard University Press, 2014.

Cedric Ryngaert, “The U. S. Supreme Court ’s Decision in Sosa v. Alvarez - Machain”, International Law FORUM du droit international, Vol. 6, Issue 3. 2004: 116 - 121.

Charles. F. Smith, Brittany. D. Parling, “American Imperialism: A Practitioner’s Experience with Extraterritorial Enforcement of the FCPA”, University of Chicago Legal Forum, Vol. 5, 2012.

Coates J. C. , “The Goals and Promise of the Sarbanes - Oxley Act”, The Journal of Economic Perspectives, Vol. 21, 2007.

Cohen, Daniel A. , Aiyesha Dey, Thomas Z. Lys, “The Effect of the Sarbanes Oxley Act on Earnings Management: What has Changed”, Working paper, Northwest University, 2003.

Colum Lynch, “The Nuclear Backlash Begins”, Foreign Policy, April 20, 2010.

David B. Bulloch, “Tracking Terrorist Finances: The Swift Program and the American Anti - Terrorist Finance Regime”, Amsterdam Law Forum, Vol. 3, 2011.

David E. Sanger, Thom Shanker, “U. S. Faces Choice on New Weapons for Fast Strikes”, The New York Times, April 23, 2010.

David Flath, “Parallel Imports and the Japan Fair Trade Commission”, Japanese Economy, Vol. 35, Issue 1. , 2008: 3 - 28.

David P. Stewart, “The Foreign Sovereign Immunities Act: A Guide for Judges”, Federal Judicial Center, 2018: 64 - 70.

Dodge William S, International Comity in American Law, Columbia Law Review, 2015.

Donald Francis Donovan, Anthea Roberts, “The Emerging Recognition of

Universal Civil Jurisdiction", American Journal of International Law, Vol. 100, 2006.

Doris Jonas Freed, "Long Arm Statutes for Alimony and Support", Family Advocate, Family Advocate, Vol. 15, Issue 2. 1974.

Eckert, Sue E., "The Use of Financial Measures to Promote Security", Journal of International Affairs, 2008, 62 (1): 103 – 111.

Edward J., Krauland, Anthony Rapa," Between Scylla and Charybdis: Identifying and Managing Secondary Sanctions Risks Arising from Commercial Relationships with Iran", Business Law International, Vol. 15, 2014.

Ellen Gutterman, "Banning Bribes Abroad: US Enforcement of the Foreign Corrupt Practices Act and its impact on the global governance of corruption", European Political Science, Vol. 8, Issue 2, 2019: 205 – 216.

Eva Jueptner, "The Hague Jurisdiction Project – What Options for the Hague Conference", Journal of Private International Law, vol. 16, 2020, Issue 2.

Fabian Maximilian Johannes Teichmann, "Financing terrorism through hawala banking in Switzerland", Journal of Financial Crime, vol. 5, 2018.

FCPA Enforcement Actions Against Foreign Companies From OECD Convention Peer Countries, http://fcpa – professor.com/fcpa – enforcement – actions – foreign – companies – oecd – convention – peer – countries – 3 /#more – 26424.

FCPA Professor, "Why Does The SEC Have an FCPA Unit?", Jan. 26, 2016, https://fcpaprofessor.com/ why – does – the – sec – have – an – fcpa – unit.

Field, B Kaplan, K. Clermont, "Civil Procedure: Materials for a Basic Course 10th Ed", Thomson Reuters/Foundation Press, 2010.

Garrett B., "Too Big to Jail: How Prosecutors Compromise with Corporations", Harvard University Press, 2014.

Gerald Sussman, "Branding Democracy: US Regime Change in Post – Soviet Eastern Europe", Peter Lang, 2010.

Golden N. ,"Conspicuous Prosecution in the Shadows: Re – thinking the Relationship between the FCPA's Accounting and Anti – Bribery Provisions", Iowa Law Review, Vol. 104, No. 2, 2018.

Gregory Voss and Kimberly Houser,"Personal Data and the GDP: Providing a Competitive Advantage for U. S. Companies", American Business Law Journal, Vol. 56, 2019.

Hannah L. Buxbaum,"Forum Selection in International Contract Litigation: The Role of Judicial Discretion", Willamette Journal of International Law and Dispute Resolution, Vol. 185, No. 2, 2004.

Helen Kim,"The Errand Boy's Revenge: Helms – Burton and the Supreme Court's Response to Congress's Abrogation of the Act of State Doctrine", Emory Law Journal, Vol. 48, No. 1, 1999.

James B Townsend, "Extraterritorial Antitrust", Taylor and Francis, 2019.

Jeffrey A. Meyer, "Second Thoughts on Secondary Sanctions", University of Pennsylvania Journal of International Lay, Vol. 30, No. 3, 2009.

Jeffrey Davis," Justice without Borders: Human Rights Cases in U. S. Courts", Law &Policy, Vol. 28, 2006.

John H. Esterline, "Politics of Arms Control: The Role and Effectiveness of the U. S. Arms Control and Disarmament Agency", American Political Science Review, Vol. 74, Issue 3. 1980: 818 – 819.

Katie Rogers and Annie Karni, "Trump and Macron Put Forth Dueling Visions for NATO", The New York Times, 3 December 2019.

Kozhanov N. A. ,"US Economic Sanctions against Iran: Undermined by External Factors", Middle East Policy, Vo. 18, No. 3, 2011.

Lai, Kam – Wah,"The Sarbanes – Oxley Act and Auditor Independence: Preliminary Evidence from Audit Opinion and Discretionary Accruals", Working paper, City University of Hong - Kong, 2003.

Lisa de Simone,“Transparency and Tax Evasion: Evidence from the Foreign Account Tax Compliance Act (FATCA)”, Journal of Accounting Research, Vol. 58, Issue 1. 2020: 105 - 153.

M. J. Hodaa, “The Aerospatiale Dilemma: Why U. S. Courts Ignore Blocking Statutes and What Foreign States Can Do about It”, California Law Review, 2019.

Mahir A. Banna, “The Long Arm of US Jurisdiction and International Law: Extraterritoriality against Sovereignty”, Journal of Law Policy and Globalization, Vol. 60, 2017.

Marisa A. Pagnattaro and Stephen Park,“The Long Arm of Section 337: International Trade Law as a Global Business Remedy”, American Business Law Journal, Vol. 52, No. 4, 2015.

Martha Memdoza,“Congress Seeks to Ban Uighur - made Imports”, The Telegraph, March 11, 2020.

Martin Arnold, “How US Banks Took Over the Financial World”, Financial Times, September 17, 2017.

Mary Beth Nikitin, Paul K. Kerr, “Proliferation Control Regimes: Background and Status”, CRS Report, RL31559, October 18, 2010.

Melissa Curley, “Extraterritorial Jurisdiction, Criminal Law and Transnational Crime: Insights from the Application of Australia's Child Sex Tourism Offences”, Bond Law Review, 2019.

Michael P. Malloy,” United States Economic Sanctions: Theory and Practice”, Kluwer Law International, 2001.

Mostafa Harakeh, “Information Asymmetry and Dividend Policy of Sarbanes - Oxley Act”, Journal of Economic Studies, Vol. 47, Issue 6, 2020: 1507 - 1532.

Natasha N. Wilson, "Pushing the Limits of Jurisdiction Over Foreign Actors Under the Foreign Corrupt Practices Act", Washington University Law Review Vol. 91 No. 4, 2014.

Nic Potts, "National Economic Sovereignty and the Single European Currency", European Business Review, Vol. 97, No. 1, 1997.

Niels Jense, "How to Kill the Scapegoat: Addressing Offshore Tax Evasion with a Special View to Switzerland", Vanderbilt Law Review, Nov. 2010.

Obama, Barack H, "Statement on the European Union – United States Agreement on the Terrorist Finance Tracking Program," Daily Compilation of Presidential Documents, 2010: 1.

Obama, Barack H, "Proclamation 8693 – Suspension of Entry of Aliens Subject to United Nations Security Council Travel Bans and International Emergency Economic Powers Act Sanctions," Daily Compilation of Presidential Documents, 2011: 1 – 2.

OFAC, "OFAC Economic Sanctions Programs", Oct. 10, 2019, https: //ofaclawyer. net/economic – sanctions – programs/ [2019 – 12 – 08].

OFAC, "The SDN List", https: //sanctionssearch. ofac. treas. gov/ [2020 – 09 – 18].

Orde F. Kittrie, Lawfare, "Law as A Weapon of War", Oxford University Press, 2016.

Pamela J. Stephens, "The Single Contract as Minimum Contacts: Justice Brennan Has it His Way," William & Mary Law Review, Vol. 28, No. 3, 1986.

Perlman R. L., Sykes A. O., "The Political Economy of the Foreign Corrupt Practices Act: An Exploratory Analysis", Journal of Legal Analysis, Vol. 9, No. 2, 2018.

R. Indrakusuma, "Context – Relative Norms Determine the Appropriate

Type of Consent in Clinical Biobanks: Towards a Potential Solution for the Discrepancy between the General Data Protection Regulation and the European Data Protection Board on Requirements for Consent", Science and Engineering Ethics, Vol. 10, Science and Engineering Ethics, 2020: 1 – 14.

Ralph G. Steinhardt, "The Traffic Light Theory of Sosa v. Alvarez – Machain", Proceedings of the ASIL Annual Meeting, Proceedings of the ASIL Annual Meeting, Vol. 101, 2007: 272 – 275.

Rachel, L. , "Bank Shots: How the Financial System Can Isolate Regimes", Foreign Affairs, 2009, 188 (2): 101 – 110.

Reed M, Wood, "A Hand upon on the Throat of the Nation: Economic Sanctions and States Repression, 1976—2001", International Studies Quarterly, vol. 52, Issue 3, Sep. 2008.

Richard Adelstein, "The Last Autonomist: Louis D. Brandeis and the Struggle for Antitrust", Schmollers Jahrbuch, Vo. 136, Issue 3, 2016: 285 – 302.

Robin Niblett, Derek Mix, "Transatlantic Approaches to Sanctions," CSIS Report, December 2006.

Robert Kagan, "Of Paradise and Power: America and Europe in the New World Order", Alfred A. Knopf Press, 2003.

Robert J. Aalberts, Anthony M. Townsend, Michael E. Whitman, "The Threat of Long – arm Jurisdiction to Electronic Commerce", Communications of the ACM, Vol. 41, Issue 12. 1998.

Robert J. Aumann and Lloyd S. Shapley, "Long – Term Competition——A Game Theoretic Analysis", in Nimrod Megiddo, ed. , Essays in Game Theory, Springer, 1994.

Robert P. Bartlett III, "Do Institutional Investors Value the Rule 10b – 5 Private Right of Action? Evidence from Investors' Trading Behavior following Morrison v. National Australia Bank Ltd. ", The Journal of Legal Studies,

Vol. 44, Issue 1. 2015: 183 –227.

Sigal P. Mandelker, "Criminal Division Launches New FCPA Pilot Program", National Law Review, April 6. 2016.

Stefan D. Cassella, "Provisions of the USA PATRIOT Act Relating to Asset Forfeiture in Transnational Cases", Journal of Financial Crime, Vol. 10, No. 4, 2003.

Sylvia Kierkegaard, "US War on Terror EU SWIFT (ly) Signs Blank Cheque on EU Data", Computer Law & Security Review, Vol. 27, No. 5, 2011.

Symeon C. , "Choice of Law in the American Courts in 2013: Twenty – Seventh Annual Survey", American Journal of Comparative Law, Vol. 62, 2014.

The United States Department of Justice, "Office of Public Affairs. Nine FIFA Officials and Five Corporate Executives Indicted for Racketeering Conspiracy and Corruption" [EB/OL]. (2015 –05 –27) [2016 –9 –12].

U. S. Department of Justice, "Foreign Corrupt Practices Act", 1 July 1999, https: //www. justice. Gov/criminal – fraud/foreign – corrupt – practices – act

Vincent F. Maher et al. , "Emerging Long Arm Jurisdiction: US Companies Engaged in Business in Foreign Venues and Foreign Companies Engaged in Business in US Venues", Journal of Leadership and Management, Vol. 4, No. 2, 2015.

Vasile Dinu, "Features on Sale in Dual – Use Items", International conference Knowledge – based Organization, Volume 23, Issue 2. 2017: 41 –45.

Wulf A. Kaal, Richard W. Painter, "The Aftermath of Morrison v. National Australia Bank and Elliott Associates v. Porsche", European Company and Financial Law Review, Vol. 8, Issue 1. 2011: 77 –99.

Young – Ran Choi, "Alien Tort Statute – Freeing Foreign Corporations from the U. S. Federal Jurisdiction", Seoul Law Review, Seoul Law Review, Vol. 26, Issue 4. 2019: 309 –337.

后 记

我原来主要研究国内金融问题，对国际问题涉猎较少。大约 15 年前，我浏览到一则消息：挪威国家石油因为向伊朗官员行贿并获得油田开发项目，被美国制裁，依据的是美国《反海外腐败法》。当时我感到很震惊，将这件事粗略记录在自己的专业读书笔记里，并写下一句评语："一个国家居然能依据自己的法律去制裁他国企业，即便该企业的行贿行为对美国没有造成影响。太霸道了！"这也许就是"少见多怪"吧，其实大千世界无奇不有，许多事情令人错愕惊叹。

此后，我就有意识地关注国际经济问题，跟踪美国"长臂管辖"，收集有关资料，并做了一个专卷——"经济制裁"，有 30 多万字，参阅了上千份文献资料，主要记录了金融制裁方面的案例、随笔和体会。原先，我把金融制裁看成货币国际化的主要障碍之一，思考如何克服这个障碍，进而突破货币国际化的"天花板"。因为道理很简单，如果一个国家随时可能遭受来自霸权国家的经济金融制裁和打击，那么该国货币在国际市场上不会被大量使用，也不会有太多资金流向该国的金融市场，这种货币的国际化程度不可能达到很高的水准。为此，我阅读了很多"长臂管辖"和国际法方面的文献资料，但越看越糊涂，思绪很凌乱。另外，在我记录的信息中，前后不一致的情况很多，比对这些信息我发现，被制裁企业违法大多是事实，不容开脱，但很多案情信息是逐渐公布和被揭露出来的，而美国实施"长臂管辖"的理由很多，有的看起来不可思议，甚至很荒谬。后来我才逐渐认识到：美国"长臂管辖"早已超越法律层面，与美国的国情和政治制度关涉甚深，用单纯的专业知识很难阐释；"长臂管辖"根植于霸权，需要雄厚的综合国力做支撑，离开霸权，“长臂管辖”只是一种欲望或空想；美国“长臂管辖”四处泛滥，现已成为一个令国际社会特别棘手的问题，许多企业、个人、机构乃至整个国家都需要长期面对，无法回避；美国“长臂管辖”具有极强的伤害性和不确定性，很难预测，加重了被制裁国家的系统性风险，逼迫资本外逃，并诱导避险资金回流美国，这对美国经济增长和就业有利，却加重了被制裁国的负担和融资成本；现在美国滥用“长臂管辖”已超出其综合实力的承载能力，边际效用开始减弱；各国在与美国“长臂管辖”的斗争中积累了许多经验，承受能力有所增强；“长臂管辖”是手段，目的是多样的，并非单纯地维护美国所谓的公平正义，有的制裁目的是说不出口的，而能说出口的理由又往往是不真实的，所以很容易让人们对美国“长臂管辖”产生误解和曲解，而那些虚虚实实的信息和鱼龙混杂的解释让美国“长臂管辖”神秘化，反而增加了应对和反制难度；如此等等。我曾多次研究和撰写“长臂管辖”相关文章，打算把以上认识加以梳理，呈现出来，以免多年的心血白费。尽管下了很大功夫，但始终不成体系，主要是因为那些梳理过于偏重金融制裁和货币国际化，很难把笔记里的诸多思想火花归拢起来。

2020 年年初，新冠肺炎疫情暴发后，我在家隔离，从网上看到一则消息：通过中美政府交涉，美国财政部 OFAC 将中远海运（大连）油品运输公司移除出 SDN 清单。当一些媒体为之欢呼时，我感到的是一种无形的压力，心里很不是滋味，再次激起研究美国“长臂管辖”的冲动。随后，我仔细查阅读书笔记，整理思考体会，撰写了一份调研报告——《对美国“长臂管辖”的经济学分析》，约 15 万字，主要从经济学的角度做了一些分析，希望能在“长臂管辖”的运行轨迹中把握其规律和本质，也希望能丰富读者观察“长臂管辖”的视角。

从宏观视角来看，当今中国正在从“发展”走向“成熟”，家底越来越丰厚，国家安全内涵和外延比历史上任何时候都要丰富，时空领域比历史上任何时候都要宽广，内外因素比历史上任何时候都要复杂，迫切需要防范和化解影响我国现代化进程的各类风险，筑牢国家安全屏障，着力提升粮食、能源和金融等领域安全发展能力。众所周知，国家安全是不能尝试的，需要我们树立底线思维，充分估计各种困难、风险和挑战，努力补齐威胁国家安全屏障的各种“短板”。我始终认为，应对和反制美国“长臂管辖”是这座屏障的“短板”之一。为了补齐这块“短板”，需要调动各种积极因素，需要企业、机构和个人等群策群力，更需要纵横捭阖，因为美国“长臂管辖”是国家行为，伤害力极强，依靠单个企业甚至单个普通国家的力量难以抗衡。为了补齐这块“短板”，哪怕我们现在多投入一些，多设几道“紧箍咒”，当下看似成本和收益不匹配，其实从长远看是划算的，是合理的，因为这是实现中华民族复兴伟大梦想必须跨越的一道坎。

党的十九届五中全会对制定“十四五”规划提出建议，明确提出“统筹发展和安全，建设更高水平的平安中国”。这是党中央审时度势做出的稳妥、审慎决策，是全面建设社会主义现代化国家的长远规划，坚定了我深入研究美国“长臂管辖”的信心，也期望以这部拙作为构筑国家安全屏障的伟大工程增砖添瓦。

在本书出版过程中，中国财经出版传媒集团许正明总经理、中国财经出版社高进水副总编辑、付克华编审、孙琛编辑以及出版社相关同志给予大力支持，提供诸多修改建议，并做了大量耐心细致的编校出版工作，笔者表示诚挚的感谢！

感谢我的百岁祖母——陈淑珉老师！

作者

2021 年春节于北京